野草

底層中國的緩慢革命

Wild Grass: Three Portraits of Change in Modern China

伊恩・強森 Ian Johnson——著

吳美真——譯

野草，根本不深，
花葉不美，
然而吸取露，
吸取水，吸取陳死人的血和肉，
各各奪取它的生存。

——魯迅《野草》，一九二六

媒體評論

「發人深省，風格簡樸優美。強森處理題材的謹慎，值得稱許。」

——《紐約時報》（The New York Times）

「本書是一大勝利，不僅發人深省也充滿希望。作者的報導技巧十分傑出，對於任何想要了解（中國）經濟和政治掙扎的人而言，本書提供了極其寶貴的幫助。」

——《華盛頓時報》（The Washington Times）

「《野草》的寫作是一種簡練有力的敘事，這可能得力於伊恩．強森多年的記者生涯。他對民間社會的持續關注，為他贏得了其他外國記者很少觸及的視角。」

——《界面》（jiemian）

「令人難忘的一本書。比起最近任何一位作家，或許伊恩．強森都更精確地描述了（中國的）緩慢革命。」

——《巴爾的摩太陽報》（The Baltimore Sun）

「為了中國的希望，強森生動而詳盡地敘述了一些案件。在這些案件裡，每個中國人至少都懷抱著一個希望—那就是司法體系會幫助他們。」

——《外交事務》（Foreign Affairs）

「強森以一支最溫和的筆來對抗最粗暴的不公不義，描述個人最不尋常的英勇之舉。他的文筆極好，無與倫比。」

——《亞洲書評》（The Asian Review of Books）

「文筆精確簡練，尖銳深刻，洞察入微，精雕細琢，勢必將引起廣大讀者的迴響。」

——《波士頓評論》（Boston Review）

「扣人心弦……緊湊、洞察入微的作品……讀其中幾部分就像讀約翰·葛里遜（John Grisham）以法律為題材的驚悚小說。」

——《休士頓紀事報》（Houston Chronicle）

「本年度最好的一本有關中國的通論書籍。」

——《中國經濟季刊》

（China Economic Quarterly）

「本書極富啟發性，描寫中國百姓在生活中展現出的堅毅不拔，是同類著作中最為出類拔萃的一本。伊恩·強森不僅揭露了藏在中國東部的耀眼都市以外的故事，更描繪出中國的全貌。」

——《泰晤士報文學增刊》

（The Times Literary Supplement）

「扣人心弦的故事，描述幾個老百姓如何懷著大無畏的精神，為了維護自己的權利並反抗共產黨這個大怪獸而奮鬥。」

——《華盛頓郵報書評世界》

（The Washington Post Book World）

「強森是一個非常擅長說故事的人。他的書充滿了使人產生共鳴的段落，捕捉了許多中國人能屈能伸的精神。這是一本有關今日中國實際現況、扣人心弦的重要著作。」

——《基督教科學箴言報》

（The Christian Science Monitor）

「伊恩·強森曝光了中國社會諸多令人毛骨悚然的邪惡角落，也彰顯了若干平凡而勇敢的中國人螳臂擋車般的抗爭。他筆下那些並不完美的、卑微的、甚至是失敗的反抗者，卻正在成長為貌似高山仰止、無比強大的共產黨政權的剋星。」

——余杰，作家、政治評論家

目錄

序言

一日百戰

中國的統治者緊張兮兮。中國境內失業率攀升，貪污和腐敗滲透日常生活，他們的對外關係屢屢導致危機。這種緊張狀況往往爆發小型抗議——有時針對政府，有時抵抗外人。通常，這些抗議會在幾天之內結束，也常常受到鎮壓，有時如果幾個領導人遭到逮捕，抗議者的要求也沒有完全獲得滿足，那麼抗議就會繼續糾纏下去。但這些事情從來無法獲得解決，問題仍會不時浮現，就像一具不願深埋地底的屍體。

一年後，這些抗議的周年紀念日到了，有人會舉行紀念周年的儀式，更會提出要求。有些民怨的周年紀念日具有強烈的地方色彩：那可能會是當初某個腐敗的建設計畫奪去了某個家庭的房子，因此那個家庭紀念那棟房子；也可能是一座村子紀念他們的地方領導人因為反抗舞弊而遭逮捕；或者是數百萬人一起參與的其他類型的紀念活動——悼念某個遭到殺害的學生，或者抗議某個廣受歡迎的宗教遭到政府查禁。

政府一直密切留意它的政權所面臨的挑戰，因而試圖牢牢掌控這些活動，所以抗議、逮捕還有拘留的過程無盡循環下去。每一年，受害者都會紀念這些災難；但每一年，政府也會在這些紀念日前後加強控制。漸漸的，這個國家的心理日曆已經成為一連串的瘡痂與痛處的疊合。

北京是中國的政治和精神首都，大多數的抗議活動都發生在這裡。由於來自廣大的中華人民共和國各地的請願者最終都會來到北京，所以它也特別容易受到影響。在每一個敏感日期，警察會加強巡邏，異議分子會遭到搜捕，他們的電話也會受到監聽。這些跡象不一定顯而易見，只是一旦你弄清楚了，你就不會弄錯：三倍的兵力封鎖外國大使館；警察深夜設置路障，還在開往北京的火車上進行不定時巡邏；廣大而深邃的天安門廣場被封鎖，唯有出示身分證通過檢查，才能進入。

中國政府並非一直缺乏自信。在一九四九年取得政權之後，共產黨其實頗得民心。一個世紀以來，共產黨讓中國首次結合在一起，讓人民有工作，還重新分配土地。即使災難降臨（旋即降臨），共產黨也不必太擔心動亂。在它執政的前三十年，饑荒和迫害是家常便飯。但極權統治將中國凍結起來，即使人們只是想要舉行小型活動，藉此抗議那些明目張膽的違法亂紀，也是困難重重的一件事。

隨著毛澤東主席於一九七六年過世，極權專政崩解了。三十年來的失敗政策削弱了共產黨。因此，它必須收回對於人民個人生活的控制，准許資本主義式的經濟改革，藉此贏回人心。過去數十年，這種控制鬆綁成功提高了生活水平，但卻沒有幫助共產黨贏得根深蒂固的政治正當性。

由於政府不再微觀管理人民的日常生活，所以人們現在有更多時間旅行、思索並且逐漸提出更多要求。更因為中國人變得富足，也接受了較高的教育，所以開始能夠在政府的控制之外，形成獨立的權力中心，例如工會、宗教機構和俱樂部。這種「公民社會」的發展促成了上個世紀末東歐共產主義的垮台。如今，這些團體也在侵蝕中國共產黨的權力。

若說這些紛雜的要求癱瘓了中國領導人，此種看法並非公允之言。中國領導人認為關鍵的經濟問題攸關著他們的生存，所以他們願意在這些問題上努力推進改革。因此，中國加入世界貿易組織之舉，彰顯了無論它的國名為何，「中華人民共和國」並未堅持實施共產主義的經濟政策。現在，中國有股票市場、勞力市場以及比某些已開發國家更加開放的經濟體制。

但是政治力也侵入了經濟這個相對較為中性的領域；經濟改革的進步，必須藉由政治上的革新，因為這樣才能達成真正的市場經濟。簡而言之，這意味著共產黨的一黨專政現象必須以某種方式結束，唯有如此才能讓中國走上真正的市場經濟，因為市場經濟需要公平的司法體制，需要減少貪污腐敗，需要透明的規定。儘管中國政府竭盡所能區分政治和經濟，但是政治和經濟仍然向政府提出相同的要求。現在，政治改革是每一位中國思想家首要的思考課題。這個問題受到廣泛討論，甚至也是中國共產黨討論的重要主題。但如果涉及「政治改革」這四個字的實質意義，這種討論仍是一大禁忌。

就像其他承受壓力的政府一樣，中國政府以民族主義作為解決之道。在這件事上，中國就像十九世紀的德國——衰退、保守的寡頭統治集團們，治理並主宰著發展勢不可擋的經濟體，民眾則因為生活富足和民族主義而得到部分的滿足。中國的民族主義彰顯於某個現象之上：他們有時會因為意識到自己受到鄙視，進而表現出一定規模的民族主義的憤慨。歷代的中國人都被教導一件事：全世界都輕視中國。許多人相信這是事實。這一點讓政府得以靠著某個手段贏得人民支持，那就是讓自己擔任中國最大利益的捍衛者。

但民族主義只能是暫時的慰藉。動亂的真正源頭（共產黨那幾乎不受節制的權力）持續帶來動亂，問題持續浮現，迫使領導人必須竭力應付愈來愈多的需求。這種努力似乎讓政府精疲力竭；由於政治改革根本無法減輕它的重擔，「中國」就像一個人扛著愈來愈重的負擔，它的步伐緩慢下來，只能曳步向前，腰脊漸垂。

這是一場政府不願輸掉的緩慢消耗戰。但無論中國最西邊的勞改營，還是北京商業區小販所賣的玩具兵，都彰顯出中國仍然是警察國家。政府傳達了再清楚不過的訊息：我們非常緊張，甚至十分軟弱，但少管閒事，我們仍可把你制服。

這本書的主題，就是隱藏在中國境內的這些緊張狀況。我沒有貿然預測這些表象何時會破裂。這種預測通常是錯誤的。況且我相信，中國目前的政治體制可能還會持續多年。但結構性的轉變正在刺耳地進行當中，改變亦勢在必行，更因而爆發了中國內外都能感受到的動亂。

這些壓力多半來自數以千計的中國百姓，他們小規模地向政府提出當前體制無法容許的要求。我們經常期待創造歷史的人物就是像我們一樣的平凡人物。學術界則認為改變將來自大膽的思想家，記者則寄望於勇敢的作家，而政客則渴望遇見中國的戈巴契夫。或許，除了戈巴契夫這一類型的人物，這些人都真的存在於今日中國。

然而，改變的推動力主要來自我們鮮少耳聞的人物：決定控告政府的小鎮律師、支持住家遭到政府強制拆除的人，進而挺身而出的律師、嘗試揭露警察暴行的婦女。有些人為了家庭或村子的地方利益而戰，有些人則受到了理想主義的感召。無論他們是否成功，都在中國布下了改變的種子，協助煽動一場緩慢的革命。

儘管我已經在中國見過許多有趣、勇敢、思想進步的人，但本書將會把注意力集中於三個非比尋常的人物，他們代表著那股正在撼動中國的力量。如果現今的中國政府垮台或變得更為民主，那將是這類人物努力的結果。不管他們是有心或無意，但都努力轉變了中國原已僵化的政治局勢，亦代表著中國所面臨的關鍵問題，更象徵著中國農村、都市、靈魂的危機。

這三個故事也毫不意外地涉及了中國稚嫩的司法制度。在共產黨統治中國的前三十年，法律或司法制度派不上什麼用場。爭端由黨居中協調，很少求助於法院。但是經濟改革使得法律不可或缺，因為如果人民和企業想要建立經濟關係，他們都需要清晰明確且具備強制執行力的法律體系。的確，當經濟改革開始後，最先頒布的法令是一九七九年規定外國和中國公司如何形成合資企業的法令。

但是，中國領導人有更大的野心——他們想要一套可以維持全國秩序的司法制度。這是因為極權主義時代的混亂局勢教會了共產黨，中國需要法令作為抵擋亂局的堡壘。因此，政府著手「建立」一套司法制度。他們於一九八二年訂立了憲法，自此之後，更以令人頭暈目眩的速度頒布了許多法令：民法通則、合同法、智慧財產法、保險法、物權法、新的刑法，甚至是新的婚姻法。他們成立了法律學校，成千上萬的法官和律師在那裡接受訓練。

正義感非常普及。中國人也興致勃勃地試驗著嶄新的司法制度。在純粹的經濟問題上，有時這套制度非常管用：公司發現法院可以讓合約生效。在另外一些狹小的領域，人民甚至可以成功地反對政府——例如反對政府在決策過程中沒有遵守某種程序。但是大體上，中國的法律並不是中性的。法院和法官是政府的一部分，而不是獨立於政府的掌控之外。政法委經常指示法官如何裁決，甚至憲法也承認共產黨的至高無上。因此，如果共產黨感覺受到來自某一件訴訟案的挑戰，它就會利用法院來達到目的。政府沒有讓法律來治理中國，而是利用法律來統治中國。

儘管如此，中國的生活水平仍然持續上升，教育變得十分普及，人民也更為認識自己的權利。不管共產黨多麼努力，它都無法制止人民要求改變。這樣的結果，導致中國的司法制度變成了一種縮影，映出政府與人民之間浮現的緊張關係以及從底層醞釀出來的革命。

本書嘗試描繪中國政府防不勝防的各種情況，也暗示哪一種更為開放、公平的國家，才是中國人民的民心所欲。二千多年前，中國哲學家韓非子寫下一篇政治哲學的論著，在那本著作中，他以「君臣上下一日百戰」描述專制制度裡固有的君民緊張關係。正如以下故事所示，戰爭仍舊方興未艾。

第一部

農民英雄

馬文林的照片在我手中晃動，引起了火車上坐在我對面那名男子的注意。

「他是一名律師，」我說，「我在找他。」

那人沉默了片刻，然後說，「他看起來像農民，而不是律師。」

黑白照片裡的馬文林直視著鏡頭，面無表情，只有那道淡淡的眉毛微微拱成疑惑的神情。他的頭髮短到幾近平頭，唇上蓄著一抹短鬚，穿著樸素的白色正式襯衫，扣子直扣到頸部，但沒有繫領帶。他的神情絲毫沒有吸引觀眾注意的意圖，沒有咧嘴而笑，連微笑都沒有。這是一張舊照片，馬先生不像現代人那樣好在鏡頭前擺姿勢，在他五十九歲人生的前半段，他只照過一、兩次相。

「他代表農民控告政府。」我說。

就像所有的二等臥車，我們的車一共有六個鋪位，但沒有門。乘客可以隨意在車廂走來走去，探頭進來看看朋友或者觀察車廂內還有什麼人，但沒有人打擾我們——這個隔間唯一的另一個人（中間鋪位上的那位乘客）正在微微打鼾，其他乘客則在廊道來回奔走，只顧著找熱水瓶泡茶。

「這種官司很複雜。」那人含糊其詞地說。

他隨後停止說話，整理思緒，那頭亂蓬蓬的灰髮十分濃密，在那沒有曬黑且布滿皺紋的額頭上，髮線也完全沒有後退的跡象。他穿著中國式的套裝，就是現代中國的創立者孫逸仙所穿的服裝。後來毛澤東（或者說毛主席）讓這種服裝普及化。就像馬先生一樣，這位先生也將襯衫一直扣到頸部，一支鋼筆自左胸的口袋探出頭來。這種服裝在中國繁榮的地區不太常見，那是十年前共產黨幹部所穿的制服，現在已經過時了。但在這裡，在這輛緩緩駛離偏遠縣城的火車上，這種服裝不會太過於格格不入。

「我想他打不贏這場官司。」他繼續說著，同時仔細地打量我，「這裡啊，可說是中國的窮鄉僻土。」

我點點頭，但我不太同意他的看法。隨後我朝窗外看了一眼，想驗證他對景色的評論。車窗上還有雨水的痕跡，黃土高原光禿禿的山丘和土色的村子從模糊的車窗外掠過。從前，此地曾是肥沃的森林和大草原，也是中國文明的另一處誕生地，黃帝陵寢在附近一帶（黃帝是中華民族裡充滿神話色彩的祖先）。至於我們正要前往的西安，則有聞名全世界的兵馬俑。二千多年前，它們和中國的第一位皇帝埋葬在一起。為了保護這塊文化腹地，這位皇帝和其他統治者在離此地不遠的地方建造防禦工事，後來，這些防禦工事就被稱為長城。七十年前，這塊高原的群山和隘谷就是共產黨為期十年的避難所——先是中國內戰期間，然後是二次世界大戰期間。這個地區散發著歷史的氣息與意義，但是它現已枯竭，變得窮兮兮，而且默默無聞。

人們常常聽說，這些地區最不可能發生改變。若要尋找中國的未來，別人總會叫你去看看上海或深圳這類繁榮的沿海大城市。但當我愈加認識馬先生，就愈加明白一件事：此地的落後已經使它成為中國的改變先驅。貧窮、地方官員的強硬態度以及環境的極度惡化，已經使得某些在全國各地醞釀的問題，在此進入沸騰狀態。

「嗯，」我說，「當共產黨在這裡的時候，這地方還很窮，但最後共產黨統治了中國。所以也許這裡並不是那麼落後，你甚至可以說，這裡非常前衛。」

我們兩人都笑了，並且鬆了一口氣，因為終於將話題轉移到比較安全且不具危險的主題上。我們吹吹杯中的茶葉，讓它沉入杯底。

我的手機響了，有個男人在電話那頭急促地說：「如果你想要有關馬文林的訊息，你最好現在就問，因為等你到了西安，我已經去坐牢了，我的電話會被監聽。」

「到西安再打給你，」我說，「我相信不會有麻煩的。我們今晚一起吃飯吧。」

「我今晚不在，我會去坐牢。」

「你不會坐牢的。」我說，「我們晚一點再談。」

掛上電話後，我便關掉手機。

坐在對面的老幹部從熱水瓶倒出水，將我們的杯子重新注滿。他以好奇的眼光打量我。

「你退休了嗎？」我問。

「對，我要去西安探望家人。」

「探望孩子？」

「對，他們搬到西安，在那兒工作。我的孫子也在那裡。」

我喜歡他，一個退休的官員，仍然穿著幹部的制服，但其實只是要去幫忙照顧孫子。他讓我想起馬先生，他也是疼愛孫子的爺爺。我很難向他解釋為什麼我的手裡會拿著馬先生的照片，即使我試著解釋，這位老先生也許還是不會明白。

當地人稱馬先生為「農民英雄」，這種稱號讓人聯想到煽動受壓迫者起來反抗的魯莽浪漫人物。這聽起來有點荒謬，有點像華麗的南美洲小說情節，但是馬先生的確已經驚嚇了政府，使得政府打算以「擾亂社會秩序」的罪名將他關入牢裡。這個指控非常模糊，而且對我來說毫無意義。

在展開這趟旅程之前，一切關於馬先生的傳聞，引發了我的興趣，我想更多的了解。有人說，他在一場對抗政府的官司中，代表了成千上萬的農民。也有許多謠言說，他帶領農民抗議，到各個村子煽動農民反抗政府。這一切都有點難以置信，因此我想看看他做了什麼。我不知道進入千禧年之際，煽動農民反叛政府究竟是什麼意思。農民叛亂就像鬼魂，數千年來一直對中國領導人糾纏不休，且加速了幾個朝代的滅亡。我想要知道他的故事，他是何方神聖，究竟遭遇了什麼事情。許多謠言和半真半假的說法掩蓋了事情的真相，我想要從這些謠言和說法中，找出馬先生的故事。

我們啜茶的同時也向對方微笑。老先生隨即閉起眼睛，試著睡覺，我則注視著馬先生的照片，思考著關於他的一切傳聞。

但是，我也一直望著窗外那片起伏不定的風景。覆蓋高原的黃色沖積土上升到三百英尺（約九十公尺）的高度，非常容易受到侵蝕。地理學家認為，這是世界上所有土壤所能形成的最凹凸不平的風景。這個地區的土壤受到沖積，經常發生移動、破碎，醜怪的土層往往因而露出地表。窗外，整片都是大塊大塊的黃土從山腰垂直斷裂的奇景，就像巨大熔岩落入海中。但幾個世紀以來，經過人為的努力，這些突出的土層已勢不可擋地成為一塊塊種植玉米的梯田，或者是一間小廟的駐紮之地。站在這些土層的頂端，你可以看見附近許多小型高原或農田，有些只在幾百碼以外，然而卻被數百英尺高的懸崖和隘谷隔開來，溝壑裡是一條乾涸的溪流。顯然，這樣的地形會讓初來者感到驚慌，因為無論他沿著山脊往任何方向攀爬，最後都發現，除了峭壁，還是峭壁。

窗外，有時懸崖不見了，取而代之的是平坦、乾涸的河床，還有河床之外模糊不清的山丘景色。這片單調的風景透露出環境遭到了過度的開發與破壞。每一年，數千噸的表土被小河或溪流沖入浩浩蕩蕩的黃河。這條河流在北方形成環繞高原數百英里的巨大圈環，它的名字和泥沙的黏稠度，就來自高原流出的泥沙。

柴油火車小心翼翼地往南行駛，我們被一片溫暖的黃色光輝環繞，那是土壤和水的顏色。在這種日子裡，天空甚至也是同樣的顏色。這是我第五次來到黃土高原，我大約一年回來一次，這片風景、這裡的頑固文化傳統以及從底層往上冒出的緊張氣氛，一直都吸引著我。

—

兩天前，我啟程尋找馬先生，從西安搭一班早上八點起飛的飛機到榆林。榆林這座小城擁有九萬三千的人口，以擁有黃土高原唯一的機場而自豪。當天是星期一，飛機坐滿了人。那是一班短程往返的班機，載著榆林的小官員踏上他們夢寐以求的西安之旅，再裝滿了他們從西安的時髦商店買來的戰利品返程。

榆林幾乎沒有值得一提的私人企業，除了來自國營公司的官員，沒有人買得起一百美元的機票，因為這筆錢相當於一位黃土高原農民一年的現金收入。和火車不同，飛機上不會有退休人員、學生、孩子，也幾乎沒有女人。乘客全是男人，都穿著兩件或三件式的西裝，許多人都攜帶了一些在黃土高原上難以買到、價格也比較昂貴的消費品。有一個男人帶著一台影音光碟播放機，包裝盒則以細繩綁住。另一個男人提著一箱蘋果，還有一個人拖著中國製的奧迪汽車鋁圈。

一個小時後，我搭上一輛從機場前往榆林的計程車。早上十點的八月天，太陽已經在空中高掛。車子沿著烤乾的街道奔馳而過，揚起了一陣灰塵。幾分鐘後，我們就進入了榆林，道路兩旁矗立著貼滿白色瓷磚的建築物以及沾滿灰塵的楊樹。

為了應付這一刻，我已經在心裡演練過數次。我知道計程車司機會問我要去哪裡，也知道我必須說謊。我的計畫是前往城裡一間旅館，登記住宿，然後和幾個認識馬先生的律師見面。他們堅持在旅館見面，因為他們害怕在公開場合討論馬先生的案子，公安局可能耳聞有關我們談話的消息。

但是旅館是危險的地方，所以我必須儘量縮短待在那裡的時間。不可能住一晚，因為入住中國旅館的外國客人必須提供簽證號碼。我的簽證是記者簽證，前面有英文字母 J。每一晚，旅館會將住客名冊交給警方；隔天早晨，如果當地警察局有足夠的行動魄力，他們就會過來核對名冊。如果旅館發現可疑人物（包括記者），也會向當地政府報告，政府將派人來檢查這個人是否已經申請參觀該地，或者是非法待在那裡。但如果只在旅館待幾個小時，公安局知道我在城裡的可能性就會降至最低；他們也許已經完成當天的早晨核查，旅館經理也不太可能專程打電話給警察局，向他們報告我到過旅館。畢竟長城就位於榆林以北數英里，非常歡迎觀光客造訪。

我不能把這些想法告訴計程車司機。像是榆林這樣一座小城，計程車十分稀少，司機往往都在旅館附近徘徊，等待顧客上門。保安人員也是如此，他們在大廳閒逛，注視著來來往往的人。如果計程車司機在旅館前等我，他在無聊時就會進到大廳找人聊天，那個和他閒聊的人很有可能就是某位保安人員，他甚至會告訴後者，他剛從機場載一位外國人到旅館，那位外國人打算今日稍後前往延安——對於觀光客而言，這是個非常不尋常的旅遊行程。另外一件令人擔憂的事則是，如果公安局隨後檢查旅館名冊，並注意到我，也許他們會要求旅館員工說出我何時以及如何離開榆林。門衛或在旅館旁等待客人的其他計程車司機們，可能都是這位司機的朋友，假使他們打電話給計程車車行，車行會把車牌告訴警方，甚至交出司機的手機號碼。如此一來，他們就可以一路追蹤我到延安，搞砸我其餘的旅程。

也許你會以為我疑神疑鬼，但我在十八個月前來到這裡時，就曾碰過這樣的事。那一次我是去附近的小鎮裴家灣，因為這鎮子對政府提出集體訴訟。裴家灣鎮的農民飽受非法徵稅之害，而他們的解決之道就是雇用一名律師，控告政府徵收過高的稅。

中國於一九九〇年制定了《行政訴訟法》，允許人民某種程度地控告政府，這就是裴家灣農民打官司的依據。但這並不代表你可以藉由控告政府鞏固自己的基本權利——例如，人民不能控告政府的審查單位侵犯了他的言論自由權，儘管理論上中國的憲法保障這項權利。但人民可以透過提告以糾正行政上的錯誤，例如一位官員在拒發某人許可證時犯了程序錯誤。人民也可以共同提出訴訟（就像西方的集體訴訟），控告政府、糾正行政錯誤。

一九九〇年代後期，裴家灣案件在中國備受頌揚，政府所經營的一家報導法律事務的報紙《法制日報》大肆吹捧這件訴訟案，認為此例表明中國已經發展出和平的、現代化的解決爭端之道。然而，這件事在政府內部引發爭論，有些人從中看到了危險的先例。

一九九五年，裴家灣的農民遭遇乾旱，作物歉收。但當地政府卻想要從農民手中榨取更多錢，因此提高了稅收金額。一位農民告訴我，那一年他的現金收入減少百分之七十五，相當於十二美元；但是稅金卻漲了五倍，從五美元升至二十五美元。他湊了二十美元，官員收了這筆錢後，卻沒有給他收據。他答應月底會繳納剩下的五美元。但是幾天後，當他正在田裡幹活時，官員又來了。這次官員破壞了他家的前門，還沒收了電視。

這件事和其他層出不窮的欺凌事件讓村民義憤填膺，他們私下聚集在一起選出代表。六十八位農民代表共同研讀中央政府的徵稅法律，隨後得到一個結論：當地的官員違法亂紀。這些代表一開始粗估農民被違法奪走了相當於七萬五千美元的錢，因此要求政府歸還款項，至少必須部分歸還。

當這項要求遭到當地政府拒絕時，農民旋即提出告訴。他們收集一萬二千六百八十八位農民（此鎮的三分之二居民）的簽名，每人亦捐出相當於二毛五美元的經費雇用律師。農民所聘的律師小心翼翼地提出訴訟，沒有在法院上指控官員苛刻的徵稅使倆，而是強調徵稅總額以及徵稅規定。因此，這便成了一樁容易處理的案件——一九九九年，政府將相當於七萬五千美元的錢全數還給農民。

裴家灣農民打贏官司的消息迅速傳遍整個黃土高原。隔壁村子的另一群農民也同樣認為政府過度徵稅，所以雇用了另一位著名的當地律師馬先生，希望和他們的鄰居一樣打贏官司。馬先生也提出和裴家灣案件幾乎一模一樣的訴訟，但在一九九九年年末，就在裴家灣農民打贏官司的幾個月後，馬先生卻坐了牢。

當北京那些義憤填膺的律師告訴我馬先生的案件時，我並沒有太過於驚訝。因為我自己已經感同身受。那次我離開裴家灣時，就注意到有幾個人站在屋頂上，怒視著和我談話的農民嚮導。這兩位陪伴我的榆林嚮導看到後，變得神經緊張，催促我快點離開。我猜想他們誇大了危險程度，畢竟公安局不可能在這個小村子設置哨所。

但結果證明我大錯特錯。幾天之後，當我剛回到北京，就有人留言請我打電話給那兩位嚮導。我打了電話過去，他們說自己幾天前返回榆林時，發現警察正在等著他們。警察放他們一馬，但提出警告。至於我，實際上也遭到監控，只是我當時不知道：村裡的官員拿到了我的電話號碼，他們將我們來訪的事通報警察，甚至登記了我們乘坐的汽車牌照。在這段期間，榆林警方也查到我曾在旅館登記過夜的記錄，還注意到我拿的是記者簽證。他們迅速查出我們的旅行路線——從榆林到裴家灣，隨即趕到我的下一個目的地。結果是：我差一點就要被拘留在裴家灣——就在我離開該地一個小時之後，警察就到了。

由於這次的親身經驗，加上馬先生的遭遇，讓我變得格外謹慎。這次離開北京之前，我先取得一張榆林地圖，在預定和那些律師會面的旅館附近找出幾個地標。這間旅館的正對面是一間醫院，所以我決定叫計程車司機讓我在那兒下車。

驅車穿越這個小城時，我向計程車司機說，一位住在榆林的老同學生了病，所以我要花幾個小時去探望他一下，然後我們將前往延安。那位計程車司機說：「好，沒問題。」

我不知道這個說法是否合理。那位司機說自己曾是工廠工人，只是被裁員了，現在靠開計程車勉強維持生計。即使他和保安人員是好朋友，他或許也不會費心打電話給他們或提到我——但我們不該低估人類的懶惰和遲鈍。在中國，不論是像我這樣的外國人，還是像馬先生這樣的農民律師，總之你永遠無法分清楚什麼是過度謹慎，而什麼又是粗心大意。畢竟，馬先生只是做了別人做過的事——代表農民打一場官司，但居然導致了牢獄之災。他跨越了什麼界線？這似乎就是現代中國的難題：在日常生活，人民或許可以想做什麼，就做什麼。但這個專制政府打造的舊有束縛仍然根深柢固。這個政權或許有些奄奄一息，但只要它感受到一丁點威脅，就會毫不猶豫地以權力回擊。

我們在醫院停下車，我叫司機先回家，請他為往南的行程先去打點一袋個人用品以及一個泡茶用的熱水瓶。他感謝我的體貼後離開，我們約定兩個小時後在醫院見面。

直到他的車子離開視線，我才走到對面的旅館。儘管我已有準備，但這仍是整趟旅程中最難以預測的部分。也許旅館經理會慎重行事，立即向警方報告我的行蹤，而不會等待例行的每日檢查；也許一位保安人員在旅館大廳消磨時間，在好奇心的驅使下走到接待櫃台那裡，看看我的登記表，然後注意到我的簽證號碼前有一個 J 字，隨即想弄清楚一位外國記者會在榆林做些什麼。

進入旅館之後，我立刻注意到幾個男人坐在大廳的紅皮沙發上。他們穿著馬球衫和緊身的聚酯纖維便褲，看起來就像是被派來察看當地旅館的公安。中國各地的旅館似乎總是可以見到這樣的人物：圓圓胖胖的傢伙，無所事事，拿著手機閒聊，等待卡拉OK開門。每一次看到他們，我就夢想有一場革命可以把他們全部趕到街上，讓他們不得不腳踏實地地賺錢謀生。

嗯，我想，這座小城觀光魅力十足，所以我出現在這裡沒有什麼不對勁的。我站在塑膠製成的立體榆林地圖模型之前，上頭標示出北方長城的方位。我略做研究，試圖假扮成觀光客，走向櫃台登記住房。不消幾分鐘，我已來到房間，等待馬先生的同事到來。

——

還有什麼問題比奪取他人財產權還要敏感？在中國，這個問題始於一九九〇年代中期，當時各地陸續抗議重稅，政府回應的方式竟然只是笨手笨腳地玩弄既有體制，希望古老的專制威脅能持續發揮效果。顯然，政府不夠努力，課稅仍是治與被治之間的重大摩擦議題。

當共產黨於一九四九年取得中國的統治權後，課稅還不是個問題。共產黨將農業集體化，禁止私人企業，無論城鄉，任何企業的所有獲利都歸國有，這些獲利是政府主要的收入來源。這就是典型的共產制度，類似蘇聯或東歐的體制。

但這種制度也很快步入多數共產國家的後塵，數十年之內就破產了。東歐共產主義的經濟問題雖然在一九八〇年代末期導致了政治變動，但中國共產黨的領導人卻靠著某種手段繼續維持政權，那就是經濟改革。一九七八年，就在取得政權後不到三十年的時間內，他們隨即開始改革中國的經濟體系。第一步、也是最成功的步驟就是廢除集體化。農民能夠控制（但不能擁有）田地，只要向政府納稅（通常是納穀物），就可以隨意處理田地。

這種改革導致了經濟的驚人成長——中國農民可以自由地仰賴勞力獲利，所以一九四九年以前那種勤奮工作的實業家精神又復甦於民間社會。其他改革也隨之出現，例如廢除對於私營小企業的禁令。突然之間，小工廠如雨後春筍般出現於全國各地，迅速終結了讓其他共產國家為之所苦的消費品匱乏問題。

大體上，政府確實從這些轉變中獲益，更重新贏得人民的支持——前三十年實施那些災難性的經濟政策時，它幾乎全然失去民心。現在，人民忙著追求財富，所以很少要求政治上的改革，雖然這方面的需求仍持續存在。不過，中國的改革確實帶給自己一個意想不到的問題：政府愈來愈難以加重稅賦。

過去的制度是政府的稅收來自於國營企業，但現在，國營企業已無法滿足各種需求。這些企業面臨來自新的私營工廠和國外企業的競爭，因為政府容許後者進入市場。此外，為了發展雄心壯志的社會改革，例如消除貧窮、強制生育數量等，中國政府也比從前需要更多的經費。軍隊的現代化也帶來龐大支出，無論是提高軍人薪資，還是從國外購買昂貴的武器，皆是政府面臨的難題。一九九〇年代中期以來，中國的軍備預算每年都至少提高百分之十。此外，貪污和腐敗等行徑也虧空數百億美元公款，其中多數皆流入具有良好人脈的黨的領導者自身、他們的朋友與子孫輩的口袋裡。

來自農民的稅收確實有所緩解政府的困窘，但農民主要以穀物納稅，而非現金，因此無法直接紓緩財務困境。政府可以在城市裡販賣穀物，藉此收買人心，但永遠無法解決缺乏現金的問題。

因此，在此情況下，北京政府勢必面臨許多政府都十分熟悉的問題：如何取得更多的金錢？在許多國家，這是個政治問題：人民是否同意繳納更多稅金？如果他們同意，政府就加稅；如果不同意，政府則必須縮減開支或發行公債。但中國政府誤以為這只是個技術性問題，因為在官員眼中，人民的意願不是問題，問題是如何向人民索取更多稅金，從國外得到的建議也更進一步鞏固了這個觀點。舉例而言，世界銀行建議中國政府建立新的稅制，效法其他國家，開始徵收國民所得稅。這的確是國際經驗，但很少人注意到一個問題：如果你要人們繳納更多稅金給一個貪污卻不負責任的政府，他們會作何感想？

人們常常誤解中國，以為這個專制政府能夠為所欲為。事實上，中國缺乏讓官僚政治有效運作的制度和信用。北京的確有能力鎮壓農民暴動或學生抗議，但卻不見得有能力實施一套公平合理的稅制。這件事的關鍵不在於派遣軍隊或開槍，而是建立並運作一個複雜的官僚結構。這個結構的存在仰賴於人民必須信任政府，認同這是一個公平的社會，才會覺得自己有義務納稅。權力的威脅可以逼迫人繳稅，但唯有人民相信政府的正當性時，稅務機制才能夠真正有效地運作。

經濟改革賦予中國政府嶄新的正當性。但在進入二十一世紀以後，中國距離它最成功的改革已有數十年的光景。漸漸地，對於愈來愈多的中國人而言，共產黨的「成功」定義顯得十分貧乏。讓人民填飽肚子或許是了不起的成就，但這也是政府對人民的基本責任。

儘管北京想要加稅，但它卻很少思考上述事情。中國政府投入了大量的心力，想要藉由一個簡單的方法來增加稅收：使用費。基本上，這是一個近似於道路收費的觀念——使用者付費。這個方法的優點是簡單，可以當場向使用者收錢，而且表面看來也十分公平。但缺點當然就是增加最窮困的人的負擔。小學生一個學期的學費一般是三十美元，富足的農民也許負擔得起，但是比較窮的農民就無力負擔了。這也是地方官員舞弊的適當時機，因為他們可以到處收費，而且不需要為自己的決定負責。

突然之間，每樣東西都要收使用費。農民必須繳納許多令人摸不著頭緒的稅：含糊不清的「村稅」、農業稅、一般教育稅、學校修繕費、市場管理費、人頭稅、衛生費、灌溉稅以及一年之內無償為政府計畫付出二十天的勞力——更別提特別稅，例如引發抗議聲浪的二次灌溉費。

由於缺乏制衡機制，農民一瞬間便收到了一大堆稅單。到了一九九〇年代中期，抗議已經變成家常便飯，政府的回應就是笨拙的修補體制。一九九一年，它宣布農民的稅率將限制在年收入的百分之五以內。自此以後，政府每一、兩年就會重新宣布這項決策。乍聽之下，這個稅率確實很棒，因為大多數已開發國家的公民都已經開始繳交百分之三十至五十的稅了。但是中國的農民沒什麼錢，所以百分之五的稅率仍然十分昂貴。此外，這個稅沒有將使用費計算在內，數百個地方政府還是持續宣布徵收百分之五額度之外的特別稅。

中央政府絕非無視這個問題，有時他們甚至會對此提供巧妙的解決之道。舉例來說，政府發一本國民納稅稽查簿給農民，讓他們隨身攜帶。當農民納了稅，這本簿子上就蓋上章，作為納稅證明，不必再納其他稅。但缺乏現金的中國政府往往忽視這些拼拼湊湊的解決之道，持續向農民徵收特別費和附加稅。農民繼續受苦、不斷抗議，儘管政府經常說，這一次它會認真地減輕農民的負擔。

中國歷史上有許多類似的農民抗議的有趣例子，暴動通常是為了反抗濫權的地方官員，這和現在沒什麼兩樣。當帝王最終決定支持官員，而不是受害的農民時，暴動就會蔓延開來，農民的憤怒則集中在中央政府身上。最著名的農民叛亂就是陳勝（字涉），他的起義導致了秦朝——第一個統一中國的王朝——的滅亡。西元前二〇九年的夏天，陳勝沒有準時將囚犯押解到監獄，結果他被判處死刑。因此，他煽動不滿意地方狀況的農民起義。叛亂迅速發酵，最後推翻了政府。取而代之的是個新朝代——漢朝。

我們能在中國歷史上找到更多類似的例子。有時候，人們會誇大或浪漫化農民所扮演的角色，抑或將農民視為中國史上無固定組織的權力裁決者，甚至化為一股原始力量，時而興起，旨在推翻邪惡的政府。雖然這是誇大之詞，但早期，中國的確有一些政治哲學家認為，老百姓（當時幾乎都是農民）才是決定政府是否具有正當性的審判者。他們認為，如果政府腐敗，人民有權起義。這種看法賦予人民選擇統治者的道德力量，也有助於解釋為何今日的中國政府會用如此矛盾的政策處理鄉下地區——既要提高生活水平，也以極端殘暴的手段對付一切可能帶來叛亂的蛛絲馬跡。

——

趙先生和邵先生小心翼翼地走入粉刷過的房間。房裡散射著上午的陽光，就像被泛光燈所照亮的舞台，趙先生向前跨一大步，緊緊握住我的手。他四十歲，但是看起來就像三十出頭。衣冠楚楚的他，應該也能自在融入北京或上海這類現代中國都市。第一次見到他的時候，我總覺得有些奇怪，但還是看不出箇中巧妙；後來我才明白，那些細細的髭鬚與尖鼻，讓他看起來有點像中國信奉回教的維吾爾人。他穿著淡綠色長褲、土黃色襯衫以及棕色透氣皮鞋，頭髮略長、整齊側分，不像一般男人那樣理成平頭；至於脖子上的那條金鏈，則讓他帶著幾分黃土高原紈褲子弟的味道。

「歡迎，」他用英文說，「歡迎你。」

「謝謝。」我先以英文說，隨後再用中文說，「榆林是座美麗的城市。」

這時，趙先生看我的眼神相當逗趣，他聳聳肩膀，然後微笑。我也已經喜歡上這個人了。大多數人都熱愛屬於自己的地方，但趙先生和我一樣都不太喜歡這個布滿灰塵的小縣城。

「讓我介紹你們認識，這位是邵律師，我們是同事。」

我看了邵先生一眼，立刻希望他不在這裡。他四十八歲，身體冒汗，禿頭，穿著緊緊裹住大肚皮的藍色馬球衫，使他看起來就像卡通漫畫版的懶散官員。他狐疑的眼光注視著我，也許認為這一切都是在浪費時間。

「哈哈，」邵先生緊張兮兮地笑著，「哈哈——哈。」

我以為他會因為過度緊張而暈倒，但他一屁股坐在床上，拿出手帕擦額頭。

趙先生尚未準備入座，他以戲劇般的動作從塑膠購物袋裡抽出一疊文件，將那東西放在我所坐的床上。

「這給你，讀過這個以後，你就會知道馬文林，你所需要知道的一切，包括法院記錄、他的自辯書、他的上訴書、他給省長的信——除了最近的農民請願書，全部都在這兒。」

邵先生仍舊緊張地往後坐，彷彿那些文件是炸彈。他一隻眼睛打量那些文件，另一隻眼睛瞥著我。

「哈哈，」邵先生抹抹額頭，輕輕喉嚨說，「我有一個建議，你應該立即離開榆林。」

他抬起頭，約略朝我這個方向看過來。和外國人說話仍讓邵先生不太自在，所以他寧可對著我腦袋後面的電風扇說話。他轉向趙先生，以手勢示意該離開了。

我跳起來。

「嘿，」我說話的同時，一邊將裝滿綠茶的紙杯推到他們面前，「趙先生，你一定很熟悉裴家灣的案件。純粹從法律的觀點來看，為什麼這個案子和裴家灣的案子不一樣？」

趙先生無意離開，他接了那杯茶，坐在床上，緊鄰著他的同事；後者坐立難安，揮手拒絕那杯茶。

「基本上，這兩個案子是一樣的。」趙先生不理會邵先生的反應，「兩個案子在同一個地區，也涉及相同的原則。裴家灣的案子處理得不錯，政府還了錢，農民得到了他們應得的。但政府無法容忍這種訴訟案再度發生。如果全中國的農民都提起集體訴訟，共產黨就完了。所以，政府不容許馬文林打贏官司。」

邵先生開始碎碎低語，氣急敗壞，眼睛也隨之抽動。他望著電風扇，開始喃喃自語，隨後又突然住嘴。我推測他或許是個十分謹慎的官僚，所以我笨拙地模仿起北京腔口吻，試著讓他稍微平靜一點。

「馬先生也許是有點兒激進，」我試著幫忙說，「他沒有陪農民到北京，幫他們向中央政府提出上訴嗎？」

趙先生注視著我，他的神情好似在說我真是個傻瓜，甚至邵先生也揚起一邊的眉毛，表示懷疑。

「你錯了，那不是他的問題。不是這樣，從政府的觀點來看，馬先生的問題是他將農民和司法制度連接在一起，但這本來就不是犯罪行為。馬先生的確做了那些事情，但到底何錯之有？」他一邊說，一邊以手肘輕推邵先生。

邵先生以嚴峻的眼光望向趙先生。討論馬先生的罪行似乎讓他變得更加謹慎，他咕咕噥噥地說，那些法庭文件是秘密文件。

「胡說八道，」趙先生說，「那不是秘密文件，那些文件來自法院，任何人都拿得到。」「我們都不相信趙先生剛剛所說的話。中國不公開刑事法庭的文件，馬先生的案件十分敏感，政府當然不會公開這個案件的相關文件。

邵先生說話的同時，一邊輕輕敲他的錶，並且滿懷期待地望著趙先生。他先是注視著我身後的電風扇，最後終於望著我，直視我的眼睛，開口說：「我有另一個建議：別去子洲縣。公安看得很緊，他們逮捕了一位為馬先生安排請願事宜的農民代表。那裡很危險，你不可以去。」邵先生說得很快，彷彿傾訴這些訊息可以降低他的罪惡感。他往後坐了坐，臉上泛紅。

我將身子往後坐，開始有點擔憂。我原先的確打算前往子洲，因為馬先生就是在這個縣組織農民。這地方位於榆林和延安之間，馬先生住在延安。我知道邵先生過度謹慎，但是他似乎是個熱心的人，我若有所思地皺起眉頭。

趙先生面露微笑，點了一根菸，每個人都坐著思考了好一會兒。我望著他們，感到納悶，心想為何趙先生會留在黃土高原。或許，這只是因為中國人無法輕易從一個城市搬到另一個城市嗎？一個人若是沒有朋友或人際關係的協助，想要離開家鄉到外地建立新生活實屬難事，所以他留在這裡，成為一股小小的煽動力量，在這個落後地區散布著現代思想。

窗外，一輛二衝程拖拉機轟隆轟隆地駛過。這種小型機械看起來就像坐式除草機。在中國鄉下，拖拉機隨處可見，用來犁田或運送產品。突然之間，我想起馬先生所代表的農民，他十分關心他們的命運。

離開的時候到了，我們把茶喝完，起身握手，那兩人隨後就走了出去。趙先生最後離開，他轉向我，以堅定的語氣說：「老邵也許很謹慎，但他是對的。別去子洲，那地方到處是警察。如果我是你，我甚至不會在榆林過夜。」

我立即想起請願的事。

「你們提到的請願是怎麼一回事？」我大聲對趙先生說。

「去問農民。」他邊在走廊走著，邊轉頭回答我。

我追上他，他停下來和我說話，邵先生則繼續走向電梯。

「但你說別去鄉下。」我說。

「他們會找到你。在這裡，你躲不開馬文林這件事。」

我滿臉困惑地站在那裡，腦中湧出許多令人困擾的問題，我嘗試說出其中之一，但趙先生已經轉身，加快腳步去追他的同事。

——

九分鐘後，我立刻下樓辦理退房，含糊地向接待人員羅織出一個藉口，然後撥打計程車司機的手機號碼。我到馬路對面的醫院等待，急欲離開旅館以及那些在大廳閒晃的人。計程車司機停下車，我隨即跳了進去，車子隨即往南開往子洲。

這條路只有兩條車道，但路面十分平整。當計程車司機終於找到機會加速的時候，我們便開始不斷地超過卡車和拖拉機。車子愈開愈快，離開都市的範圍時，從榆林往南伸展的河谷在身邊呼嘯而過，我思考著剛剛發生的一切，開始感到暈眩。趙先生的回答留下許多疑問，他說馬先生將農民和司法制度連接在一起，但一年前其他律師不也是如此？為什麼他們沒有入獄？請願也顯得十分不尋常，農民如何策畫這件事？而請願的內容又是什麼？

榆林周圍的河谷迅速離開我們的視野，取而代之的是黃土高原特殊的山丘。道路開始蜿蜒繞過巨大的土壤與土層，崩裂中的土壤表層證明了無盡的侵蝕和破壞。有時你會看見樹籬漫不經心地標示出危險梯田的位置。延著丘陵往上攀升，偶爾你也可以看見松樹和柳樹。有幾群戴著鮮紅色棒球帽的學童，走過路邊廢棄的卡車和汽車零件，每隔幾英里，路旁就堆砌著這類東西。

沿途的半山腰盡是窯洞。許多人誤以為那是穴居人所住之地，還認為窯洞居民就是現代版的北京洞人，在那些幽暗的洞穴裡過著原始生活。按照當地人略帶辯護性的說法，那些窯洞冬暖夏涼，事實也確實如此。這種建築風格非常實用，因為當地木材稀少，土壤十分鬆散，易於挖取。窯洞的地板十分堅實，有時甚至會鋪上瓷磚。這些住家通常會有一間房間位於山丘之上，有點像是窯洞「突出來」了；他們會以木或土磚打造那個房間，好讓窯洞至少有一個擁有天然採光的明亮空間。過於浪漫的想像這種生活情境確實有些不太妥當，但實際上，好的窯洞既溫暖又舒適，雖然有時候聞起來有點臭。

我們途經的窯洞都很古老，原先住在這裡的人大都搬到新的窯洞了。現代窯洞比較舒適，因為建造了較高的天花板，大約有七英尺（二公尺）以上，這得拜「托架」和「橫樑」這類先進的工程技術之賜。在古老的窯洞裡，你往往得彎身，或者擔心撞到橫樑，但後者其實只是一根固定在牆上的樹枝。古老的窯洞裡均有精緻的窗，玻璃鑲嵌在手工製成的精美木飾格子裡。過去，當地人不在格子窗裡裝上玻璃，而是黏上紙。在某種程度上，格子窗的確有用，它使得紙不會在風雨中被撕裂或吹走。但是自從有了玻璃，就沒有必要使用格子窗了。因此，新的窯洞捨棄了格子窗。從窯洞居民的觀點來看，也許這是優點，因為玻璃窗比較便宜，採光也比較好。但不知為何，缺乏裝飾竟然使得新的住家顯得較為單調和黯淡，因為那個無實質重要性的裝飾物已經不見了。窯洞裡，人們擁有的財物比過去多了一些，即使在這個貧窮的地區，電視、棉被和電風扇也還算常見。但從外觀看來，黃土高原的居民似乎已經不再費心美化家園。經歷了幾個世紀的貧窮和逐漸惡化的環境，這個地區正在沉陷，只顧追求物質上的生存。

中午時分，我們抵達子洲，這個縣城就位於暴動中心以北二十英里（約三十二公里）的地方，是最接近騷動地區的城鎮，馬先生曾多次代表農民前來此處會見官員。在子洲周圍的農民村落，總計有二十六萬名人口，至於子洲本身的三萬居民就像住在一座小小的城市孤島。這裡像是中國各地的數百個小城的典型代表，絕大多數建築頂多數十年歷史，全都是貼上白瓷磚的水泥樓房。大路商店林立，政府的辦公室隱藏在鐵門和高牆之後，農民橫衝直撞地穿過城市，他們所駕駛的拖拉機突突駛過，就像以前工業時代的有輪機器，在中午的酷熱中吐出濃煙，並揚起陣陣灰塵。

我們在一家小麵館停下來，低頭走進去，避免引人注意。吃午餐時，我想著是否該進入馬先生曾經活躍的山丘地區。交通不成問題，那些道路都是泥土路或碎石路，還有一些陡坡。從我的經驗推測，這些路可能已經變成泥巴了，你得花數小時推車，才能讓車子上路。但天氣狀況很好，所以我猜想，即使在這個村子度過午後時光，仍然可以在午夜之前抵達延安。

馬先生所帶領的農民暴動的中心地點就在鄰近的駝耳巷鄉。當地一名農民王興偉靠著穀物生意致富，所以擁有安裝電話的財力。那天稍早，那兩位律師給我的東西裡，就包含王先生的電話號碼，所以我決定打電話給他。

我走進街道一側的無人巷子裡，打開手機撥電話。打開手機有點兒危險，因為手機訊號可能被用來追蹤使用者，但不打電話就草率進入山區更危險。電話那頭，王先生沒有因為外國記者來電而感到訝異，他說當地媒體已經和他接觸，但最近報紙對於這件事隻字未提，因為這個案件過於敏感，不能報導。

「政府一再鎮壓農民，我們只是敢怒不敢言。」王先生說話的口音極重，每說兩句，我就得請他重複一遍。

我們談了當地的經濟——影響中國西部幾個地帶的長期乾旱也危害了該地的經濟。「這裡天氣不好，有百分之七、八十的人都得借錢才能填飽肚子。如果你想勉強維持生計，你得到大城市當勞工。」

我問他是否能去拜訪他，他立即說：「沒問題，過來吧。」但隨後停下來重新思考，認為這是個不智之舉，「可是他們會逮捕你，公安局已經在這個村子派了警察。」

他說農民最近舉行過秘密選舉，選出幾十位領導人。就像中國其他村子，駝耳巷鄉也應該會有民主選舉——的確，這種草根民主一直是西方學者認真研究的主題，西方機構也會資助相關研究。在某些模範縣城，這類選舉其實具有安全閥的緩衝作用：儘管共產黨會逕自篩選候選人，但是有時還是有外人參與的機會，並且還能夠影響黨的計畫。只是，就像大多數的中國選舉，駝耳巷鄉的投票結果仍然會是同一批黨官員贏得村委會的席位。王先生則是在另一次「真正的」選舉中獲選，因為這次選舉以不記名投票的方式進行，也有一位以上的候選人。按照他和鄰居的看法，他和其他代表才是他們真正的領導人。

這次草根民主活動迫使警察從子洲趕來，逮捕或軟禁了村裡剛剛選出的領導人。他說警察仍然駐守在子洲附近的村裡，而警車則停在市中心。聽到這些事情，我心想，就算是中國記者也無法前往這個村子，更別提外國記者了。我向他說明我的旅行計畫，隨後一致同意我應該在幾小時後再試試看有無其他機會。我回到餐桌，吃完麵，走回到外面的街上。

我瞇起眼睛，打量著這個小城，嘗試從雜亂的白瓷磚建築物和小商店中，找出還能認得的東西。十八個月前，我就在這裡離開陪我去裴家灣的那兩位嚮導，但記憶變得模糊，無法分辨它和我去過的其他小鎮有何不同。現在，我們位於一個十字路口，一排商店矗立眼前，裡面賣著各種作為伴手禮的商品：小吃、水果、酒、乾貨。多數商品都裝在鮮紅色的盒子裡，可以當成送人的禮物，顧客大部分是在外地做工的農民，他們的家鄉是散落在山裡的無數個村子，在回家之前，需要準備一些禮物。

我必須快點下定決心——上山或不上山。我很想上山，因為只有在那個地方，才能查明在馬先生追求公義的過程中，究竟發生了什麼事。我希望可以和農民談話，了解他們的問題，了解馬先生做了什麼，了解他們如何組織起來以及採取了哪些行動。如果沒有上山，似乎無法弄清暴動的真相。

接著，我迅速在心裡盤算一遍前往駝耳巷鄉的可能後果。這個村子只有數百位居民，所以他們會立即認出我是外來者。我或許可以試著隱藏行蹤，例如躲在車子的後座，等到抵達某一位農民的家時，才下車進入他家。如果車子有暗色的玻璃窗，這一招可能管用。我曾在其他場合試過這種方法，也設法用這種方式和農民談話。但是這個村子很小，警方的監控又非常嚴格，外地的車牌會立即被人認出來，因而洩漏行蹤。這地方也可能只有數十個鑿在山腰上的窯洞，所以每一個人都看得見別人。如果警察已經守候在那裡，我完全沒有機會。

我有點沮喪，再度進入車內，請司機往南行駛，繞過暴動的中心地。現在我決定前往延安，那是共產黨從一九三七年至一九四七年的總部，也是馬先生住了三十五年的家。

當共產黨員住在此地的時候，他們非常大方地享受了農民的支持——不只仰賴農民的食物，也依靠農民的支持取得合法地位。共產黨藉著與黃土高原的農民站在一起，表明自己有別於腐敗的國民黨。因為共產黨員已經被土地淨化了，還跟中國的最底層階級結合在一起。對於某些中國知識分子，以及一群外國的中國觀察者來說，共產黨這招的確管用，因為他們都將農民視為強壯而樸實的人物，富有常識，並且容易滿足。共產黨和一九一一年推翻滿清政府並且接管中國的國民黨不同，他們將農民放在第一位。

事實上，毛主席建國以後卻選擇在中國的城市地區撒錢，給予城里人好處。也許歌舞表演會頌揚農村生活的理想，但城市才會拿到好處。因為城市的醫療免費，而且原先藉由農業造就的資本積累也在城市裡投資重工業。農民無法享有這一切，他們最主要的角色就是食物製造機。象徵這種局面的最佳例證就是在大躍進期間，農業縣城大鬧饑荒，卻被迫將最後幾公斤的穀物交給城市。

但在中國官方神話中，這個地區就是鍛造共產黨員的聖地。我不清楚那些農民會不會因為住在這個充滿歷史意義的地方，就變得更為堅定地支持共產黨。成為革命史的一部分的確可能提高了當地人的意識，讓他們覺得革命是為他們進行的，而不是為了那些管理國家的官僚。這就是我和裴家灣農民談話時得到的感覺——就在馬先生提出那個不幸訴訟案的前一年，那些農民第一次針對苛稅提起訴訟並且獲勝。我記得一個農民曾說，毛主席曾經將共產黨員比喻為魚，農民為水，魚在水中，相存與共。

另一方面，不只是這個地區的農民才採取如此大膽的行動，中國各地都出現了抗議活動。最近一家國家級報紙刊出了一封信，作者是一位在湖北省中部小城工作的官員，那個地方比我們現在驅車經過的地區更加富裕。這封信的標題是〈一位鎮黨書記的真實感受〉，作者李昌平是一位三十七歲的經濟學家，曾在鄉下工作十七年。

李先生說，他所在地區有六萬五千人口，雖然有二萬五千人為了謀生前往城市，不住在故鄉。每一年，一個五口之家必須繳交高達三百一十美元的稅金，這幾乎讓這個家庭的現金收入化為烏有。儘管如此，收稅的村政府還是持續面臨上級的壓力，因為在上級看來，這個鄉鎮的每一個村子還平均欠下令人咋舌的五十萬美元的稅。

報紙之所以能夠刊出這封信，完全是因為信的下面附上一個圓滿結局。李先生的信傳到了中央政府，後者派遣一個視察小組來到該鎮。後來，這個鎮所在的省召開了一次會議，將每一個人所負擔的稅額減少六美元，或者讓一家五口的稅減少三十美元。但這還不算是真正的圓滿解決——減少的稅金不過是總稅金的百分之十，一般家庭一年仍然得繳令人吃不消的二百八十美元稅金。除此之外，這個視察小組不只證實了李先生的分析為真，也承認李先生描述的是全國各地普遍的情況。雖然報紙詳細報導了這個成功的故事，但是大多數案件還是沒有獲得解決，否則政府控制的媒體必然也會大肆吹噓這些案件。

我們已經開了幾小時的車，即將抵達延安。黃土高原飽受侵蝕的山丘像波浪般連綿不絕，日漸西沉，白天被曬成棕褐色的山丘開始變淡，略微轉成黃色。

在路上顛簸前進時，我只能匆匆看一眼那些律師在榆林交給我的法庭文件。儘管如此，馬先生的大無畏精神仍然讓我感到驚奇——他不只是在辦公室列印枯燥乏味的訴訟狀而已，他為農民提出訴訟，還從一個村到另一個村尋求支持，找出願意一起打官司的農民。他讓我想起為工業污染受害者提出集體訴訟的美國律師。但是馬先生和那些美國律師不一樣，他必然不會得到什麼好處，因為這起官司的律師費極低。

即使這些文件並非全部屬實，但無庸置疑的是，馬先生的確帶領了抗議活動，嘗試對抗榆林的地方政府。這種做法不太尋常，幾乎是一種自殺行動，因為行動結果非常清楚——入獄，甚至可能喪命。我認識許多偶爾會散發出過度天真氣息的年輕人，他們以為政府當然不會殘暴地將那些表達信仰的人關入牢裡。但是，馬先生不屬於這種年輕的浪漫主義者。他出生於一九四二年，他這輩子多半活在共產黨統治之下，不曾出國留學，不懂英文，不太了解外面的世界。在這個國家，許多人都在六十歲退休，馬先生也算是這個舊體制裡的老者，所以我無法想像是什麼因素驅使這樣的人挑戰體制，在他五十五歲那一年提出這件至關重大的訴訟案，並且在全國各地引發抗議和示威聲浪（如果那些法庭文件所言屬實的話）。

我也記得馬先生曾受到文化大革命的薰陶。在一九六六年至一九七六年那段極權主義橫行霸道期間，馬先生曾是熱血沸騰的紅衛兵，毛主席的狂熱追隨者，橫行於鄉里，竭盡所能地破壞廟宇，羞辱任何看不順眼的人。

這種經驗會影響任何人，他們如果不是輕蔑法律，就是輕蔑法律的熱誠支持者。馬先生的情況屬於後者。許多熬過文化大革命的人都充滿強烈的自信，他們雖然不了解外面的世界——畢竟政府嚴格禁止人民和外界接觸，但卻無懼於當權者。

——

在馬先生那個時代，更為典型的產物就是吳漢錦。一九九六年四月，我第一次去黃土高原時，曾和吳先生見面。他是古水村的村長。和黃土高原大多數的村子一樣，古水村只是一座座鑿在黃土山坡上的窯洞。吳村長讓我和兩位朋友留宿於村裡用來接待賓客的窯洞，那是為處理公務及接待訪客而預備的地方。前一晚，我們享用一頓燉馬鈴薯和胡蘿蔔大餐，還在四十瓦的燈泡下打牌、喝高粱酒。窯洞裡的空氣讓我想起一個說法——這裡的村民一輩子只洗三次澡：出生、結婚以及過世。我們運氣不好，沒有在這些吉祥的日子遇見他們。

在這個缺氧的窯洞度過一個無眠之夜後，我一大早就起床，走向我們的車子，那是一輛捷克製的舊斯柯達汽車，在內蒙古的包頭租來的。先前上路時，司機擔心他的小車子會濺上泥巴，但等到旅程結束時，光是車軸沒有斷裂就足以讓他眉開眼笑了。我在晨光下走向那輛飽受撞擊的灰色車子，從行李箱找出一瓶水。車子前方是一座小丘，我開始爬上這座小丘，希望能讓自己清醒一點。

丘頂有五座廟：四座小廟和一座居中的大廟。那四座小廟比較平淡無奇，僅是一間單層的建築物，供奉著廣受歡迎的道教神祇——土地公、玉皇大帝、關帝以及註生娘娘。但這些小廟都是為了陪襯主廟，它叫「懷英閣」，一棟二層樓的建築物，青灰瓦片作頂，屋簷彎曲，供奉著共產黨中國的締造者毛主席。

「崇拜毛主席」這個觀念微妙地扭曲了他所留下的遺產。雖然毛澤東成功地把自己的形象打造成傳統思想家（寫詩、練習書法），但他最厭惡的幾項東西就包括傳統文化。他的目標是以領導人（他自己）的崇拜儀式取代中國宗教，所以毛主席的崇拜者正在崇拜著一位反對崇拜的人。

微弱的初春陽光照入廟裡，三名婦女俯伏在毛主席的雕像前，那是一尊比真人大一倍的混凝紙漿坐像，巨大的手放在扶手上。那些婦人連續迅速地磕三次頭，隨後起身。在中國寺廟拜神的人，通常會在神像前的香爐插三柱香，但是這幾名婦女磕頭後便離開了。我轉身看見吳先生就站在門口，他看著我觀察那些婦人拜毛主席。我和他打招呼，問起燒香的事。

「燒香是迷信，」吳先生解釋道，他拉出一根菸，點上，將有濾嘴的那一端插入毛主席的食指和中指之間，「這是我們向他致敬的方式，他喜歡抽菸。」

毛主席旁邊有其他兩尊大型雕像，一尊是總理周恩來，另一尊是軍事統帥朱德。水泥牆上的畫描繪出毛主席的生平，全都蓋著一層薄薄的黃土灰塵。

廟的二樓空空蕩蕩。吳先生說原本計畫要蓋更多神龕，但是村子得先籌到更多錢才行。我們走到外面，眺望山谷和遠方的小高原。古水村就在我們腳下，人口約莫一千二百人，居民一年的平均收入相當於一百美元。遠處還有三個村子，村裡的居民靠著枯竭的土地勉強維持生計。田地種植小米和小麥，清晨時分，我們也看到了村民漸漸走向田地，開始一天的工作。

吳先生穿著毛裝，頭上裹著白頭巾，這是當地農民喜歡的裝扮。他總是以充滿狐疑的眼光打量其他人，寧可不斷地抽著煙，聆聽別人說話。自從文化大革命以來——這是毛澤東最後的運動，也是最具破壞力的運動——他就一直管理這個村子。他在一九五二年得到這份工作，因為在國共內戰期間，他的父親是共產黨的烈士。他善盡好幹部的分內工作：盲目跟從黨的指示。在那個時代，這就意味著模仿荒謬的政府政策。他最大的冒險旅程是前往大寨這個模範村子，在那裡學習如何在陡峭的山丘上開闢梯田。這是代價奇高、艱苦繁重的墾地技術，需要投注數千小時的勞力。這裡和大寨一樣，也有必須爬上二十五斜度以上的危險山坡田。現在已有水土保持專家認為，這些極其陡峭的梯田，就是每一年半數高原表土流失的元兇，也是最近幾十年環境急遽惡化的主要原因。

一九七七年，吳先生曾前往北京，向毛主席不幸的繼承人華國鋒握手致敬。華國鋒只當了幾年的國家領導人，就被實施經濟改革並終結毛主席崇拜的鄧小平所取代。但即使在當時，吳先生仍能在這保守地帶固守崗位。當共產黨欣然接受改革時，他也小心翼翼地跟隨黨的路線，儘管他一點都不會隱瞞自己有多麼懷念往日的美好時光。吳先生上了一年的學，說話時總帶著一些咕噥聲。隨後，我提起毛主席。

「毛主席在黃土高原打了十三年的仗，在那段期間，他是我們的一分子。」吳先生突然流利地說，「誰忘得了毛澤東？就算一千個皇帝，也沒一個像他那樣。」

一九八〇年，吳先生開始蓋廟。更正確的說法是他開始命令農民蓋廟。他強迫當地人在冬天「自願」撥出空閒，投入這個計畫，他還使用一筆相當於二萬美元的村行政經費來建造主廟。他明白農民急欲重建在文化大革命期間遭到破壞的其他寺廟，例如，農民喜歡向當地的土地公祈福，或向註生娘娘求兒子。所以他重建了這些廟，但讓主廟變成新的毛澤東廟，將它融入古老的宗教中。

「誰在管理這些廟？」我問。

「道教協會。」吳先生說。他是指總部設在北京的全國道教協會。

「他們在這裡有代表嗎？」

「就是我，那是我的職責。」他說話突然又變得含糊。

吳先生有許多職責，他既是黨書記，也是古水村的村長。表面上，這是兩項工作，而後者應該由全體村民以投票方式選出。

「那麼，北京提出的村長選舉的新觀念呢？關於這件事，你有什麼看法？」

「哦，是的。」吳先生說，他的聲音又逐漸變小，彷彿記憶讓他分了心，「我們這裡有選舉。」

這裡的選舉跟中國鄉下地區的許多選舉很像，吳先生所說的選舉也受到了不當的操縱。他是唯一的候選人，而負責審查候選人的選舉委員會，就由他以及其他幾個黨員所組成。有關「現代選舉措施」的那些談話讓他有些困擾，所以他急忙回到窯洞。那個窯洞前面有三個告示牌被釘在一根樑柱上，從上到下分別寫著：「黨委辦公室」、「村委會」以及「道教協會」。他打開門鎖，走進去。

吳先生的工作看來頗具影響力。順著道路往西走，你會來到定邊鎮和靖邊鎮，這兩個地方都有毛澤東廟，模仿的是吳先生的毛廟。我們出發前去參觀這些廟時，吳先生沒有來送我們。一位助理說吳先生今天有許多訪客，所以非常忙碌。

——

黃昏時分，我抵達延安，隨即入住一家旅館，並且打電話給馬先生的妻子。她邀請我到家中作客，我決定步行穿過城市前去她的公寓。

我原本以為共產黨的戰時基地會受到特別關愛，所以會擁有令人自豪的良好道路，還能得到「漂白」，變成中國都市規畫專家喜歡的那種一塵不染的乾淨城市。中國的都市規畫，通常喜歡興建一些水泥建築物，貼上白色瓷磚並擁有藍色的玻璃。在大街上種植一些已經枯竭的小樹，還會有一座大廣場，點綴著幾片草地，再以圍欄隔開。

但延安卻是一座雜亂而骯髒的小城，人口約莫三十萬。就像共產黨先前的幾座大本營一樣，在革命之前這座城市非常貧窮，但現在自然環境仍然使它吃足苦頭，荒涼的山脈矗立於四周，包圍著這座孤立的城市。城裡四處可見政府慷慨援助的跡象，一棟巨大的五樓黨總部矗立於市中心，它布滿污痕的水泥牆在夏日酷熱中慢慢斑駁。在文化大革命期間，對渴望吸收昔日革命精神的年輕人來說，延安是一座朝聖之地。它從那個時代繼承了一座龐大的火車站，共有五座月台，但現在已有四座荒廢，唯有當來自西安的火車清晨抵達、中午離去之時，它那龐大的候車廳才略顯忙碌。

外面的街上，咄咄逼人的乞丐和路人搭訕，向他們要錢。流動小販叫賣廉價的鞋子和便褲，街道排水系統很差，沒有人遵守交通規則。當然，沒什麼人在意這些事。城裡的幾條街永遠擠滿卡車、汽車、拖拉機以及馬車，沒有一樣東西比步行更快。

就像大多數的黃土高原城市，延安的部分問題是地理位置。延安和榆林不同，後者位於平原之上，但延安卻擠在三座山谷之間，其中一座山谷順著延河展開，延安之名即由此而來（添加的「安」字是指「平安」）。另外兩座山谷沿著這條河的支流而走，最大的支流與延河的匯流點就是延安市。因此，延安基本上是一座跨越這些河川的「橋樑」。在這裡，你可以看見山丘自河岸升起，上面點綴著無數個窯洞，一九三七年至一九四七年間，共產黨領導人就住在那些窯洞裡。這些山丘已經變成公園，其中一座山丘頂端站立著一座佛塔，象徵著整座城市。因為共產黨排斥傳統文化，所以這實在是奇怪的選擇。

馬先生和馬太太住在第三中學的校園裡，馬先生曾是這所學校的教師，他的太太仍在此任教。在中國，這種對員工的住宿安排很常見。在經濟改革路線確立之前，中國城市的大多數居民都住在雇主提供的宿舍裡，即使是現在仍然十分普遍。這些住所通常圍以圍牆，這意味著即使訪客只是來串串門子，仍然得先經過警衛。我很幸運，因為那是用餐時間，警衛沒有在執勤。通往學校的大門敞開著，於是我大大方方走了進去。

我原以為延安是一個邋遢、骯髒的地方，但當我穿過大門時，高原的荒涼之美瞬時將我淹沒。在我面前是學校的操場，後方陡直升起一座山丘，高原上大部分的山丘都光禿禿的，但是眼前這座卻有許多剛剛種下的楊柳。夕陽照耀在山丘上，稀疏的綠葉和黃土散發難以捉摸的光芒，讓我眼前一片模糊；那就像一幅水彩畫，掛在布滿凹坑的學校操場之後。

學校的操場空空蕩蕩，老師和學生都在家吃晚飯，幾個出來散步的人目不轉睛地看著我。我走上教師公寓的二樓，敲門，馬太太——曹萍芬——開門迎接。

曹萍芬是身材發福的五十六歲婦人，留著側分的短髮，帶著滿臉笑容說：「謝謝你來訪。」然後帶我進入客廳。

我在一張巨大的黑色皮沙發上坐下，她則坐在搭配沙發的安樂椅上。曹女士將一包香煙推向玻璃茶几另一端的我。

「抽根菸吧。」曹女士說話時目光低垂，敷衍地請我抽菸。那包延安牌香菸還沒開封，她不抽菸，買菸是為了招待因丈夫事情前來拜訪的人，這當中包括法官、律師、記者及值得以小禮物結交的人。我微笑道謝，但沒有拿起那包香菸。

「我去泡茶。」她說。我旅行一整天，已經累垮了。此時，我腦海裡只剩下那薄薄的茶葉，慢慢沉到裝著沸水的馬克杯杯底，釋放出綿延的咖啡因蒸氣。我點頭說好，她起身去煮開水。

她在廚房忙著泡茶時，我站起來環顧四周。這間公寓可能有二十多年歷史，是一間破舊的水泥建築物，天花板很低，窗戶很小。馬先生和他的家人花了一些錢整修內部，這一點顯示他們的生活水準已經有所提升，儘管此地還是有著這樣那樣的各種問題。公寓的地板曾是光禿的水泥，但現在則已貼上巨大的白瓷磚。從地板到腰部高度的牆壁鋪上了淡色鑲板，其餘的部分貼著米色的壁紙。傢俱都是黑色的，而且體積都十分龐大。用亮面密集板製作的視聽設備櫃依牆而立，上頭擺著一台巨大的熊貓牌彩色電視機。家裡還有一套向學校索取的相連桌椅靠在另一面牆上。這間公寓位於二樓，他們得處理一下防竊問題，所以加裝了防盜鐵窗。坐回沙發之前，我仔細端詳一張巨大的海報。這張海報裡有座巨大的花園，也許那是電腦合成的影像，但它想要製造出法國凡爾賽花園的整齊景象。這種海報在中國處處可見，懸掛在各地無數個餐廳或住家裡。

曹女士回來了，靜靜地將兩個裝滿熱水和幾撮茶葉的紙杯放在桌上。我們面對面坐著，我等她喝完茶。曹女士謹慎地拿起紙杯，啜飲一口。她的臉龐方正，胖鼓鼓的，幾乎沒有睫毛，眉毛也似有若無，樸素的格子襯衫塞入藍色棉褲裡。

我心想是否應該提議一起出去買些吃的東西，因為她的公寓可能遭竊聽，而且我為那些律師所說的話感到憂心。如果她被監視，那麼我的到來可能已經引起注意了。但我想她應該十分了解自己的處境，所以不必要製造疑神疑鬼的氣氛。她放下杯子，開始說話。

「馬老師，」她用了丈夫以前的職稱，「是在一九九九年七月七日在北京被捕的，當年十一月八日受審，他被判處了五年徒刑。」

「妳有提出上訴嗎？」我問。

「有，馬老師的律師很優秀，兩天後立刻對中級法院提出上訴。」她繼續描述馬老師受審和入獄的法律過程。

她不動情感地以馬先生多年不曾使用的頭銜「老師」來稱呼他，這一點讓我覺得奇怪。當她繼續說下去，我開始意識到她究竟有多麼熟悉這個案件，還能夠嫻熟地使用法律用詞。她必定花了許多功夫研究法庭文件，甚至花非常多的時間向一些可能幫得上忙的朋友訴說丈夫的困境。我慢慢懂了為何她稱呼自己的丈夫為「馬老師」。她把自己的生命獻給一個目標——讓馬先生出獄。使用這個頭銜是為了讓他的牢獄之災變成既真實、又抽象的事情，彷彿那是一個陌生人的命運。我打斷她的話。

「你們結婚多久了？」我問。

「三十年了。」

「你們怎麼認識的？」

「小時候就認識了，我們在北方的同個村子長大。」

北方。那些農民住的縣城也是在此地的北方——就是我停下來吃午餐的地方。他們是那裡的人？

「在子洲縣？」我問。

她點頭。

「當然，我們的家人是農民，我們一起上小學，一起上初中。我們在一九六二年結婚時，他還是一個大學生。我們認識一輩子了。」

曹女士的聲音逐漸變弱，目光朝下。我隨她注視地板，讓她鎮定下來。

我注意到她的鞋子，那是現在很少人穿的黑色女式棉鞋，帶著棕色的塑膠鞋底，上頭有條橫過腳背、以按扣固定的黑色帶子。有時這種鞋子上會繡花，但她的布鞋是素面的。一九八〇年代，我第一次來到中國，但從來沒有看過女人穿過這種鞋子。這種鞋十分老式，幾乎有點可笑，但卻讓我想起另一個中文詞語：老實。這兩個字意味著「誠實」、「可靠」以及「良善」。

「這麼說，妳認識他一輩子了？」我原本想說些更私人的話，例如「妳愛他愛一輩子了」，但實在沒有必要。

「對，他一直很天真、很頑固。我們過年時回到家鄉，那些農民找他閒聊。」現在，曹女士變得滔滔不絕，「你得明白，我試著說服他別接這個案子，但他很頑固、很頑固……」

在她開始哭泣之前，她的女兒走入客廳，端著一盤切好的西瓜。女兒很高，留著短髮，嘴唇厚實，臉龐瘦削，身上穿著合身的黃綠色長洋裝，看起來大約十八歲。她將那盤水果放在我們面前，隨即坐在靠窗角落的一張木椅上，直盯著她母親，宛如帶著敵意。

「這是妳的女兒，」我對曹女士說時，一位男孩跑進來，隨意拾起一些散置在客廳的玩具，然後跑到曹女士的女兒身邊。「而這是妳的兒子。」我對曹女士的女兒說，看樣子我得修改對曹女士女兒的年齡評估。

曹女士的女兒露出一抹淡淡的微笑，以狐疑的目光注視著我。但我不怪她，也許我真的是個麻煩，也可能是在浪費這一家人的時間。我感覺到空氣中有一種涼颼颼的無力感，於是想把話題轉到一些比較中性的事情。

「妳丈夫是如何參與法律事務的？」我問曹女士。

曹女士重新說起故事。她沒有上大學，但丈夫倒是讀了省會西安的師範學院。一九六二年時，他二十歲，已經畢業，被派回到黃土高原，但不是回到自己的村子，而是延安市的外事辦。這是典型的共產黨機構，負責協調對外關係的委員會，這個「對外關係」就是城市或工廠事務範圍以外的任何事。這意味著當中國其他地方的官員過來拜訪延安時，他們會讓自己的外事辦和延安的外事辦聯繫，安排食宿、娛樂和各種會面事宜。

文化大革命期間，馬先生在外事辦工作，當時數百萬名紅衛兵來到延安，到這個充滿傳奇色彩的共產黨戰時基地取經。一九七八年，中國展開資本主義改革，延安又變成一個落後地區，馬先生的辦公室規模也隨之縮小，還被派到以前郵電部經營的學校任教。他於一九八五年加入共產黨，這是一位中國教師常見的政治決定，尤其是一位靠著黨得到教育和工作機會的教師。

「他向來喜歡寫作，教起寫作來也得心應手。」曹女士從眼角看著孫子，「他為延安的報紙寫了幾篇有關當地歷史的文章，從此就展開寫作生涯。」

一九九二年，省政府委託作家寫作一系列的當地歷史，請馬先生撰寫延安的部分。這件事提高了他的名聲，於是在一九九三年，地方政府將他調到第三中學教中文和歷史，而他原本在郵電部學校教基本工程學。

漸漸地，馬先生開始朝法律領域發展。這件事情乍看之下非常奇怪，但就像帝制時期的中國，任何想要接觸政府的人，都必須精通中文書寫。當中國在一九八〇年代至一九九〇年代開始發展自己的司法制度時，人們認為法律的前提就是精通寫作——因為這是中國幾百年來的請願形式，只是已經「現代化」了而已。誰比一個有才華的作家更適合從事法律工作？在中國的司法制度裡，律師不會像西方那樣發表冠冕堂皇的演說，所以作家投入法律工作尤其適合。這裡沒有陪審團，如果上級沒有明確指示應該作何裁決，案件大致都是由法官團根據呈堂文件來裁決的。華麗的辭令很少見，但是一封寫得很有技巧的信卻可能十分管用。

「隨時有人來我們家，要求馬老師幫忙寫訴訟狀。」曹女士說。馬先生買了有關法律的書，自修法律。一九九四年，他通過了國家考試，得到一張法律工作允許證明。由於國內實在缺乏受過完整訓練的律師，中國政府採取的補救方法就是讓人民可以考取「法律工作證明」。法律工作者可以處理民事案件，可以起草法庭文件，但不能在刑事案件中為人辯護。曹女士說，她的丈夫減少教書工作，最後辭掉教書工作，成為當地一間法律事務所（南城律師事務所）的法律工作者。

後來，我和那間法律事務所的代表談話，這人說馬先生在事務所裡最富名望。雖然他沒有律師頭銜，但他卻是事務所的明星。「大家都來找他，」那位律師說，「真是非比尋常！我們通常會指定一位律師接某個案子。由於馬先生不是律師，而是法律事務工作者，所以這種情形尤其特別。但人們認為他最優秀，所以都來找他。他的記錄也十分出色。」

馬先生處理許多經濟契約，但是最擅長民事訴訟。在這個領域，只要能善用描述性的措辭或者雄辯，就有助於釐清案件發展。事務所甚至容許他處理特別的刑事案件，因為他只是一名法律事務工作者，就技術層面而言，他不可以接手此案。

事實上，他曾經手的一件重大案件就是謀殺案。這個案件中，被告的妻子與人通姦，更與情夫共謀殺害丈夫。丈夫得知計謀後怒火中燒，在廚房裡拿刀將妻子刺死。馬先生接受請託為這位丈夫辯護。那是個窮苦家庭，因此馬先生免費為他辯護。儘管被告面臨死刑，但馬先生以嫉妒和防衛情有可原作為減輕刑罰的辯護理據，所以被告只須在勞改營待十五年。

「每一個人都相信他會被處死刑。」南城律師事務所的律師說，並且假裝拿出一把手槍，指著自己的後腦勺。「但是老馬指出妻子通姦的事實，進而宣稱被告是一怒之下錯手殺人。這件事可是發生在嚴厲打擊犯罪運動的高峰，但他還是有辦法把謀殺減輕為過失殺人，可真是有天分。」

——

曹女士和女兒帶孫子去睡覺，所以我們的對話暫停了一下。外面已經變黑，天氣也在轉變。從早上開始就十分炎熱乾燥，但現在卻變得潮濕而陰沉。一隻蟬開始唧唧叫，其他蟬也加入了，唧唧聲漸漸增強，變得震耳欲聾，拖拉機每隔幾分鐘就會隆隆而過，蟬鳴這時才會稍微停歇。

我站起來伸伸懶腰，走入隔壁的房間。那是間主臥室，也兼作馬先生的書房，裡頭一張小書桌和小書櫃擠在一個角落，書櫃則是有玻璃門的款式。我小心翼翼地打開玻璃門，看著那些書名，漸漸意識到，這個書櫃的每一本書都和中國的司法制度有關，例如《中華人民共和國法律和法律原則實用指南》、《法律試題》以及《一九九八年中國法律年鑑》。這些書的內容包括各種案件的統計資料，每一個城市、省和地區的法務人員的規定和員額。另一層書架上全是法律字典，其他層書架也擺滿司法制度入門等書籍，包含案例研究的教科書以及有關經濟法、民法、刑法的著作。在這些書裡，最醒目的是那幾本有關行政法的書，馬先生就是依照書裡的法律代表農民控告政府。

馬先生的書桌上疊放著報紙，最上面是一九九九年十二月的報紙，那時他已入獄六個月了。

「從那時起我就不訂報紙了，我想他暫時不需要。」

曹女士已經走進來。有好長一段時間，這句話讓我們都靜默不語，我靜靜地摸著那疊泛黃的報紙。

「他所有的一切都和司法制度以及法律原則有關。」曹女士說，「所有的書、所有讀過的報紙都是如此，他滿腦子都是法律原則。」

我從書架上取出一本相簿，相簿裡有一張馬先生及曹女士的全家合影，黑白色，有些粗糙而模糊。那是一九六〇年代的照片，照片上的馬先生就像我在火車上看的那張照片裡的馬先生：嚴峻、拘謹、沒有生氣。它讓我想起那些十九世紀的照片，在那個時代的照片裡，每一個人都陰鬱而嚴肅，而那也許就是許多人一輩子唯一照過的照片。

照片裡所有的男人都裹著白頭巾。這種頭巾遮住一半耳朵，頂部是平的，使他們看起來像是醫生或廚師。以前，在這個乾燥而荒涼的落後地區，大多數男人都裹著這種頭巾。這項傳統的起源早已被人遺忘，這是中國人仍然保有的少數幾種傳統服飾，但只有這個偏遠地區的男人才會如此打扮。這也提醒我，馬先生的家族屬於中國最貧窮的階級。

馬先生必定十分聰明，否則難以擺脫其貧窮的出身，也許他曾經從某些和貧窮有關的政策中受益——這些政策早已消失，但當初確實讓那些「根正苗紅」的具有無產階級背景的人得到工作和教育機會，這些人包括工人、農民和士兵，尤其包括那些在共產黨先前的游擊基地（例如馬先生家鄉周圍的地區）長大的人。但一個在共產黨「解放」中國後的一九五〇年代長大的年輕而聰明的農民，他所代表的意義，可能比出身於中國這個乾燥地區所代表的意義還要糟。

這本相簿裡沒有太多馬先生或曹女士的照片，他們兒女的照片比他們的還多，但即使兒女們成長於一九七〇年代和一九八〇年代，照相仍然不是十分普及，在這個小城尤是如此。不過他們的孫子倒是有許多照片，而且全是彩色的。在某一張照片裡，兩個胖嘟嘟的孩子將頭埋入撒滿白色糖霜的生日蛋糕裡，馬先生在一旁帶著試探的神情，驕傲地看著他們。另一張照片則是六個大人在公園裡圍繞著一個孫子。

曹女士給了我一張照片供保存。在這張照片裡，她和馬先生以及兩個孫子坐在沙發上，曹女士將年紀較小的孫子放在膝上，逗他笑，馬先生則有點拘謹地坐在另一個八歲大的孫子旁邊，穿著正式的白色襯衫，扣子直扣到頸部，襯衫外面套上棉質雙排鈕扣運動夾克，夾克也扣到脖子。他身旁有杯啤酒，而白色的生日蛋糕獨占前景。「這是我最喜歡的照片，」她說，「你拿去吧。」

我遲疑了一下，然後決定收下。我又指著另一張粗糙模糊的舊照片問，「那些人就是那些農民吧，我是說請馬先生代表他們上訴的農民，對嗎？」

「一九九七年年初，他回到在子洲附近的鄉下老家，探望他的母親。」她坐在床邊說，「事情就是這樣開始的。」

馬先生的家鄉叫作李家渠村，位於駝耳巷鄉內；駝耳巷鄉距離子洲大約十七英里（約二十七公里）——那一天稍早我曾在子洲停下來吃午餐。每一年，中國人都會回老家過春節。一九九七年，馬先生也按照習俗回老家過年。他和妻子一起回到李家渠村，跟母親與幾個好友團聚在一起。

馬家人在家裡過節，他們準備並享用了豐盛的大餐，放鬆休息，電視幾乎從不關機。但偶爾他們會到鄰居家打打麻將。接下來的幾天，農民接二連三地過來拜訪這位本地的成功人士，向他描述種種困境。這個地方發生了乾旱，農民維持生計更加艱難。我稍早在午餐時從子洲打電話給王先生，他在電話中向我描述的情況也是如此。拒絕繳稅的農民——其實許多人都繳不起稅——會被痛毆一頓，然後關入縣政府管理的臨時監獄。

農民都聽說了裴家灣的壯舉。馬先生的親戚朋友同樣飽受乾旱之苦，不僅莊稼歉收還被課以重稅。那些農民將問題告訴馬先生，請他幫忙，讓他們也可以像裴家灣農民那樣地控告地方政府。後來我遇到一位農民，他的父輩也像馬先生的父輩一樣裹著白頭巾，他把想法告訴我：「馬先生是本地人，也有處理這類案件的法律執照。所以當他回老家時，我們就告訴他，地方政府如何貪污腐敗，設立非法監獄，還毆打農民，向他求助。」

馬先生深受感動，但卻拒絕接下這個案子。「我叫他不要處理這個案件，他自己也不想處理。」他的妻子說。馬先生告訴那些農民，這個案子太複雜，而且他很忙，沒辦法接。

他的另一個理由則是，管轄他故鄉的是另一個地方政府，而非他現在居住的延安市。在中國，這是一個重要的政治差異，因為法院往往聽從地方政府的指示。馬先生住在延安，而掌控家鄉的則是榆林的黨委辦公室。他在榆林的黨委員中會沒有熟人，如果惹上麻煩，就得自求多福。此外，他深知中國的司法制度沒有判例的觀念，法院常常自行作出裁決，完全忽略其他法院在相似的案件中曾作出不同的裁決。因此，雖然裴家灣的農民在榆林的管轄區打贏官司，但馬先生的案子若進入審判程序時，又完全是另一個故事。整件事危機四伏，所以春節假期過後，馬先生沒有接下這個案子，就逕自返回延安了。

但在接下來的幾個月之內，農民不斷致電馬先生。當時馬家沒有電話，農民只好致電到馬先生的鄰居家中，這位鄰居還記得馬先生和同鄉在電話上的交談內容。「你可以看出他真的很想幫忙，但是也有一些掛慮。」那位鄰居說，「他不斷地告訴他們，這個案件很難。他懂法律，也明白這個案件會引起許多政治壓力。」

但就在一九九七年夏天，曹女士收到住在子洲的女兒來信。她必須把這封信讀過兩次，才能相信這封信的內容：子洲謠言四起，指出馬先生之所以拒絕接這個案子，是因為他接受子洲縣政府的賄賂。馬先生當天傍晚回到家時，曹女士把那封信拿給他看，他氣壞了。

「他先責怪我們的女兒，說她瘋了。打了幾通電話後，他才明白那不是她的錯。」曹女士說，「她只是實話實說，外頭真的有人這樣說。」

一九九七年七月初，延安像今天一樣炎熱而乾燥。通常，這是個放鬆的時刻，很少人會去工作，大都在公寓外頭休息度日，或者與鄰居一起乘涼。有能力的人會到其他更涼爽的地方，例如富人會去中國遙遠的沿海地區，但大多數人都在家懶散地度過夏天。

我們的馬先生卻無法好好休息，因為他飽受謠言困擾。每天早上他起床後，匆匆喝一碗粥，即前往律師事務所。他不回家吃午飯，而是在幾乎無人的辦公室埋頭工作。晚上回到家時，他也同樣不發一語，靜靜地吃晚餐，但內心焦躁不安。整個晚上，他都沒有開口說一句話。

第四天，他照例回家吃午餐。曹女士煮了一碗麵，他吃到一半時，望著她說：「我要接這個案子。」曹女士起初大力反對，但是終究停了下來，因為她的丈夫根本沒有在聽，只是專注地把麵吃完。兩分鐘後，他站起來，同樣沉默地回去工作。

「我認為這個謠言是某位農民帶頭開始的，」曹女士告訴我，「那個人知道這會惹火馬老師，迫使他必須接下這個案子，以此證明自己沒有接受賄賂，儘管別人都會說這個謠言

有多麼愚蠢。」

不管事實為何，現在馬老師成為農民的辯護人了。他自認只是像裴家灣的律師一樣接下這個簡單而明確的案件，著手協助農民打贏稅務的行政訴訟官司：地方官員的徵收金額，不能超過農民所得的百分之五。不同之處在於馬先生提出數百位證人，他們都握有被徵收高於百分之五數倍稅金的鐵證。這是一個簡單的行政訴訟案。就馬先生而言，這個案件不必有任何政治意涵。在搜集了證詞和證據之後，那年秋天，他代表數百位農民在榆林中級法院提出訴訟。只不過馬先生很難確定到底有多少農民加入這場訴訟，因為官司開始時，不斷有農民加入。起初的農民人數大約是五千名，但是到了那年年尾，又有數萬名農民加入。

即使馬先生一開始不願接這個案子，但他最終秉持著一股信念向前，一股中國人數百年來的傳統信念：只要讓政府高官知道民間實情，凡事必然迎刃而解。一切責任就會回到這些令人厭惡的本地官員身上。馬先生認為，這個案子會讓榆林地區的領導人注意到農民稅賦過重，隨後就會命令法官減稅，農民贏得官司後，該案就結束了。

在此之前，我自認算是相當了解馬先生，但這一點卻讓我納悶。只要高層知道，就能解決問題？高層領導者們從當前的腐敗體制中得到不少好處：他們的兒女到國外求學，雇用這些兒女的公司付出極高的薪酬，只為了借用他們的姓氏和關係。只要高層了解腐敗的實情？如果說有誰真正「了解」腐敗的實情，那這個人就是中國的領導人。我非常尊重馬先生的努力，但卻不知道他為何會緊緊抓住這種想法。也許正是這一點解釋了為什麼中國領導人可以長久掌權。

「在這個案子的第一階段，他還很天真。」曹女士說，「他不了解社會的複雜，以為農民之所以碰到這些困難，完全是因為政府高層不明白村子真正的難題所在。他認為應該將這些事實呈現給高層。馬老師向來非常信任黨和政府，即使坐了牢也是如此。他以為這一切之所以如此，只是因為有人隱瞞了事實。」

接下來的兩年，馬先生漸漸打消了這個看法。一九九七年夏天，為這個案子作好準備以後，馬先生在榆林提出訴訟。雖然六個月前，幾乎一模一樣的裴家灣案件當中，法院判決農民勝訴，但它現在甚至拒絕受理馬先生的案子，更別提審理它了。馬先生沒有收到任何法院的書面解釋。後來，他到處打聽，得知那是因為政府下了一個新的命令，指示法院拒絕受理這類案件。

「如果他是榆林人，任何人都會告訴他，裴家灣案件後，法院再也不會受理任何農民集體訴訟案。」某位榆林的律師說，「那個案件震驚了地區政府，所以命令法院不再受理這類案件。」

事實上，即便是裴家灣案也都引發過強烈反對。十八個月前，當我抵達裴家灣時得知，這個案件讓某些掌權者十分不悅。馬先生接下這個案子時，不了解這一點，但事實是那些欺負裴家灣農民的官員並沒有遭到降級或解雇。根據榆林政府官員的說法，有些人甚至升了官。

馬先生不知如何是好，九月時他返回家，和母親團聚約一個星期，此時農民仍然持續前來訴苦。他已經離家三十年餘，只在每年春節假期才回來和親人團聚，一起度過幾天的家庭時光。這次他在秋天回來，卻看見了田地龜裂，還有那些勉強收成、微薄到可悲的莊稼。永不停止的乾旱再度危害這個小城，這一年的稅金雖然不像前一年那麼高，卻仍然令人咋舌——每人平均一百元人民幣，相當於十二美元。

許多農民相信馬先生此次回來，是為了宣布放棄這個案件。這是一個合理的假設，畢竟法院拒絕審理它，事情看似毫無希望。但馬先生只是陪伴著母親，隨意和朋友談天，沒有宣布即將作何打算，農民們個個屏息以待。

就在馬先生預定回延安之前兩天，一位農民來訪，他是馬先生父親生前的朋友。那人談到一年前，即一九九六年秋天，他如何遭到警方逮捕、毆打。他的妻子去當地監獄探望，希望給他一條毯子，但是獄方不讓她進入，要她回家。他們告訴她，她的丈夫是一名囚犯，無權擁有毯子。那時，夜晚氣溫甚至會降至零度以下，他就被關在由豬舍改建的臨時牢房裡。憤怒之餘，他妻子咒罵政府官員，但那個官員竟然動手打她。「他們竟敢做出這種事，這個世界到底怎麼了？」那位農民告訴馬先生。

「我記得當時馬先生坐在母親的窯洞裡，他面無表情聽那個人訴說，但眼睛睜得老大，氣得不可開交。」那位鄰居說，「政府說馬先生煽動我們的情緒，其實是我們這些農民煽動了馬先生的情緒。」

情況不同了，馬先生本來一直是法律工作者、業餘律師和法律愛好者，但現在開始，他認為法律保護不了農民，農民需要的是由下而上的政治壓力，藉以打破榆林的法院僵局。既然訴訟不能發揮作用，因此他決定帶領幾次小規模抗議，藉此引起領導人的關注。

——

馬先生和他的農民客戶都非常天真，或者說，他們認為自己不會有什麼損失。那年秋天，他們決定設立一個組織來推動目標，而這個組織就是「駝耳巷鄉農民反腐敗和減輕繳稅負擔志願聯絡小組」。這是相當拗口的名稱，但這個名稱的目的就是要傳達這個團體的「非政治」和「非威脅」本質。它的目標不過只是「反腐敗」和「減輕繳稅負擔」，這可是兩個受到官方認可的國家優先目標。此外，這個組織的組成分子都是志工，其工作內容只是「聯絡」，而不是「組織」，後者是中國當局最憂慮的行動。甚至連「小組」這個奇怪的名詞都是為了表達出「非正式」的感覺。那是個共產黨術語，意在指出它是個不同於委員會或調查團的非正式團體，所以對政府不構成威脅。

馬先生案件裡的農民仿效裴家灣農民，在那年秋天選出代表，開過好幾次會，也進行募款。裴家灣農民向每個參與者募集到相當於二毛五美元的錢，駝耳巷鄉農民也從他們鄉鎮的四萬八千居民中募集到一筆數目相當的錢。後來，當局控告農民搞「統戰策略」，統戰本是共產黨的專長，其目的在於極力淡化激進政策，並贏得社會溫和派的支持。當局認為這件事很危險，因為過去共產黨宣揚統戰策略——換句話說，就是溫和主義路線——的目的，就是掩護激進主義。所以對習慣於這類狡猾策略的中國政府而言，農民的溫和主義只會是政治掩飾，別無其他。

一九九七年十一月二日發生了關鍵事件。當天是星期日，也是鎮上的市集日，馬先生村裡的某位農民捐了一部噴吐濃煙的二衝程拖拉機，於是他們在拖拉機上披上白布條，布條上以紅色和黑色的書法字體寫下要求減稅的標語。一位農民坐在前面唯一的車座上，握住控制方向、速度和剎車的手把。這輛拖拉機後面連接著另一輛小推車，車上掛著布條，裝上兩個巨大的擴音器，大聲播出馬先生宣讀中央政府減稅指示的錄音。你可以在台灣和日本的選舉期間，看到這種配戴擴音器和旗子的小卡車原型。這群人開著政府後來所說的「宣傳車」，從馬先生的家鄉李家渠村出發，來到駝耳巷村，這裡是周遭市鎮的核心地區。

當這趟十英里（約十六公里）的旅程結束時，農民和馬先生開始分發有關中央政府徵稅的文件。他們取出車上的布條，將它們掛起；這些無精打采、飄在灰塵中的布條上面寫著「減輕農民負擔」以及「按照法律課稅」。

馬先生把宣傳車停在一旁，站在布條下發表演講，吸引了數百名旁觀者，民眾們都聚在光禿禿的山丘上。馬先生的演講輕鬆地融合了現代法律術語和地方語言，這時市集已經關閉，人們大聲表達贊同。

「我們只要求地方政府遵守中央政府的指示。」馬先生說，「我們的田地飽受乾旱之害，但是官員好像以為這些田地長滿了穀物，還想從糠裡榨出油來。」

大約四小時後，農民各自解散，回到自己村子，臉都興奮得泛紅，因為馬先生雄辯滔滔，用手上的資料解釋了政府官方課稅政策。此外，還有一個消息沒有寫在宣傳單上，卻已經四處流傳：馬先生曾經提出訴訟，但法院卻不受理。「聯絡小組」相信那次訴訟之所以會失敗，是因為他們沒有像一年前的裴家灣農民那樣，收集數千個簽名。所以「聯絡小組」相信這次集會可以激發農民的意願，讓他們願意在日後的請願書上簽名。

隔天，公安局和馬先生接觸，那時他正在鄰村和農民代表舉行策略會議。公安要馬先生前往子洲接受訊問。政府控告馬先生的依據，是馬先生曾經告訴農民說：「我們應該一起去，否則我不去。我也不要自己說話，如果一定要說，那我們就一起說；如果一個人說錯了，其他人可以糾正他。官員會作筆記，所以我們也應該作筆記。」

我不確定為什麼中國政府會在控告馬先生的案件中引用這段話，也許檢察官認為這可以顯示馬先生的狡猾本性。舉例來說，他們可以將他要農民作筆記的建議，解釋成狡猾律師給農民的建議，這是農民自己不會想到的事情——這種事情必定讓政府不喜歡馬先生。在我看來，馬先生此舉只是一般的政治嘗試以及顯露出他本人的意向：即使只是在這個階段，他也不要成為行動的直接領導人，更不希望被歸類為暴動的頭目。他希望保護這場運動，也必須防止政府賄賂運動中的某些領導者，藉此分化這場運動，迫使它解散。

大約有七十個代表同意馬先生的建議，於是隔天他們陪著馬先生前往子洲公安局。有些農民認為這次和警察會面是一顆勝利的果實，因為終於得到機會向鄉裡腐敗官員以外的人說明案情。其他人（極可能包括馬先生自己）則明白，這是通往正面衝突的危險新階段。

公安局位於子洲最好的建築物裡，那是大街之外的一棟五層白色瓷磚建築，外牆高十英尺，甚至還配備外型宛如風琴、能夠沿著軌道從右拉到左邊的反恐大門，這是專為阻擋自殺炸彈客與卡車炸彈而設計的裝置。我不認為中國曾發生過這種自殺式攻擊，因此中國有這麼多政府單位（從博物館、醫院、學校到福利機構）都裝設這種門讓我感到匪夷所思。這似乎是一種混雜著疑神疑鬼心態的流行趨勢，也可能是不負責任的官員浪費人民血汗錢的最新方式。

七十個農民跟隨馬先生穿過前門，進入庭院，但只有十二個農民陪他進入裡面。他們和當地公安局的領導人坐在會議桌旁喝茶，雖然幾個農民陪著馬先生，但他才是明確的發言人。他坐在桌子的中間位置，也是唯一能夠談論法律和法規術語的人。

馬先生和支持者一起要求公安局為他們申冤，但公安局堅持要他們解散，並「循正常管道」辦事。馬先生彬彬有禮，同意應該為市集日的集會申請許可，但他也回應道農民有權抗議和上訴，因為這是憲法保障的權利，儘管政府沒有把這種權利當成一回事。

一個小時後，會面結束了，馬先生返回村子過夜。起初，農民團體很高興政府官員願意會見他們，但這次會面沒有任何實質結果。這讓農民們非常生氣，馬先生的態度也有所改變，不再步步為營，更看出縣政府的結構裡也充滿腐敗並且狼狽為奸。「馬先生問我們是否應該繼續爭取。」一位農民說這件事情時，因為想起那次會面而變得十分興奮，「我們都說：『繼續！繼續！繼續！』」

馬先生和農民代表決定向榆林的地區政府上訴，希望地區政府的高層官員命令地方法院受理這個案件，如此一來他們就會和縣法院及縣政府的領導人交涉。農民認為，畢竟裴家灣案件就是在榆林審理的，所以那裡的法官以及黨的監督部門應該比較開明。由於他們必須租車將農民載到北邊九十英里（約一百四十五公里）以外的榆林，因此馬先生建議募集更多資金。他估計再向每個農民募集相當於二毛五美元的錢應該就行了。

一九九七年十一月四日，即會見公安局官員隔天，馬先生再度和農民代表見面，並且計畫當月稍晚前往榆林。現在，馬先生和兩個農民代表緊密合作，分別是馬全和馬登德，他們雖然和馬先生同姓，但沒有直接的親戚關係。他們三人輕鬆地籌到錢，並且同意將宣傳運動擴展到鄰近也在子洲縣管轄範圍內的南川鎮。南川鎮的農民代表很快地允諾支持馬先生這群人。

十一月十九日，馬先生和二百多名農民向榆林地區政府遞交請願書，要求地區的領導人允許子洲縣法院審理這樁農民案件。遞交請願書是帝制時代的遺物，這個習俗之所以存留至今，是因為一無所有的人只能仰賴這件事。在中國，從市、地區、省政府到國務院，都設有許多辦公室受理請願和投訴。很少請願者可以如願以償，但仍然有許多受壓迫者視請願為最後的希望。

這群人前往榆林的權力中心——不是法院或地區政府，而是該地區的共產黨總部。這個總部控制法院，指定政府領導人，直接掌控警察和治安機構。農民留在榆林三天，每天早上在黨總部前聚集、高舉布條——就是兩周前首次集會時所使用的那些布條。

根據政府的說法，這些集會是大規模的示威活動，擾亂了城市和政府的相關運作。馬先生在辯護書中則以截然不同的說法描繪在榆林那幾天的情形：

事實上，只有我和四、五個農民代表到街上播放錄音，宣讀中央政府的文件及政策。但檢察官不在乎證詞或證據，恣意扭曲事實，甚至指控我煽動群眾對抗政府。這不是刻意扭曲事實，並且顛倒是非嗎？

的確，政府的案情記錄似乎恣意扭曲事實：

上訴人在地區黨委的庭院製造騷亂，堵住通往黨委大院的交通，抓起黨委食堂爐灶上的食物，還毆打廚師和行政人員。他們攔住領導，偷走當地居民的煤炭，用這些煤炭製作「火葬塔」，打亂了黨委的正常工作秩序，直到十一月二十二日他們離去後，一切才恢復正常。

這些農民可能因為盤纏用盡而變得絕望，可能因為饑餓，所以向人要東西吃，我推測那些廚師不給他們食物，或者是看到幹部們的食物如此豐盛時，農民想起家鄉挨餓的親人，便感到怒不可抑。

至於偷煤炭這件情，就算是那些在榆林和我談話的律師（他們的立場是反對馬先生帶領農民投訴），也都搖頭表示不相信會有這種事情。某位律師一邊轉動眼睛一邊說：「那些農民拿煤塊做什麼？他們只有幾部卡車而已，都已經快要裝不下所有的農民了，根本不可能把煤塊運回山上。」

兩天後，那些農民和馬先生回到了山上。現在，馬先生已經從遲疑不決的參與者變成農民英雄。但我想或許用「農民捍衛者」一詞更能描述當地人眼中的馬先生，因為馬先生為了他們的目標而奮鬥。中文的含糊性也使得我們能用不同的眼光來看待馬先生。他可能是「農民的捍衛者」，也可能是「農民捍衛者」——在中文裡，表示所有格的「的」字通常被省略或含糊不清。或許稱呼馬先生是「農民的捍衛者」比較適切，因為嚴格來說，他已經不是農民了。但是他的根在農村，就是因為自己的農村背景他才接下這個案子。他是受過教育的農民，現在回到腐敗風氣盛行的鄉下，成為它的守護者。

那一年的十二月，馬先生開始在縣裡演講。他和那些農民也在另一個鄉——磚廟鎮——舉行集會。根據政府文件以及農民訪談所示，現在馬先生所扮演的角色已經不只是保衛農民的辯護律師了。雖然他們大多數的懸掛布條仍然寫著「按照法律課稅」等簡單而不帶情感的訴求，但也開始有新的標語來催促猶豫不決的農民加入抗爭。一位老農民記得某次集會所掛的布條寫著：「你怕什麼？」

「我們已經怕了好幾年，怕政府、怕警察。」這位農民一邊說，一邊抓抓那一小撮從下巴長出來的白鬍鬚，「但馬先生認為，既然我們的訴求合法，就沒什麼好怕的。」

一九九八年一月三日，在某次政府所謂的「非法」集會中（所有的集會無論如何都必須獲得政府的許可），兩位農民遭到拘留。當時馬先生已經回到延安與家人團聚，但政府卻指控馬先生打電話給農民代表，並且「煽動人民去公安局要求釋放那兩位農民」。馬先生在自辯書裡澄清他只是建議農民去找警察，要求他們釋放那兩位農民，自己絕對沒有參與。

一九九八整整一年期間，馬先生在農民的訴訟案上投入了愈來愈多的時間。他的家人都還記得，馬先生在一九九七年接下這個案子後，幾乎已經不太關心其他的案子了。為了這個頂多只能得到微薄回報的案子，馬先生犧牲了自己的穩定收入。裴家灣農民只贏得七萬五千美元，律師群拿到這筆錢的百分之十作為律師費（包含他們的開銷在內）。如果馬先生能在這個案子收支打平之餘，得到微薄利潤，就算幸運了。

雖然馬先生心甘情願地投入這個無償的服務，但人們並未因此就不懷疑他內心深處是否藏著貪婪動機，當局更是聲稱他的舉動十分可疑。一位南城律師事務所的律師說：「一九九八年，他們問我，馬先生在打什麼主意？如果他在這件事上沒有賺什麼錢（我同意），那麼，他的行動背後是否有更深的陰謀，想要煽動更大的事件？」

在政府眼中，讓事情更糟的是馬先生開始向其他農民推廣各種組織方法。從駝耳巷鄉的大路前進大約十英里（約十六公里）就是苗家坪鎮，這裡的農民也開始設立他們的「反腐敗聯絡辦公室」，擬定行動計畫，包括有關宣傳車、布條和演說的一切事宜。「馬先生在全國各地撒下種子。」一位農民抓著自己的白頭巾說，「我們正在學習如何認識自己的權利。」

政府的看法當然不同。當共產黨評估誰該為這件事所引發的危機負責時，習慣先揪出「幕後黑手」。在北京的短視世界裡，固有的腐敗和不穩定的政體從來不必負責，兇手是那些挑撥離間的分子，是他們煽動無知的群眾。這一點讓政府可以不必思考什麼才是動亂的真正原因，這就是處理一九八九年天安門大屠殺的方式，也解釋了從一九九九年開始的法輪功抗議活動。同樣，政府也以這種方式看待子洲縣農民的抗議。

指控馬先生時，檢察官直截了當地將責任推到他身上，還使用了憤慨的、主觀的、華麗的語言，藉此表達政府的震怒：「一九九八年十一月十八日，馬文林甚至親自參加在王岔村舉行的非法集會。他竟敢發表演說，將那可憎的影響力傳到縣內的每一個村子和鄉鎮，嚴重影響到子洲的穩定和團結。」

讀這些控訴時，你能感受到政府正在尋找各種加諸馬先生身上的罪名，但到目前為止，他的行動並未淪為激進。歸根究柢，這些行動不過是在宣傳政府的徵稅政策。或許有些集會是非法的，但是想將馬先生關在牢裡談何容易，畢竟他和想要審訊他的法院及法官都是從事法律工作的人。

中國的城市人害怕中國八億名農民，因為他們打從內心深處認為，一旦刺激農民，事態就會不受控制。大體而言，這並非事實。中國農民多半非常謹慎，只做他們認為對自己最有利的事。但群眾行動的確會有屬於他們自己的力量，有時情況可能會失控。也許這就是接下來會發生的事。無論如何，如果政府想要讓把農民英雄關入大牢，它需要的就是——失控。

——

我和曹女士停止談話了好一陣子，面對面坐著，我在椅子上、她在床邊，臉孔後方就是那面泛黃的牆。房間的照明全靠天花板上那只燈泡，黯淡的光線四處流竄，勉強照亮房間空蕩蕩的陰暗角落。時間不早了，她看起來很累，光線使她臉上的皺紋更為刺眼。

現在我們已經來到整個故事裡最艱難的部分，她不斷在腦海裡想著這件事情，希望能夠改變結局。「我後悔讓他接下這個案子。」她一面說，一面小心翼翼地將手掌貼在膝蓋上，好像這樣可以改變整件事情的發展；她看我的眼神帶著些許懇求的意味，「但我們無法阻止他，你必須明白這件事，他真的覺得農民很可憐。他試著小心翼翼地處理這件事情，我們也一直告訴他要謹慎一點。」

究竟什麼事情成了馬先生的致命傷？一九九九年四月八日，縣政府差遣一位資深官員趙良到老山峁——另一個激進分子的中心地帶。按照政府的說法，趙良前去查核村子的帳冊，

「了解村民的看法，並且作出分析」。好像終於有人願意聽取農民的看法了。

趙先生大約在那天傍晚時分抵達，隨即密會當地的村書記，一起用餐，晚上十點左右前往村委會辦公室核對帳目。幾個小時後，兩人夜宿辦公室，打算隔天一早就進行逮捕行動。

在這個敏感的時候，趙先生前來審查村子的財務狀況似乎非常離奇，這個不尋常的事件隨即在整個村子傳開來。七個姓馬的老人（和馬先生沒有親戚關係）決定闖一闖村子中央的辦公室。老人們在外面商談了五分鐘左右，認為趙先生不值得信賴，因為他在子洲縣政府工作，監督每一個村子的財務，還是「村基層組織及糾察和建設工作組」的組長。那是個掌握大權的團體，直接向這個地區的共產黨負責。老人們認為，趙先生以這種身分取得幾份關於村民的財務報告之後，必定會當場篡改原來的報告，藉以掩飾違法行徑，若再不行動，農民的寶貴證據就要消失了。

這七個人立刻採取行動，撞擊那扇薄木門，乾淨俐落地弄斷鎖頭，闖了進去。趙先生和村書記跳起來，將帳冊藏在身後，七人要求看帳冊，趙先生拒絕，聲稱他還沒有看完。

兩方人馬僵持不下，七人步步向前，趙先生頓了一下，交出帳冊。就在昏暗的裸燈之下，九個人擠成一團檢查帳冊。老人們要確定上頭記載農民各自有多少收入，結果發現，對於那些窮苦的黃土高原農民而言，帳冊登記的收入數字竟然高得不可思議。如果政府登記了這麼高的收入數字，他們怎可能有辦法繳百分之五的稅金？在整個過程中，趙先生坐立難安，不知如何解釋，所以那些農民決定拘留他，直到他提出令人滿意的說法。

隔天（四月九日）早晨，馬先生來到老山峁，這是每半個月一次走訪鄉下的固定行程。政府說，農民曾問馬先生他們應該如何處理趙先生，是否要釋放這位官員。政府引述全程監督綁架過程的一位農民代表所言，宣稱馬先生曾說：「不要釋放趙，否則我們過去兩年所做的一切將徒勞無功。」根據推測，馬先生取走兩本帳冊，然後安排農民監視那位官員。

但是這個故事版本無法獲得確認，在法庭上也從不曾獲得證實。馬先生的自辯書說自己從來沒有指示農民拘留趙先生，甚至不知道這位官員遭到拘留。農民同意這個說法，後來有一位農民接受訪談時告訴我：「馬先生從來沒有要我們對趙先生做什麼，也沒有建議我們應該如何處置他。我們只是惱怒於趙拿走證據，所以抓了他。」

政府的說法來自馬全，就是七位農民中的一個。此人在過去一年和馬先生建立了十分密切的合作關係。他非常親近馬先生，但證詞也讓他得到一些好處：根據政府的文件，他曾是綁架者的主要發言人，這意味著除非他合作，否則將被處重刑——極有可能是十年勞改。在西方司法體制下，這種有疑慮的證詞會受到質疑，但在中國，這個證詞就是馬先生被捕和坐牢的唯一根據。

讀過這些記錄，並且和幾位證人談過話之後，我最能肯定的事情就是政府顯然對於馬先生教導農民說的那些冠冕堂皇的法律行話感到非常生氣。舉例而言，描述馬先生在所謂的綁架事件中扮演的角色時，法院文件說他教導農民要「有技巧」地跟官員說話，彷彿這個「教導」是種犯罪。文件也指出馬先生曾告訴一位農民：「如果他們想逮捕你，把手伸出來，讓他們逮捕，然後派人來找我。」這些話只是一位律師會給客戶的最佳建議——不要使用暴力，讓律師把你弄出來。但是在中國法庭的辯論總結中，這話卻成為馬先生的犯罪證據。

起訴書下了一個結論：「馬從來沒有承認他所做的事，也從來沒有後悔做過那些事。因此，按照法律，他應該受到嚴厲的懲罰。」這是中國檢察官使用的古老口號：坦白從寬，抗拒從嚴。其實這話的意思就是：如果你堅持無辜，我們會讓你屈服。

的確，政府讓馬先生屈服了。

——

「六月時，他們寄來這些東西，就在馬老師被捕不久之後。」曹女士說。她伸手從床下拉出一個黑色皮革公事包，就是許多中國男人都在使用的那種有肩帶的包包，大多數男人都將它塞在腳踏車前面的籃子裡，或者像顆美式足球那樣將它夾在腋下。

她站起來走回客廳，我們在客廳坐下，繼續談話。她將那只公事包放在我們之間的茶几上，打開公事包，拉出一條沾染血塊的毛巾。

法院所謂的「一九九九年四月綁架事件」在十五天後結束——政府通過談判讓農民釋放那位官員。子洲的縣政府官員派遣了代表團到村裡，經過幾天的談判後，農民同意如果政府認真處理他們關注的事情，就釋放那位官員。但農民知道代表團的承諾是空話，畢竟許下承諾的官員，就是被懷疑篡改帳冊的那位官員的同事。「這件事情他們全都有份。」後來有一位農民告訴我。「我們得想辦法避開縣政府才行。」

曹女士說，她的丈夫同意農民的看法。

「他認為唯一希望就是讓中央政府注意這件事。」她目光低垂，隨後搖頭，「太天真了。」

但馬先生的舉動其來有自。中國媒體曾報導馬先生原本如何提起訴訟——就像裴家灣成功的集體訴訟案。一九九八年，中國司法部所經營的報紙《法制日報》曾刊出一篇對他有利的文章，中國央視開設的主要調查性電視新聞雜誌《焦點訪談》也曾做過對他有利的報導。

「由於出現了這些有利的宣傳，也因為他們曾受理過另一個案子，所以馬老師一直以為只要讓中央政府了解情況，就會支持他。」曹女士說。

一九九九年六月，馬先生和農民詳細討論後，準備和五位代表一起去北京。他們的目標是向中央政府提出一份投訴書，要求中央政府介入。地方當局非常緊張，在馬先生前往北京之前，子洲縣公安局曾數次來到馬先生家。

「他們很客氣，」曹女士說，「但不希望馬老師去北京。他們說馬老師已竭盡所能地幫助農民，而且也已經來到了法律申訴的盡頭。他們叫我們放聰明一點，不要再管這件事。」

雖然不斷地妥協就是中國生活的特色，但馬先生已經無法再妥協了。先前他曾避開某些案件，若是政法委認為某個案件十分敏感，他也願意聽從政法委的意見。但是這一次，馬先生認為鄉親以及他在黃土高原的家人正面臨著經濟災難，所以希望讓事情得到合理的結果。馬先生聆聽那些官員的話，謝謝他們來訪，隨後仍然著手安排北京之行。

七月七日，馬先生和五個同伴抵達北京，隔天就到了國務院的信訪辦公室。十八個月前，他曾帶著農民去榆林地方層級的信訪辦公室，現在，他想要進行現代版本的進京告狀。這間辦公室位於北京南邊一條沒有標示的巷子裡，由便衣警察所看守，他們認為誰可能製造麻煩，就擋住誰的去路。

馬先生順利進入信訪辦，也登記入內談話。幾分鐘後，接待人員出來問哪一位是馬文林，馬先生舉手，接待人員便帶他進去。馬先生被領到一間小房間裡，那裡坐著兩個人，自稱來自北京市公安局。官員們在子洲的同事可能已經警告過馬先生是個麻煩製造者，所以當他要求確認身分時，他們痛毆他一頓。「他被打掉了十三顆牙，還用我現在桌上這條毛巾止血。」曹女士說。

我拿起毛巾，上頭的血已結塊。我嘗試從政府的角度來思考，他們一定會說那可能是任何人的血，就算是馬先生的血，也可能是鼻血，而不是被毆打而流出的血。

我查看包包裡的東西，看到幾本有關法律的書（包括《法律術語和法律問題手冊》）、一副塑膠框眼鏡，以及一只有伸縮錶帶的便宜腕錶。包包側面的一個小袋裡有一份一九九八年六月一日的《法制日報》（這個日期大約是在他被捕前的一年）。報紙第三版就是一篇詳細描述駝耳巷鄉的案子的長文，並且批評法院拒絕受理這個案件。這篇文章必定是支持馬先生的力量——一篇刊載於官方報紙的文章，上面還說馬先生是對的，法院應該審理他的案子。這個包包的主人是位盡責的律師，他誤以為體制站在自己這邊，自己絕對不是搗蛋鬼或罪犯。

我坐在那裡，握著那條毛巾，宛如握著馬先生的護身符。對於曹女士而言，那東西是丈夫留下的聖物，證明了丈夫的遭遇。但對於利用法律統治國家的政府而言，那只不過是另一個容易駁倒的證據。曹女士將那些物品放回公事包裡，走出房間。

—

馬先生被毆打後，隨即被送到醫院。醫院說傷勢不嚴重，便把馬先生送回北京市公安局，在那裡拘留到七月十二日。子洲縣公安局來人將他帶走——這很奇怪，因為馬先生住在另一個市——並關入榆林地區的監獄。直到四個月後的十一月十日，他們才容許曹女士探望丈夫。她帶了黑色公事包與一些衣服給他。那時候，馬先生的命運已經被決定了——勞改五年。

審判結果十分明確，但是這一事件並非徒勞無功：在整個過程中，馬先生讓中國法律界進一步團結起來，不只在黃土高原上如此，在省會西安也是如此。西安是中國最重要的一座城市，這件事讓馬先生變成當地的烈士。

這個案件建立在極為薄弱的證據之上：證人無意中看見官員被綁架，出面指證馬先生。這讓證人成為既得利益者，獲得大幅度減刑。此外，控訴狀以非常不專業的語言寫成，例如馬先生被指控「冒充」律師，但事實上他持有處理民事案件的合法證件。

程序上的錯誤也讓這個案件充滿瑕疵。當地律師馮學文從一開始就大力為馬先生辯護，但許多跡象都暗示一件事——這次審判是假審判。例如在一九九九年十月十五日，馮先生要求檢視檢察官對馬先生的控訴書影本，但獲知只能影印第一頁。他們禁止他取得詳述馬先生所犯之罪的正式罪名表，等到他提出抗議後，他們才允許他查看這部分的文件。

十月二十七日，馮先生得知案件將在十一月一日受審，便提出辯護書。兩天後，審訊延遲到十一月三日，因為檢察官表示，他們希望有時間研究馮先生的辯護計畫。十月三十一日，馮先生呈交辯護書以及證人名單，這份名單上的首要幾位人士就是聘請馬先生的農民代表。

但警察竟然隨即逮捕了馮先生的六名證人。隔天，兩名證人獲得釋放，但其他四位留在監獄裡。次日，馮先生要求讓證人出庭，但是遭到駁回，理由是：那些證人不想作證，而且已經撤回證詞。馮先生起了疑心，於是向法院提出另一份書面要求，強調法院有權要求證人作證。當然，至少被法院羈押的人可以作證，但這項要求再度遭到駁回。

現在，法院將訴訟程序延遲到十一月八日。那天，就在審訊即將開始之前，馮先生得知裁決這個案件的三位法官中，有兩位是曾經參與撰寫起訴書的檢察官。中國的警方、檢察機關以及法官團通常都勾結在一起，這種事件非常常見。馮先生要求至少將一名法官從法官團當中除名，但是再度遭到拒絕。

隨後，馮先生必須向法庭呈交證據，但現在六名證人已經轉而指控馬先生，他們提交了一份表明馬先生有罪的書面聲明。馮先生站起來，要求證人出庭當面作證。

「如果法院不允許的話，」馮先生告訴法官團，「那麼我們就質疑檢查機關取得證據的方法。」

法官注意到馮先生正在暗示證人遭到拷打逼供，勃然大怒，命令他坐下，不要質疑證據。他們說馮先生事實上無權提出問題，在其餘的審訊期間也必須保持沉默。

馮先生收拾起文件，走出法庭以示抗議。審訊又持續了一天，在十一月十日結束。由於馮先生離開，馬先生沒有律師，所以他必須代表自己。這非常諷刺，因為他是一名「法律工作者」，不可在案件中代表客戶，而尤其嘲諷的是，政府還指控他越權代表農民。當政府將這個案件交給法官時，馬先生坐在子洲縣的法庭上寫下他的內心想法。

這是一份驚人的文件，這份二十六頁的自我辯護書解釋了為何馬先生會有如此響亮的名聲，當地律師無不希望取得這份文件的影本。這份反駁書寫在有橫線、比一般信紙小、薄如衛生紙的紙張上，引用中國的法律來說明一件事：馬先生的法律工作存在於中國現有司法體制的架構之內。此外，在這份文件中，他也堅定地替獨立法律工作者辯護。馬先生雄辯滔滔地說：

為了善盡法律工作者的責任，我向農民解釋中央政府的政策和相關法律。農民明白自己承受的壓力是個可能影響改革和穩定的關鍵問題。如果這件事沒有獲得明確的解決，國家的經濟和發展都將受到傷害。但如果我們能夠解決問題，那麼，表明政府關心人民，而人民也愛政府。

直至最後，他仍然沒有「悔改」。他寫道，「先前，當農民遇到違法的政府幹部時，他們不敢對抗。但現在那些幹部已經不敢隨便控告農民，或者恣意要農民繳交罰金。政府幹部已經不敢欺負農民了。」

六天後，法院作出裁決。正如檢察機關要求的，馬先生被判勞改五年。他的刑罰始於在北京被捕、毆打的那一天，所以將在二〇〇四年七月七日期滿。

——

馮先生立即寫了一份上訴狀，並且於一九九九年十一月三十日提出上訴。他也開始在省會西安籌畫向當局施壓。十二月中旬，他召開了一次有二十四位法律專家參與的會議，專家包括許多著名的法律教授。這些專家一致坦率地譴責這次判決，並呼籲當局重審，推翻此案。

不久之後，馮先生提出上訴的辯護書。這一份直言不諱的十八頁文件表明了馮先生的辛勞和馬先生的努力。當我閱讀這份聲明，不禁將它根據事實所做的分析，和政府空洞、浮誇的說辭做對比。政府在控告書裡聲稱馬先生犯了十二項罪行，卻沒有為任何一項指控提出證據。

馮先生強調，如果那些罪名為真（擾亂交通、攪擾政府甚至政府食堂的工作），必定可用客觀方式證明。假使地區首府的交通被癱瘓，為什麼政府不能提出一份交通報告？倘若抗議者真的侵占該地的共產黨總部（這是荒謬的說法，因為這些地方戒備森嚴），為什麼警方沒有針對這些搗亂性的抗議提出報告？

他在辯護書的另一個部分回答了自己提出的問題，也為馬先生的目的辯護。他指出，馬先生代表了那些為了社會更公平而奮鬥的農民，那是理想主義者的願景，也是按照政府自己的主張挑戰政府的願景，這個主張就是：中國需要「穩定的社會秩序」——人民不斷聽到政府官員提出這種說法：民主和自由很好，但中國無法承擔它們帶來的致命缺失，即混亂，這會讓中國倒退到文化大革命的失序，並且擾亂生活水平和政治自由的持續進展。

馮先生並沒有反駁這些論點，也承認沒有人想要看到中國陷入混亂，但「死命地抓牢」不代表穩定。在短期間內，也許「不改變」是一種優點，但從長遠的眼光來看，那是一種缺點，因為這可能壓制了自然而然發生的改變，並將導致暴亂。

「在這段（抗議）期間，駝耳巷鄉的社會秩序屬於異常的社會秩序。」馮先生寫道，「農民無法接受這種社會秩序，而它也持續增加所有人的負擔。農民起來反抗，是努力讓駝耳巷鄉進入良好、公平以及擁有合理稅制的社會秩序當中。」

十二月二十八日，上訴法院做出裁決：維持下級法院的裁決，馬先生仍舊面臨五年的刑期。

曹女士一直相信榆林的法院會重新審理這個案子。當下也的確有個好徵兆：二〇〇〇年年初，北京司法部所經營的《法制日報》刊出一篇批評地方法院的報導（它曾經在一九九八年針對馬先生的努力做出有利於他的報導）。這篇報導是為領導人而寫的「內部」報導，這是一個好徵兆，顯示有關馬先生無罪的觀點已經慢慢傳開。

「我前往榆林和一位中級官員談這個案子。我表示將不斷地提出訴訟，至死方休。」曹女士說，「那人告訴我：『妳已經再三提出訴訟，還想在哪提出訴訟？妳負擔得起嗎？』」

這是一個好問題，即使當局指示榆林法院重新審理此案，曹女士也必須雇用一位資深律師，因為唯有資深律師可以處理交給中級法院的訴訟案。在北京，資深律師的律師費相當於一萬二千五百美元，即使西安的普通律師的費用也高達這個數目的十分之一。像她這種一個月才賺一百美元的教師，根本無法負擔這筆費用。

所以，曹女士和丈夫一樣決定學習法律。「結果我自己也得使用一些馬老師的書。」她再度使用馬先生的「正式稱呼」，「上個月（二〇〇〇年七月），我寫了一份新的辯護書。當一些農民聽說我想讓法院重審這個案子，寄給我三份書面證詞，坦承自己曾經慫恿馬先生，馬先生只是他們的代表。他們真是勇敢，我將這些證詞全都寄給榆林法院。」

這些農民的確勇敢。幾天後，警察到了駝耳巷鄉，逮捕那三位寄書面證詞給曹女士的農民。

現在，曹女士一周去看她的丈夫一次。他被關在城外幾個小時車程以外的勞改營，在那裡為政府印製文件。馬先生因為散布他認同的國家法律而被逮捕，此時此刻卻在監獄裡印製政府的文件。

「他沒有遭受虐待。」曹女士說，「但他有心臟病，拿不到藥。我們已經為他申請保外就醫，但是子洲的官員害怕讓他出獄。」

後來我才得知，囚禁他的深木監獄在二〇〇二年提出提早釋放馬先生的要求。監獄的官員認為馬先生是模範犯人，教導其他囚犯閱讀和數學。馬先生終於在二〇〇三年時提早了十四個月出獄。

出獄後，馬先生失去了工作、法律工作者執照以及中共黨員的身分。他靠著妻子微薄的退休金勉強過活。「他們那樣逮捕我，侵犯我的人權。」他說話帶著濃濃的陝西腔，「除非他們承認這一點，否則我不會死心。」

如果其他辦法都不管用，馬先生說，他會嘗試以寫小說的方式影響民眾的看法。這部小說的情節將以腐敗的官員以及反抗他們的農民為核心。我告訴他，這種情節聽起來比較像事實，不像小說。他哈哈大笑，表示同意。

隔天，囂張猖獗的熱天氣終於緩和下來。我在雨聲中醒來，與幾位司機談話，決定打消坐計程車回西安的計畫。那裡正在興建一條新公路，所以司機必須繞一大圈將車子開上泥路，這條路現在必定十分泥濘，如果坐計程車回去得花上八個小時。

我決定稍後去搭火車，所以開始打包行李。這個時候，電話響了。

「下來大廳，」有人以濃濃的口音說，「我想告訴你一些有關馬文林的事。」

我下了樓，在大廳左顧右盼。大廳很小，櫃台在左，幾張沙發在右。接待人員先注視著我，然後又皺著眉頭望向一個看似不屬於這裡的人：一個裹著白頭巾、穿著褪色藍色棉夾克的農民。我走過去和他打招呼，彷彿是他的老友。沙發沒人，所以我們坐下來聊天。接待人員聳聳肩，繼續看登記名冊。

「朋友說你要去西安，所以我趕過來告訴你關於我們的事。」那位農民以急速而低沉的語調說。

他前一天很晚才抵達，留宿於幾個在建築工地的朋友那裡。他左顧右盼，看似急欲離去，然後輕輕地將棕色的大封套推過來。「我們還有活動，」他說，「瞧！」

我打開破損的封套，取出一份厚厚的文件，一份二十一頁的請願書打字稿，上面有駝耳巷鄉以及鄰近兩個鄉總計三萬零一百六十六位農民的簽名。當地律師被禁止處理這個案子，但這份請願書顯然出自律師之手，因為它以法律語言複述了馬先生在自辯書裡的許多論點。許多農民受到警察監視，但是仍然選擇參與進來，並且提供了警察濫權的詳情。

所以，這些農民終究還是找到我了，我也如願地拿到了這份請願書，就如那些律師昨天所預測的。我將這個小包裹放在厚紙袋裡。我們默默地坐在那兒，因為那不是交談的好地方。

「請你告訴大家，該負責的是我們，不是馬律師。」這個農民說，「他只是我們的律師。」

我想問這人的名字，但很猶豫。大廳真的很小，而我們太醒目。我們一起看著外面。

「這場雨下得好，終於下點雨了。」他說，「但我有點擔心梯田。我們的田不習慣這麼多雨水，可能會被沖毀。」

他似乎很想回家，所以一直注視著外面的風雨。天氣持續變壞，此刻正下著傾盆大雨。我起身同他握手，內心非常激動，就像我們是同謀者。

——

幾個小時後，我搭上了回西安的火車。當我和疑神疑鬼的那個男人——他是一名記者——講完電話，並和老幹部交談過後，在火車上的其餘時間裡，我一直凝視著黃土高原從車窗外的光影中退去，偶爾看一下那些法院文件。幾個小時後，我抵達西安，那是個熱鬧但骯髒的城市，但仍然擁有令人驕傲的古老城牆。我試著打電話給那位記者，想按照原訂計畫一起吃晚餐，但電話沒有打通。我並未把這件事放在心上，而是再跟當地一位律師聯繫，他給我一份陝西省律師協會寄給省長的請願書，要求省最高法院審理馬先生的案子。他們認為唯有越過子洲縣和榆林地區的法院，馬先生才能得到公平的待遇。

我感到疑惑。馬先生已經嘗試向高層上訴，但他們和地方官員一樣讓他大失所望。他曾去北京請願，但北京的警察逮捕他，毆打他，然後將他交給地方警察。中央政府的政策是穩定第一，沒有任何省長願意冒著破壞穩定的風險，讓自己像是暗地裡縱容這件吞噬整個縣的騷亂事件，更何況對於共產黨而言，這個縣具有十分重大的象徵意義。

但我仍然十分敬佩那些律師，因為他們在請願書上簽了名。就像中國所有維權人士，他們如果不是為國立大學工作，就是為國家所掌管的法律事務所工作——中國沒有真正獨立的學校和律師事務所。由於他們是律師和教師，應該聽從政府的命令，而不是支持一個已經被黨定罪並關在牢裡的暴民煽動者。但是他們還是這樣做了，我認為這一點證明了中國社會愈來愈勇敢、愈來愈獨立。

隔天回到北京，我發現一張傳真在書桌上靜靜等著，那是香港的人權監督機構發來的。這張傳真告訴我，坐火車時打電話給我的那位記者，就在講完電話的幾個小時之內被警察拘留了。那位記者真的沒有疑神疑鬼，他的電話遭到監聽。警方將他拘留幾個小時，制止他和我說話。我隨即打電話給他。

「我現在很好，」他在傳來碎裂聲的電話裡對我說，「沒什麼大不了的，只要有人來西安和我談論馬先生，警察就會把我帶到鄉下隔離開。我和警察一起吃晚飯，吃到差不多凌晨一點左右，他們才放我回家。」

「那頓晚餐可真長。」我說。

「沒錯，」他說，「東道主非常熱情啊，我們甚至還喝點啤酒和高粱酒呢。到最後我明白省政府不會重新審理馬先生的案子，但是，他們真的憂心忡忡。這是個好的開始。」

第二部

消逝的北京夢

羅先生步出公車站的陰影，緩緩走向我。他今年五十七歲，長相英俊，染了頭髮，髮型則試著遮蓋禿頭，濃密的眉毛還需要一點修剪。先前我曾和他見面數次，他總是十分無禮，有點像一九三〇年代那種精明強悍的偵探，只會冷淡地說一些「不」或「是」之類的話，很少流露情感。

他慢慢將頭轉向候車亭，慎重地以點頭作為暗號，他的夥伴馮先生隨即從陰影裡走來，拿著一個塞滿文件的時髦黑色皮包。馮先生讓我想起書僮，也就是古代中國藝術家或詩人常見的男僕，往往拿著主人的書或作品，亦步亦趨地跟在主人之後。

洛杉磯的偵探和古典時期的書僮兩人齊步走來，我們一同走進會面地點：舊北京的肯德基炸雞店。這家店十分明亮，以霓虹燈作照明設備，內部裝潢則是塑膠凹背單人椅及膠木地板。羅先生以手示意我們去樓上的座位區。

「我們不買一些東西嗎？」我問，心想如果不買東西，在餐廳打工的人可能會把我們趕出去，「也許可以買杯茶或咖啡？」

羅先生注視著我，那個模樣彷彿整個北京只有我不知道，這家肯德基炸雞店就是他的私人辦公室似的。不過他還是對我這個外國客人讓步，向馮先生點頭，並說：「買些茶吧！」我開始表達抗議，說我要付錢，但馮先生以嚴厲的眼光注視著我，示意我照羅先生的話去做。他似乎是說：別傻了，聽從老闆的命令吧。

馮先生去點茶，我們則爬樓梯來到肯德基的樓上。羅先生環視現場，當時是非周末的晚上七點，大多數的桌子都有人坐，包括他慣常使用的角落位置。他嘟嘟噥噥著另外選了速食店中央的一張四人桌。一想到這樣就會曝露在眾人面前，我就不禁畏縮。但我猜想如果可以壓低音量，那就沒有人會在鬧哄哄的談話聲中聽見我們的對話內容。

我和羅先生說了一些打趣話後，馮先生就帶著三杯立頓紅茶來了。這是我第三次和這兩人見面。一如往常，我們以閒聊作為開始，談談天氣，外國人在中國應該參觀的有趣地方，以及他們兩人去過的地方。我總覺得他們兩人非常不同。儘管他們都生長在北京的舊區，但除此之外卻沒有任何共通點。雖然羅先生是領導者，馮先生聽從他，但馮先生身上卻帶著一股優越的神氣。他六十歲，比羅先生大三歲，這一點應該使他成為兩人的領導者才對，況且在退休之前，他曾協助制定文化部的政策。所以馮先生可說是幹部或公務員，是社會上有頭有臉的人物。

過去三十八年，羅先生一直是一家農業機械工廠的品管員，雙手總是沾著刷也刷不掉的機械油污，但言行舉止卻一直非常莊重。有時馮先生會變得過於緊張，但羅先生散發出堅定而充滿威嚴的氣質，那的確是在炙熱的工廠地區發號施令了數十年的人才會擁有的特質。

這兩人的衣著十分整齊，只不過都很廉價。羅先生穿著綠色格子夾克、黑色條紋襯衫、平底皮革便鞋以及深色聚脂纖維打折長褲。馮先生也穿著聚脂纖維西裝褲以及綠色棉質襯衫。我不知道為什麼中國男人（即使是直接從工廠出來的男人）看起來都比美國男人整齊；對於美國男人而言，邋遢的衣著是財富的非正式證明。

我們慢慢地回到他們的主要課題：北京這座歷史古城正以日漸加劇的步調且有系統地遭到摧毀。過去幾年，政府所擁有的開發公司奪走成千上萬的市民住房，最後許多市民不得不住在城市周邊品質不佳的住宅裡。數千名先前擁有住房的人（像馮先生和羅先生）雖然多半不知道彼此的行動（因為政府禁止當地媒體報導他們的行動），但卻悄悄地控告城市，這倒不是為了保護這座歷史古城，而是為了要求賠償住宅遭到強制拆除所蒙受的損失。

起初，我只對他們的訴訟有興趣，因為這些訴訟近似於馬先生在鄉下提出的訴訟。過了一段時間，我才開始看出，他們的努力各自有其不同之處：馮先生與羅先生以比較謹慎的方式嘗試鼓動民意。此外，北京這裡的中國人也逐漸明白，他們的文化根源正在消失。但是現在我才剛開始慢慢了解馮先生與羅先生的訴訟，他們對我仍然持著保留態度，擔心我不是很清楚他們的目標。

羅先生將談話的儀式性部分（教育野蠻人）交給馮先生。馮先生那張厚厚的臉孔十分友善，但身體似乎微恙不適，烏黑的頭髮更凸顯了那原已蒼白的皮膚。他拉出一條手帕，以誇大的動作擦臉。我弓身向前，彷彿這才盡到身為聽眾的責任，一邊聽他說話，一邊作筆記。

「一九九〇年代，北京沒收了市值一千三百八十億人民幣（大約等於一百五十億美元）的房地產。」馮先生慢吞吞且慎重地說，「在舊城區，有二十多萬人失去住宅，而且幾乎沒有得到任何補償。」

「誰拿了那些錢？」他說話的速度愈來愈快，「政府拿了那些錢。他們怎麼做到的呢？因為地方政府欺騙居民啊。」

馮先生說，區政府設立了房地產公司，並將徵收來的土地交給這些公司。這些房地產公司沒有提供給屋主相對應的補償，只是象徵性地給他們一筆錢，還有提供位於北京遠郊低於標準水平的替代住宅。隨後，政府的房地產公司會將土地賣給建設開發公司，從中獲取龐大利潤。

「誰得到好處？不是人民，」馮先生說，「而是擁有房地產公司的地方政府。」

馮先生才正要把話說完，羅先生就屈身向前打斷他，迅速將我們的談話帶到重點，「我們代表二萬三千名有同樣遭遇的屋主提出控告。我們認為政府忘了賠償我們，但行政聽證官員拒絕受理我們的案子，中級法庭也是如此。」

個人經歷的悲劇讓馮先生和羅先生聚集在一起，兩人的家都在一九九四年遭到徵收。當時，中國正在經歷泡沫經濟的崩解，資金大多流入房地產投資，國家經濟的成長率還維持在二位數，每天都有新的建築物出現。國家銀行發放的低息貸款就是驅動當時那片經濟榮景的主因。每個人似乎都有共同的想法，就是大量在北京中央興建混凝土和玻璃高樓大廈。對於許多和北京一樣的城市而言，這就意味著趕出原有居民，將原有住宅夷為平地。但是，北京許多住宅都是可以追溯到六百年前的明朝古蹟。

羅先生一輩子都住在一間建於十四世紀的住宅裡。他的父親於一九四三年購買那間住宅，距離這裡的肯德基炸雞店只有幾條街之隔。一九九〇年，為了興建北京的金融街，羅先生的住家終究免不了被強制拆除的命運。金融街是當時設立的房地產開發區，強迫拆除了數以千計的明朝房屋，他們給羅先生一間位於北京西郊低於標準的公寓作為補償，從我們現在的所在地到那裡，大概需要一個小時的腳踏車車程。

至於馮先生，他以前住在紫禁城附近，政府為了讓某間香港房地產開發公司有足夠的空間來興建時髦的購物中心，所以把他趕出了三十年的家園。這個購物中心叫東方廣場，是一棟由玻璃和混凝土構成的龐然大物，但卻沒有任何「東方」的痕跡。東方廣場的興建引發了一陣抗議聲浪，因為政府不只趕出馮先生這類的屋主，也趕走了已經在該地區建立良好人脈的商家們。後來這件開發案甚至爆發貪污醜聞，造成北京的副市長自殺。

然而，這件醜聞並未解救馮先生那間五十平方公尺的家。那間房子不舊，是一九五〇年代為政府官員興建的住宅。他家以一平方公尺二千五百美元的價錢（總價為十二萬五千美元）賣給房地產開發公司，唯一的補償是一間十樓的小公寓，這棟大樓電梯陰濕、水泥牆龜裂，興建費也許只有十二萬五千美元的十分之一。政府騙走了馮先生的財產，藉由市價差額中飽私囊，違反了公平補償的法令。

法庭拒絕受理他們的個人訴訟案後，他們得到相同的結論：人多就是力量。他們認為先前的訴訟之所以失敗，是因為他們單獨提出訴訟。因此，他們合作收集了二萬三千人的簽名，並於一九九八年提出集體訴訟。這次行動十分大膽，嚴格來說確實沒有違法之虞，但從許多方面而言，都是非常危險的舉動。這場官司的六個主要領導者曾經數次遭到拘留和審問。儘管每一次都得以在數小時後獲釋，但他們心知肚明自己的處境岌岌可危。

現在，馮先生正在檢視這個團體的財務狀況。這場官司的二萬三千名參與者都各自交出相當於二塊五至六塊美元的錢，這筆錢將用來雇用律師。打輸最初的幾場官司後，他們使用這筆錢來印資料，試著讓當地媒體和官員明白他們的處境，希望藉此向法庭施壓，作出有利於他們的判決。

「一頁的排字費用要八元（一塊美元），一張標準規格的紙張，影印費用要四毛（五分美元），如果大批影印，可能一張只需二毛。」馮先生列舉開銷，「寄出包裹要七元，如果使用快遞，就得花十七元。」

「這就是我們做的東西，你覺得怎樣？」馮先生一邊說，一邊將一本八又二分之一英寸寬、十一英寸長的書放在我面前桌上。我將它拿起來翻了一遍，但沒有仔細讀它。那似乎是他們的訴訟案文集，便於使用，但我一下子卻看不出重點。

「這本書出版了嗎？」我問這句話的同時，也在尋找書號，但遍尋不著（書號是中華人民共和國新聞出版總署發給每一本合法出版的書籍編號）。我隨即意識到這絕對不是個聰明的問題。這本書當然不會出版，它就是個標準的地下刊物，就像蘇聯那裡躲避審查的地下出版書籍。

馮先生對我眨眨眼。的確，他所面對的這個外國客人是個白癡。他整理思緒，試著想想該如何簡化他們的故事，好讓一個遲鈍的外國人明白事情的始末。他的情緒翻騰，隨即爆發：

「腐敗──你熟悉這兩個字，不是嗎？腐敗。」如果中文有字母，他會把這兩個字拼出來。他慢吞吞地說出這兩個字：「腐敗。」然後再說了一遍，這次將音節拉長：「腐──敗。」我終於明白了。

「這是腐敗。」他一邊慢吞吞地說，一邊迅速地揮動手臂。他不單指不正當的房地產交易，也指整個政府體制，因為這個體制不但決定了應該公布什麼資訊，也決定了應該審理什麼訴訟案，以及應該拆毀誰的住宅。

「如果可以找到一位誠實的法官，我們就可以打贏官司。憲法站在我們這邊，我們有土地使用權，應該按照公平的價格獲得賠償。但他們卻拒絕受理這個案子。」

我慢慢地懂了，他一直都在向我這個白癡費心解釋。馮先生一開始就試著告訴我，我的問題（「你的案子有什麼新發展？」）很愚蠢。他們沒有任何新發展可以說，因為不可能有新發展。由於龐大的金錢利益受到威脅，所以法庭無法受理這個訴訟案。他想說的是其他事情正在進行中：也許這場訴訟不會有進展，但是人民已經組織起來了。我注視著手中的書，也許這場訴訟也不會有結果，但是某一種更加有力的東西受到撩撥了，那就是民意。

「我們已經將這麼厚的文件交給法庭，」馮先生一邊說，一邊盡可能分開他的食指和拇指，表示文件的厚度，「他們奪走了我們的控告權，否定了整整二萬人民的控告權。」

馮先生喘息片刻，蒼白的前額閃爍著汗水。

現在，換成羅先生提出看法。他的話語帶著濃重且有點含糊的北京腔，那是一種渾厚的、充滿男性氣慨的聲音，也充滿權威。這讓我想起他是領導人。

「我們提出這個訴訟，但徒勞無功。」他說，「地方媒體無法報導這件事。我們認識許多記者，他們想幫忙，但卻無能為力。你能夠幫我們什麼忙？」

馮先生將手帕折了又折，但仍然止不住心裡沸騰的憤火，這讓他得做一些事情來分散這種不悅的感覺。他忙著用空的糖袋打掃桌子，將散落在桌面上的糖粒撥弄整齊，再又回到談話之中。

「當他們把我們的房子拆了，誰還敢拒絕？你拒絕，他們就讓你吃十五天的牢飯，就是這樣。」馮先生說，「你說，那是不是搶劫？」

「他們毆打你，」他說，同時以小紙袋拍打桌子，「他們逮捕你，把你關起來。那是搶劫嗎？」

「你反抗，你就是他們的眼中釘。」他說，繼續用那個紙袋敲打桌子。「他們將你打垮，那是搶劫嗎？」

「你提出控告，他們把你攆出去，你輸了。當你提出控告，他們甚至不作回應，那是搶劫嗎？」

他將起皺的小紙袋輕輕甩在桌上。

「法庭甚至沒有給我們書面答覆。那是搶劫嗎？不，那不只是搶劫，那是黑手黨。」

這些句子簡短而漂亮，我不曾從中國那些乏味無趣的領導人口中，聽過這種抑揚頓挫的聲調。那些領導人總是說一些呆板的陳腔濫調，或者以哼哼唧唧的鼻音說話。我環顧四周，時候尚早，但鄰桌一對男女早已在吃晚餐，正注視他們的盤子。我不確定他們是否注意到了這裡突然爆發的情緒，或者因為有個外國人正在聽兩個中國人談論他們的國家問題而心生不快。我再次望著兩位東道主，羅先生則繼續以沉穩的聲音談下去。

「你寫這個故事，你寫了一些有價值的東西，你從事實當中尋找真理，你報導這件事，然後你會交到許多朋友，幾萬個朋友。」羅先生往後坐，對自己的話感到很滿意。我可以變成結交幾萬個中國朋友的外國人？真是慷慨的提議。

不過，總是想著主打「修辭學王牌」的馮先生插話了，「不錯，不只是一萬個朋友。我們代表二萬三千間住宅提出控告，所以一共有二十八萬戶家庭失去家園，一家平均有四人，那就是一百萬個人，所以你會有一百萬個朋友。」

我笨拙地咧嘴而笑，想辦法讓他們壓低音量。「好多朋友。」我說，「很好，謝謝。」

我迅速把那本書翻了一遍，注意到書上有幾頁上帶著印章，其上的文字是：「萬人集體訴訟。」

「這是你們的印章嗎？」我說。

「那不是印章，」馮先生氣急敗壞地說，希望再度確保我能相信他們值得信任，「只有政府有權發給印章。印章只供官方使用。這是一個橡皮圖章。印章是圓的，通常由石頭做成。這是個方形的橡皮圖章，只是我們的標記。」

隨後，我再度迅速翻開這本書，這一次我讀得更為細心。過了一會兒，我抬起頭注視著馮先生，搖搖頭，不敢相信他們如此大膽。他這才露出滿意的微笑，彷彿在說：你終於搞清楚了。這本書有一百零八頁，印刷十分精美，書皮甚至採用彩色印刷，從頭到尾都附有照片，鮮藍色的封面上印著大紅色的書名：《北京居民根據法律且在法律保護下針對住房被拆毀提出行政訴訟的資料彙編》。

書的彙編者想要盡量降低書名的威脅性。「根據法律且在法律保護下」這些措辭提醒讀者，他們的行動是合法的。

但封面的其他部分就沒有這麼謹慎了。右上角有個紅色框框，框裡用黑色的中文字書寫著「拆除首都，無法無天」。此外，一些字體極小的文字隨意散布在封面各處，那都是些隨意插入的想法，作者群認為值得放在封面上，但不想妨礙字體較大的書名。這些文字包括：「土地分配和租借中的腐敗」、「人民的權利應該受到保護嗎？如何保護？」、「權力應該受到控制嗎？如何控制？」、「首都跨千禧年的官司」、「二萬三千人被剝奪黃金地段房地產的所有權」，以及「光天化日之下侵吞一千三百八十億元」。封面底下有出版者的名字：針對北京居民住房被拆提出行政訴訟的團體。我喜歡他們使用「團體」這兩個字。在中文裡，這兩個字暗示著某種具有經濟意義的東西，例如公司團體；但這兩個字也很含糊，不致暗示著公司或協會所需的合法登記。

他們使用的彩色照片特別引人注目。在一九八九年的天安門學生抗議期間，影印機仍然受到政府的嚴格管制，被視為危險武器，除非得到允許，否則不准人民使用。但在現在的北京，每隔一條街就有影印店，裡面都有現代的彩色印表機，這本內外均印有彩色照片的小冊子就是影印機普及化的最佳例證。

在某張照片裡，馮先生、羅先生以及二萬三千名居民當中的五名代表，站在北京市第二中級法庭前，那就是審理他們訴訟案的法庭。在另一張照片裡，他們將案子呈交給一位官員。再一張照片則將焦點放在那疊總計二萬三千人的簽名。封底內頁暗示著推動這場官司的起因。還有一張照片，一架推土機在一九九六年九月時將一棟舊磚房夷為平地；在另一張照片裡，一個老婦人待在一堆瓦礫中，憂傷地倚著以前種在自家庭院中央的樹。封底甚至更加發人深省：居民的財物散置在瓦礫中，表達他們受迫離開的心情。書裡某一張照片則是群眾和鎮暴警察對峙，後者正在保護拆毀住宅的工人。

這本書的內容揭露了彙編者所說的兩件大醜聞，這讓北京當局在一九九〇年吃盡苦頭：腐敗的舊城更新計畫以及司法系統的腐敗。這群作者指出後者尤其具有破壞性，因為「這是中華人民共和國歷史上最重大的司法事件。腐敗的司法系統合法化了政府蔑視法律的舉動，對社會造成不良的影響。」換句話說，如果政府忽略法律，其他人就會如法炮製，社會也將失去道德秩序。

這本書頗具煽動性，不只是因為內容，更是因為這本書出自普通百姓之手，他們是馮先生和羅先生這類人物，而不是花許多年研讀政治論述的異議人士。當我愈是深入閱讀這本書之後，對於這群作者為了揭露政府大規模的腐敗所作的詳細研究，就愈是感到萬分驚訝。

「這些看法，」我說，「這些數字，這些政府腐敗的分析是從哪裡來的？」

羅先生往後坐，臉上露出微笑。「方可，」他說，「你有沒有聽說過他？他是全中國最聰明的一號人物。」

我沒有聽說過這個人，但是他們迅速向我介紹此人的來歷。方可是北京頂尖學府清華大學的年輕博士班學生，一九九〇年代中期至晚期，他搜集有關北京房地產市場的資料，透過嚴謹的研究顯示出政府的腐敗，以及它摧毀舊城的行徑。他認為，只要有一些合理的都市規畫，就可以輕易避免這種事。

「我們原本以為拆除房子只不過影響到自己，」馮先生說，「但是，方可的研究顯示這個問題更大。我們的文化遺產受到威脅了。」

後來當我翻閱馮先生和羅先生的書時，我注意到方可的想法為他們的訴訟案提供了知識基礎。他準確分析了房地產公司的交易、土地的售價、土地轉售給政府所擁有的其他團體——這一切都來自於他勞心的研究成果。

羅先生示意起身，於是馮先生收拾資料，將那些東西塞入黑色的公事包。會面結束了。

我們走下樓梯，來到外面溫暖的夜晚中。街道對面是二十一層樓的中國銀行，這棟黑色玻璃帷幕高樓聳立在好幾間源自於十五世紀的古老住宅遺址之上。儘管街道兩旁種植了不少粗壯而多節的槐樹，但卻無法消弭黑色高樓帶給四周的巨大壓迫感。這種壓迫感更一舉破壞了這個曾由一、二層樓建築物所構成的社區。街道的兩旁多是五金店以及叫賣盜版錄影帶的小攤販。至於街上的餐館多半都是小店鋪，擺放些小凳子，牆面斑駁，門口擺著洗盤子用的肥皂水桶。

「我就住在那後面。」羅先生指著某間餐館說。

「可憐的老羅，」馮先生說，「他原本有間漂亮的四合院。」

「在這裡見面不是很奇怪嗎？」我指著肯德基炸雞店對馮先生和羅先生說，我們才剛剛在那裡度過幾個小時。

「你不喜歡炸雞嗎？」馮先生問。

「不，我的意思是說，那是舊城被西化、被破壞的象徵。那不是很奇怪的選擇嗎？」

馮先生帶著困惑的神情注視著我。

「肯德基沒有為了建造這家餐廳而拆毀任何建築物。」馮先生說，「此外，那個地方很安全，沒有任何人是常客，服務生全是學生。」他走近我，要確保我能清楚聽見他說的話，

「我們既不認識那些無意中聽見我們說話的人，也不會再見到他們。那地方很安全，我喜歡肯德基。」

握手致意後，他們立刻離開，我也搭上了一輛計程車。我住在北京的新市區，就在人口密集的舊城區的另一邊。司機原本打算將車子開入建造在舊城城牆遺址之上的環狀道路。啟程時，我立刻想起幾年前，北京的都市規畫專家曾經從舊城當中炸出一條六線道的馬路，那是另外一件無止盡的連續破壞舊城的惡行。這條公路稱為「平安大街」，我建議計程車司機走這條路。他原本有些遲疑，在我說明理由之後，卻也讓步了。

於是我們從舊城奔馳而過，火速穿過被夷平的古老殿堂以及有六百年歷史的住宅。如果我們走環狀道路，得花四十五分鐘，但是改走平安大街之後，只需二十分鐘，車子就到了我的住所。雖然這條路線比較短，計程車費也比較少，但司機還是非常開心。

「這種時候，你就會覺得繳稅算是有價值，」當我下車時，司機這麼說，「如果在這種路上開車，我甚至願意付通行費。」

——

一九五〇年代之前，北京稱得上是建築奇觀，它是早於工業時代就存在的大城市，也幾乎完好無缺地保存下來。儘管世界各地都有許多古老的城鎮，但是北京實在大得驚人：舊城面積六十二點五平方公里，包含湖泊、公園、各種王府庭院，當然還有紫禁城這座帝王宮殿。北京的城牆是古代最偉大的防禦工事，它成為古代中國的縮影，象徵了業已存在二千五百年的政體與其政治、宗教典範。

北京不是傳統的中國文化與歷史中心；幾百年來，相較於其他古老的中國都城（例如西安、洛陽、南京或杭州），北京只能算是落後地區。從歷史的角度來說，北京主要是契丹、女真，當然還有蒙古人這類北方遊牧民族的帝國首都——蒙古王朝從一二七九年持續到一三六八年。一四〇三年，明朝的永樂帝奪位，決定將中央政府所在地從南京遷往北京，作為他權力基礎的所在地。自此以後，北京突然搖身成為帝王的家，變成中國的中心。

北京成為首都之後，不只意味著將會大舉興建宮殿和其他政治權力的象徵物，也代表它即將把這個不起眼的地方化作聖地。和古代許多其他大城市不同，北京沒有靠海，也沒有瀕臨大河。它毗連北中國平原北部的蒙古丘陵，地勢平坦，地理位置幾乎毫無特色可言。

但也正是因為這個地理特色，使得帝國可以輕易且自由自在地將中國特有的宇宙論系統施加於這座新城市之上。

據說北京的精神基礎是由一位風水堪輿師所制定，他將新首都的平面圖呈交給永樂帝。當時街巷和大道的布局遵循中國人對於「對稱」及明確的「方形設計」的喜愛傳統。這個城市也被視為是中國精神整體的象徵，因為北京的地標可以勾畫出哪吒的身體輪廓。哪吒是一個年輕的神，據說曾馴服北京平原的河流。就像占星學在星宿上畫出的圖形，八臂哪吒就是北京規畫圖的基礎：他的頭位於城南，腳位於城北；南邊是最吉祥的方向，大多數的中國地圖都是「指南」，而非「指北」。正陽門代表哪吒的頭部，門內的兩口井是他的眼睛，天安門是他的腦，通往紫禁城的步道是他的食道。他的右手是朝陽門，其上有東岳廟。哪吒的每一個身體部位和器官都可以在城裡找到對應物。

隨著時間的流逝，這個城市出現了愈來愈多與「天」連結的其他東西——就是寺廟。一九一一年，即清朝皇帝退位的那一年，北京有一千多間廟宇（佛寺、道觀、孔廟等），還有幾間清真寺，這尚不包括並未納入官方統計的無數小神龕。幾乎每一條街都有一間寺廟，城市的腸道就是它的巷子或胡同。有些歷史學家相信，「胡同」二字出自古代蒙古語裡的「水井」，因為對中國北方的乾燥地區而言，水非常重要。北京不只雨量稀少，更由於毗連通往蒙古高原的丘陵，容易受到風暴所帶來的乾燥襲擊，甚至令草木枯萎。許多胡同的名字都有一個「井」字，但也有其他胡同的名字純粹是描述性的，例如「魏家胡同」、「無量大人胡同」、「菜市口胡同」、「大茶葉胡同」、「綠竹胡同」。這些名字都具有強烈地方色彩，有助於強化此地居民的身分與認同。

胡同也是城市的毛細管，將最後幾百公尺的交通動線從城市的大動脈延伸到最終的目的地。由於鮮少胡同穿過街道，所以大多數的胡同都很安靜，幾乎是沒有車輛的步行區。人民可以坐在住家前面談話、看孩童玩耍。這些胡同不像歐洲的街道，後者兩側皆樹且通往大型的公共場所。胡同的兩旁是牆（大多數的傳統中國住宅都被圍牆圍繞著），種在牆內的樹會生長到外面的街道上，使得整座城市從空中看來就像是一座巨大的公園。

但這種城市景觀也會有黑暗的一面。一九八〇年代初期，作家北島寫了一篇卡夫卡式的短篇小說《幸福街13號》。在這個故事裡，男孩的風箏飛到了牆外，當他爬出牆去拿風箏時，卻消失得無影無蹤。另一位前去找他的家人也消失了。這個故事乃是描述幽閉恐懼症及多疑症，但我們可以輕易看出，這些圍牆構成的街道如何讓人產生這種感覺。

北京的周圍則是世界上最大的牆，也是專屬於這座城市的防禦工事。這座牆的底部厚達六十二英尺，頂端厚達三十四英尺，無論哪一方面都居於北京之冠。入侵的遊牧民族必須面對五十英尺高的扶垛，以及有雉堞的女兒牆；當地的居民也都知道，唯有得到當局的許可，才可以進出城牆的門。中國人為這些牆以及牆外令人心曠神怡的景色寫詩，外國人卻只想描述它的規模，鉅細靡遺地測量並且為它繪製地圖。這座城牆讓北京當時就開始呈現出方正的格局，今日亦是如此。現在則有一系列同心圓般的環狀道路圍繞著城市，每一條環狀道路大致都遵循城牆的路線，形成圍繞舊城的數層圈子，愈外層愈大圈。

當帝制於一九一一年崩解，北京漸漸地腐朽。接下來的三十年，它陸續受到一位軍閥、一位總統以及一個外國入侵者所統治。不可思議的是，北京仍然完好無損，但卻已經無法抵擋自我厭惡以及缺乏自信，讓中國吃盡苦頭。

從十九世紀中期到二十世紀中期以來，將近一百年的時間，中國不斷受到外來攻擊，西方國家強迫它輸入鴉片，簽訂一系列喪權辱國的條約。這些條約瓜分中國，割讓殖民地給外國人，還讓外國人享有特別的法律權利。外來勢力破壞中國逐步改革的努力，不停撕裂中國，最終導致日本人於一九三七年入侵中國。在危機中，激進主義經常取代了溫和主義，信心危機橫掃中國，人民開始懷疑國家的傳統文化是否還有任何價值。於是，經過四年內戰，當共產黨於一九四九年取得政權之後，便主張與過去完全決裂。

都市計畫的情況也是如此——國家首都的都市計畫尤甚。和永樂帝一樣，中國的新統治者有自己的堪輿學系統，只不過這個系統的「進步」，卻是存在於巨大的方形、大道與地平線上隨處可見的大煙囪。這就是共產黨對於都市計畫的看法，也是歐洲傳統的城市規畫理論中，較為極端的觀點。從烏蘭巴托到東柏林，這種都市計畫四處盛行，要求拆除大多數古老的建築物——這不是「儘管它們十分古老，但仍然遭到拆除」，而是「因為它們十分古老，所以遭到拆除」。寺廟全部被關閉，並且改建成辦公室或工廠。今日，儘管當局做了一些令人刮目相看的重建工作，但北京大約有一千二百萬人口，現在卻只有二十間能夠發揮功能的寺廟。

最富於戲劇性的「都市攻擊」則是針對北京原本引以為傲的城牆。雖然當時中國已經邁入了毛澤東的極權主義時代，但人民卻願意為了保衛城牆而戰，實在不可思議。建築師、知識分子和一般百姓都提出抗議，提交請願書和書信交予當地報紙。有人希望能夠擬定同時協調「古蹟保護」和「現代化」兩種需要的計畫，例如保護這片最具歷史意義的區域，將新政府的中心設置在附近。但新政府不理會這個建議，仍然執意拆除城牆。新政府花了幾年的時間摧毀城牆，到了一九六〇年代初期，城牆終於消失了——幾乎完全消失了。

現在僅有寥寥可數的城牆還保存在幾個位於交通核心的城門周遭，其他的城牆只能活在街道名稱當中。北京曾有十六道城門穿過城牆，主要街道從這些城門自城市的一邊延伸到另一邊，整座城市因而成為了棋盤式的街道布局。這些街道仍然存在，並且以它們所穿過的城門的名字命名。至於街名後所添加的「內」或「外」，則讓旅行者想到自己置身於舊城門內，或舊城門外。

例如你仍然可以沿著「崇文門內大街」驅車行進，經過這道不復存在的城門後，你會來到「崇文門外大街」。我和馮先生及羅先生在肯德基炸雞店會面的那條街是「阜成門內大街」，幾步以外就是城門。穿過城門後，街名變成「阜成門外大街」，彷彿城門仍然屹立於斯。這是體驗北京的有趣方式，你走過的街道象徵著消失的城門與城牆。這座圍城的牆，卻僅僅存在於街道名稱當中。

然而，撇開在一九六〇年代失去城牆不談，舊北京的精髓仍然活著，那就是穿行於湖泊和公園之間的數百條胡同。胡同兩旁有四合院，偶爾也有王府庭院。要不是中國再度陷入混亂，也許接下來，這些胡同也會遭到摧毀。中國現在或許不用再與外來侵略者搏鬥了，但是它必須應付自己的問題，從一個失敗的共產主義模式，跳到另一個失敗的共產主義模式。這段期間，北京局勢多半持續惡化，胡同兩旁的四合院變成高貴的貧民窟。整體而言，北京雖然完好無損，但消失的城牆已經開始提醒人民，接下來可能會發生什麼事情。

當我從袋子裡拿出方可的書，吳律師變得很興奮。

「啊，方可的書！」他說，「我當然知道這本書，我還認識他這個人呢！這本書可真是個寶貝啊。」

吳律師用手機打了兩通電話，安排我們去見方可，他就住在北京城的另一邊。我們上了一輛車子，驅車過去。

吳建忠似乎算得上少數幾位有機會成功控告北京剝奪居民財產權的律師。他今年四十歲，十分機智，也非常急著試驗嶄新的法律技巧。有一段期間，他偏好承接需要高價解決的美國式民事訴訟。當中國法庭不可避免地拒絕受理這類案件，他便開始涉獵房地產法律，希望能代表北京裡的建商客戶群。現在他則站在另一邊，對抗政府所擁有的房地產開發公司，進行這種行政訴訟。他一張圓臉上掛著一副大眼鏡，頭髮梳得整整齊齊，夢想成為一位享譽國際的律師。

吳律師代表一位叫趙景心的老人，趙先生的房子即將遭到強制拆毀。雖然法庭沒有受理羅先生及馮先生的訴訟案，但吳律師倒是讓法庭登記他的案子，甚至已經開始審理這個案子了。得知他的成功後，我決定去見他，並且隨身帶著一本方可的書。（當我從羅先生和馮先生那裡聽說這本書，就設法找到了這本書。）

知道吳律師聽說過方可和他的書，我不覺得訝異。我和羅先生及馮先生見過面後，便開始探查舊北京遭受摧毀的內幕。不久之後，我就發現每個人都聽過方可，見過方可本人，甚至可能讀過他的書。事實上，他的書十分受歡迎，以至於第一刷的二千五百本迅速銷售一空，所以我還必須從某位朋友那裡借書來影印才行。

我們去見方可時，車子快速穿越一連串的建築物，它們在八月的煙霧和熱氣中，變成一片模糊的水泥叢林。吳律師開始解釋他代表客戶趙先生採取的法律步驟——趙先生的朋友恭敬地稱他「老趙」。

「新憲法是在一九八二年制定的，就是在一九七八年制訂的（資本主義式經濟）改革後才正式通過的。」吳律師說，「但是，新憲法的社會主義色彩並不亞於舊憲法。事實上，新憲法的社會主義色彩更強烈，因為它上頭說，所有都市的土地都是政府所擁有的。但新憲法也的確說過，土地屬於私人使用，所以人民擁有土地使用權。」吳律師說的時候，一邊以手指為他的法律論點編號。

「那麼，羅先生和馮先生提出的訴訟呢？」我問，「為什麼法庭沒有審理他們的案子？」

「很簡單。」他說，「他們的案子太大了。他們控告整個北京市政府，還有——幾個？一萬個或二萬個簽名？法庭很難受理這種案子。範圍太廣了，質疑太多事情了。」

「但是，當他們打個人官司，他們也輸了。」我說。

「沒錯，不過我的印象是他們的論點不夠明確。基本上，他們質疑政府隨意處理土地的權利。在老趙的案子上，我們不這麼做。我們在兩個非常狹義、非常明確的問題上攻擊政府的決定。首先，政府沒有為他損失的土地使用權提供足夠的賠償。他的權利毋庸置疑，他父親在一九四八年買下那間房子。他們有房契，所以我們控告房地產管理局沒有提供足夠的賠償。第二，我們認為，他家應該屬於受保護的文化財產，但是當地的文化局卻沒有標明這件事情。如果文化局標明了，他的房子就不能拆。你得知道，我們以兩個非常明確的論據斷言政府沒有善盡其職，但我們可沒有質疑政府徵用土地的權利，所以法庭會審理這個案子。」

儘管吳律師使用了這些策略，這件訴訟案還是擱置在法庭。低級法庭的初審對政府有利，法官只判決政府有權設定它認為適當的賠償金額，且按照自己的標準標示文化財產。法庭說，政府甚至可以違反自己的準則，因為政府才是這些準則的設立者。吳律師迅速提出上訴，但法庭尚未審理。

「看看窗外吧，」吳律師說，「如果我們獲得二〇〇八年奧運的主辦權，他們只會更加速破壞的腳步，不分青紅皂白地拆毀舊城，建造新的道路和房子。必須有人制止他們，不然幾百年的文化，會在十年之間被全數毀滅。」

後來當北京大肆慶祝獲得奧運主辦權時，我馬上回想起這次談話。城市到處掛著旗子，頌揚這個大勝利，這些旗子同時以中文和英文寫著：「新北京，新奧運」。隨後中國奧運申辦委員會裡就有人立刻明白，對於外國人而言，這種標語實在很奇怪。為什麼要新奧運？舊的奧運有什麼問題？為什麼我們想要新北京？中國申辦奧運會的依據，不就是因為它能夠提供美麗的古老首都作為奧運會場嗎？後來，那些旗幟的中文標語維持「新北京，新奧運」，但英文改成「New Beijing, Great Olympics」。或許奧運不需更新，但北京顯然需要更新。

「但是，由於這是首都，所以也許他們不必賠償？」我說。

「那就是政府的說法。但從一九九一年一月一日起，有一條新的國家法律明確提到，所有被徵用的土地都必須獲得賠償，首都也不例外。所以現在政府說他們從來沒有付過賠償金，因而不知如何實施這項新法令。這真可笑！因為首都政府不懂政府的法律，所以就應該忽視這些法律？當然，我們沒有這麼說。相反地，我們說，很好，那麼在你們弄明白政府的法律之前，就不能拆掉老趙的房子。他們說不行，得先拆掉那棟房子。」

不久之後，我們將車子停在一棟建築物前，它的名字是冠冕堂皇的「影視大樓」。其實這只不過是一棟貼上白瓷磚的五層樸素混凝土建築物。當時正值大學暑假期間，方可就住在他某位朋友從鄰近一座不知名大學租來的空宿舍房間裡。我們在這棟大樓的自助餐廳見面，選定某個小隔間入坐。

——

方可看起來更像電腦迷，而不是密探。他身材瘦長，一頭亂蓬蓬的頭髮配上一副大眼鏡。我可以想像他西裝革履的模樣，但當他穿著現在這些衣物的時候，的確比較自在：麻省理工學院的圓領汗衫、寬鬆的短褲、大大的合成橡膠涼鞋（非常不幸地，後者已經是一種全球流行的服飾商品）。他精力充沛、身體健康，今年已經二十八歲，但是看起來還是像個大學生。和他談話十分愉快，因為他笑容可掬，對於任何問題，他的答案都十分切合實際。他是那種認真思考問題、毫不退縮的人。

方可和吳律師坐下來聊天的樣子，就像一對老朋友。我原先猜想吳律師之所以如此積極投入解救舊北京，只是因為老趙雇用他來解救房子，而這是此位充滿好奇的律師著手進行的最新法律試驗。然而，當我愈是深入認識吳律師，就愈是明白，起初他或許真是如此，但這個案子打開了他的眼界，將他轉化為舊城忠實的捍衛者。他和這位年輕的博士班學生有共同的朋友，而且身上也都有赤子的幽默感。

「我聽說你費了一番功夫才拿到我的書。」方可語畢，將兩本書推到我面前，「拿去吧，另一本可以送給朋友。」

吳律師點頭，把方可的書竟然可以當成禮物這件事情當成個笑話，「一本就已經夠不好讀了。」他咯咯笑著說，「現在你還有兩本。」

方可笑著繼續說，「但我其實很高興別人對這本書有興趣。我真的花了不少時間寫這本書和作研究。」

事實上，從他最先開始研究舊城算起，已有七年的時間了。他在清華大學的老師吳良鏞請他針對舊城的「菊兒胡同」進行研究計畫。方可漸漸對這件事情產生興趣，最後甚至把整個舊城作為他的博士論文主題。他開始以比大多數人都更為精確的眼光來看待事情，並且從政府政策裡看到一些奇怪的矛盾。

「我注意到的第一件事，就是所有高層領導人都住在傳統的四合院。他們不想住在高樓大廈，但卻試著讓人民相信四合院很糟、過時。這讓我覺得奇怪。」他說，「我開始納悶了起來，不知道為何他們這麼急著要拆掉舊城。」

方可說，舊北京的轉捩點在一九九〇年四月，那時北京頒布一項新法令，容許拆除「危險而破舊」的建築物。那年十月，北京也公布一條模糊的規定來保護舊城的二十五個區域。幾年後，房地產價格大漲，受到保護的地區立刻遭到忽視，北京開始將大片大片的舊城區畫定為「危險而需要開發」的地區，包括北京穆斯林生活的中心：牛街。整條牛街幾乎都被夷平，包括中國少數專供婦女使用的一座古老清真寺。頤和園周圍的地區原本也應該受到保存，但房地產開發公司忽視這個限制，在這些地區興建了高樓大廈，破壞了從公園看出去的天空景觀。在整個一九九〇年代，北京失去的著名建築物比起過去數十年還要多。

這個過程反覆出現於中國各地：為了建造草率的水泥商業區，昆明和上海這類城市，也都有一些具有歷史意義的區域遭到破壞。唯有在幾個觀光業扮演關鍵角色的城市（例如西安），古蹟保護論者才能贏得勝利。

「他們讓我想到法國的拿破崙三世，」方可邊啜飲可樂邊說，「他想要拆除巴黎的舊城、建造新城。他雖然不算成功，但是至少還有優秀的建築師為他做事，所以他建造了一座十分漂亮的新城。你看到中國哪些最近建造的東西說得上漂亮？或是可以持久的？沒有，那些東西都很醜。」

吳律師和方可笑了，嘆了一口氣說，「他們覺得什麼叫做維持中國特色呢？就是在一座摩天大樓頂上蓋一個小亭子，」吳律師說，「那就是中國建築僅存的東西。」

「有人說，前幾年是千刀萬剮，」方可一邊嘲諷地咧嘴而笑，一邊說，「但現在發生的事情，更像是當頭棒喝。」

「我認為應該將六十二點五平方公里的舊城變成保護區，才來決定裡面哪些地方需要開發。北京市中心有一千零五十平方公里，所以我不是堅持把北京整座城市變成博物館。現在北京的確有個保護計畫，但那只是個五點六平方公里的保護計畫，而且主要是為紫禁城和北海公園量身打造的。」

「北京的價值就在城市整體，它的都市設計如此獨一無二，只解救幾條街或幾棟建築物無法保存北京。一九四九年，這個城市還很完整。一九四五年，日本人和平移交北京城；一九四九年，國民黨也是如此。北京就像耶路撒冷，這可是一座完整的中世紀城市。」

我之前就聽過北京與耶路撒冷之間的比喻。乍聽之下似乎很奇怪，但我愈加深入思考，就愈覺得這個比較十分貼切。和耶路撒冷一樣，北京曾是一座聖城，曾是中國人的宗教世界中心。對於現代都市計畫專家而言，這兩座城市都面臨相同的挑戰，中東的耶路撒冷告訴我們，在進行現代化的同時，的確也能保存古城的本質。拆除舊北京的支持者認為，北京狹窄的巷弄阻礙了裝設現代化的電信纜線、污水管和水管。方可這樣的人承認這是個難題，但是他們也認為，如果從耶路撒冷的例子來看，現代世界的生活要求確實能夠跟古老建築相存與共，因為根本不需破壞一切就可以安裝水管和電線。即使城市的合宜人口密度必須維持最低限度，但是也沒有必要讓城市變成中世紀的貧民窟。相反地，住在舊城能夠成為一件時髦的事，許多西方城市就像這樣。

「他們的論點完全沒有道理。北京在一九五〇年進行過一次調查，那次調查發現，百分之五的建築物處於危險或破爛狀態。一九九〇年時，則有百分之五十的建築物處於這種狀況。當然，這是因為四十年來都沒有人維護這些建築物，才會變得破破爛爛。但如果他們還屋於民，居民就會照顧這些建築物，好好整修一番。但政府的解決之道就是拆除一切。」

吳律師默默坐著，聆聽這位年輕朋友闡述想法。偶爾，他會發出一聲戲劇性的嘆息，或者難過地搖搖頭。

我們默默地坐了幾分鐘，試著弄清楚這一系列的想法後，他說，「現在你明白了吧，你沒有注意到那些官員可以從這一切撈多少錢。」

方可抬頭觀望，非常謹慎。

「我無法確切證實是不是某個人做了什麼腐敗的行為，但我可以指出一般居民得到的賠償數目以及北京的房地產公司用什麼價錢將土地賣給開發商。其中的差額達數十億元，但只有一點點錢落入北京的市庫。我逐一查核那些方案、統計數字、算出差額。在我看來，那些官員無疑是受到貪婪的驅使。首先，他們不太相信保護北京的意義。第二，對他們而言，拆除城市有利可圖。」

我們用完餐，然後起身。方可說，他要讓我看看一些重要的東西，所以我們約定幾天後再度碰面。

——

乍看之下，方可的書必然可以騙過眼尖的審查員。這本書是由中國建築工業出版社所出版，這家出版社幾乎和散布激進思想的論著或腐敗調查沒有任何關係。書的設計精美而現代，但毫無威脅性可言。封面採用暗青綠色，底部則有一張較大的粗略北京地圖，地圖之上就是書名：《當代北京舊城更新》，還有字體較小、枯燥乏味的副標題：調查、研究與探索。它最好的護身符則是封面書腰上的那行小字：「吳良鏞院士編審：環境住處科學系列」。

吳良鏞院士是方可的老師、指導教授，而他的參與對這本書來說的確非常重要。雖然他有時會從事比較受歡迎的工作，例如偏遠省分的舊城古蹟保護，但他是個謹慎的人，這也讓他成為中國人民政治協商會議的委員。這個協商會議由傑出的學者、藝術家以及少數民族團體（例如藏人和維吾爾人）組成，沒有實質權力，它扮演的角色就是塑造共產黨會向各個族群和團體諮詢的假象。儘管如此，出版審查員還是會因為吳教授的背書，就認為這本書不會這麼激進。

儘管如此，或許我們還可以從這本書躲過查禁看出一個事實：許多書的確能夠找到出版方法，審查員也變得十分草率。或許這些書的封面十分謹慎，但它們的內容卻是充滿了大膽的想法和批判。通常這都會有個醒目的特徵：書裡有許多照片。或許那只是粗糙複製的黑白照，但是內容一定十分引人注目。例如這本書的第八十五頁上有一張照片，上頭是一位全國人民代表大會代表，正在針對拆除舊北京一事質問政府，而底下的行文說明了這位代表相信，房地產開發公司侵吞的錢高達一百億元以上，或者說十二億二千五百萬美元。在任何國家，這都是一個驚人的數目，在這個物價偏低的開發中國家，這個數目尤其令人瞠目結舌。讓我來說明背景，在一九九〇年代，房地產開發公司從北京這裡竊走了相當於中國一整年的經濟產值，彷彿所有一千一百萬的北京居民（不分男女老少）都失去了他們當年所生產的一切。

照片的補充說明則描述出哪些建築物已經消失了，包括中國最偉大的小說家曹雪芹的寓所。曹雪芹曾寫下社會風俗古典小說《紅樓夢》，而北京政府為了修建一條更寬的路，打算將他家夷為平地，其他房屋則任其腐朽，其中包含兩位中國偉大的改革家梁啟超和康有為的家。我們可以想像，不久之後，這些住宅也將被視為「破爛而危險的建築物」，化為烏有。

那本書的最後三分之一，則專注檢視中國或其他國家的城市如何保存原有的古蹟，也討論這些保護古蹟的努力如何適用於北京。閱讀這本書不久，讀者就會意識到，這就是北京人民前所未有迫切需要的東西：一本根據事實寫出的詳盡論著，探討如何制止世界上最偉大的建築珍寶遭到破壞。

當我繼續讀這本書，裡面最有趣的部分就是事實和數字。一般而言，充滿這類「艱澀內容」的書讀起來不是這麼有趣。但是這幾年來，我一直在中國工作，在這個國家，似乎每一個號碼、事實或數字之前都會有「差不多」三個字。於是你開始明白，我們西方人如何將「根據事實直接回答問題」視為理所當然。相形之下，在中國，粗略的數字則普遍到幾近荒唐。我曾拜訪許多工廠和政府辦公室，在那裡，我常常聽到這類的答覆：「我們有一千個工人，我們去年的產值達一百萬元。」剛好一百萬元？「是啊，嗯，差不多。」然後，他們必然會以狐疑的眼光瞥我一眼，好像在說：為什麼你想知道這個？除了需要知道數字的人，沒有人知道數字。

但方可這本書充滿圖表和數字，還有從文件以及訪談無數開發公司搜集而來的事實。這些數字顯示這些公司究竟買了多少土地，北京不同地區的土地售價為何，更揭露了房地產開發公司藉著奪取人民的住宅和拆除舊城所賺取的暴利。方可是一位年輕的博士班學生，所以比較容易取得這些數字。當局沒有把他當成當地記者或統計學家般防範，更別提是把他當成外國記者。在他所調查的開發公司中，沒有幾家會接受外國記者的採訪。接受採訪？要做什麼？他們的股票絕不會在國外的股票市場上市，也很少和外國公司做生意。他們已經捲入幾乎可說是必然發生的舞弊交易，這些交易涉及恣意扭曲北京分區規畫規定、拆除舊建築以及為謀私利而興建豪宅。他們不需要任何宣傳，尤其是來自於「外界」的宣傳。

由於方可尚是學生，所以能夠提出問題，還可以使用老師的介紹信獲得訪談機會。此外，也因為他是訓練有素的建築師，所以同時能夠讀出在專業建築平面圖才顯示出來的原始數字，藉此估計相關的建築密度和高度，隨後用這些資料，比較分析原有的北京城市分區規畫。一般大眾無從得知的規定，方可可以透過同學及老師的關係取得這些資料。

舉例來說，他調查出政府興建金融街時所發生的問題。這個房地產開發區一共拆毀了四千間住宅，其中有數百間的歷史可以追溯到十四和十五世紀，包括萬人集體訴訟案裡的羅宅。方可另外也發現了這個開發區的建築物比七十公尺的高度限制還高出四十六公尺。

那就是我費盡功夫想要取得的數字。一九九七年，我訪問了一位政府官員，他任職於政府委託興建金融街的建設公司中。從這次訪問中，我得到兩個有用的事實。第一，四千間住宅即將拆毀，共有一萬二千人住在那些房屋裡。第二，當我問及有關高度或城市分區規畫的問題，他們只是面無表情地看著我，口裡講著一套陳腔濫調搪塞說：「一切依照北京規定行事。那些全都是危險、破爛的住宅。」

方可的書說明了北京如何濫用「舊北京的許多住宅屬於危樓」這個說法。他強調，一九九一年，北京宣稱危樓面積高達三百四十萬平方公尺。但是在接下來的八年，北京一共拆除了三百六十萬平方米的「危樓」，而它仍然貪得無厭，甚至在紫禁城以南建造一條新的八線道大道，想要搭配北邊的平安大街。成千上萬的居民被趕到位於郊區、低於一般標準的住宅。當然，這些人活該倒楣，才會住在被判定為「危險而破爛」的房子裡。

方可的書之所以讓許多北京居民感到興奮，更是因為他還列出所有反對都市更新的訴訟案。根據他的估計，從一九九五年到一九九九年間，除了我從馮先生和羅先生那兒聽來的二萬三千人訴訟案之外，還有一萬三千名居民曾對北京各級政府提出十四次集體訴訟。這些訴訟表列於冊，旁邊還附上一張照片，裡頭是一個男人正在抗議房地產開發公司奪走了他的家。

方可也解釋了遷居者所面臨的問題：一天得花三、四個鐘頭搭擁擠的公車上、下班；老人必須連續搭數小時的公車，才能找到醫院；新的貧民窟衛生狀況不佳，住在「臨時居所」的人也不斷增加（「臨時居所」是指失去舊家、尚未得到新家的人所住的簡陋棚屋）。一九九一年，這樣的人約有四千九百名，到了一九九八年則增加到三萬二千名。相較於北京超過一千萬的總人口，這個數字的確不大，但它彰顯出一個事實：儘管表面上，政府以改善生活狀況的名義進行都市更新計畫，但是北京市的生活水準其實正在惡化。

方可不贊成訴諸政治手段。當然，這些事情會令人得出一個合乎邏輯的結論：如果一個體制容許政府同時扮演法官和陪審團、買家和賣家，這個體制絕對不可能公平。方可從來沒有提出這個論點，或作出這樣的結論，但他的書仍然質疑這個體制。他不只聲稱幾個貪婪的官員可能不正當地濫用原先立意良好的法規、或規避這些法規，也說明了法規本身就有點問題，根本是為了容許拆除整個舊城而制定的。舉例來說，城市將建築物按照品質分成第一

（最好）到第五（最壞）等級。根據規定，如果一個區的百分之七十是由第三、第四和第五等級的建築物所構成，這個區就可以完全拆除。如方可指出的，這些規定意味著北京的任何區域幾乎都可以更新。幾個保存下來的紀念物將會是該區域僅存且孤立的碎片，例如說，失去胡同作為陪襯的四合院。

在某種程度上，方可所描述的情況普遍存在於各地。世界各地的房地產開發公司，都嘗試找出地方政府的都市規畫漏洞，並且以提供工作機會和進步的名義，要求當局讓他們不必遵守都市規畫的相關規定。在西方國家，具有歷史意義的建築物也飽受威脅，但西方的問題更常出現在城市之外，因為城市邊緣的農業用地，往往會被重新規畫為無止盡蔓延的低密度住宅區。

在中國，都市也在雜亂地擴展當中，我們可以在中國任何一座大城市的周邊看出這一點。但是中國郊區生活尚未受到歡迎，大致而言，最富有的人絕對不會住在城市之外，因為人口密度過高，使得政府無法建造足夠的公路，讓人民可以忍受通勤。所以富人寧願住在工作和購物地點附近，而不願花幾個小時通勤——方可早在他的研究中指出，資深領導者都喜歡住在舊城，因為那裡更方便。因此，北京的中央地區——即舊城之所在地，就必須面臨重新規畫和更新壓力。由於缺乏保護舊區的制衡機制，這些地區的命運早已寫下，無法改變。

中國另一個異於其他國家的地方則是官商勾結。官商二者十分親密，幾乎是同義詞。方可在書的開頭就直言不諱地指出：「都市規畫辦公室」無法拒絕房地產開發公司。城市和區政府官員們，往往也同時身為房地產開發公司和規畫辦公室的資深管理人。當這些政府必須在規畫辦公室所代表的『城市的整體利益』，以及開發公司所代表的『城市的經濟利益』之間作選擇時，他們往往選擇後者。最後，規畫辦公室總是被要求作出妥協。」

方可的研究點出了中國經濟和政治困境的核心問題：政府不只想要控制太多政治領域，也想控制太多經濟領域。中國政府控制大部分的經濟要素，更是經濟市場的管理者，在這樣的國家，腐敗和管理不善確實無可避免。

早在一個世代以前，中國曾執行過計畫經濟，房地產開發公司原本不存在於計畫經濟體系之中。當時，建設部裡面有幾個單位，負責按照政府需要來建設房屋、道路和其他東西。隨後發生的改革，讓這些「單位」轉變成股份有限公司。雖然這些公司歸政府所有，但也必須承擔獲利的責任。以前他們不必太關心這件事，但要是談到獲利，就代表必須讓主要股東（國家）得賺點錢才行。如果某個房地產開發公司可以說明某個計畫有利可圖，那麼它的所有者（國家）務必會讓其他國家機關不去阻撓這個公司的計畫。

因此，方可以房地產開發公司為例，說明他們如何脅迫國家文物局和城市規畫專家發放許可證明。只有在開發公司申請許可後，城市規畫專家才會被要求評估某個區域裡的危險建築物比例。由於文物局和城市規畫的官員都很軟弱，所以他們被迫儘量提高危險建築物的評估，讓開發公司可以輕易拆除社區，有時這樣做甚至可以得到政府的補助。「所謂的調查只是一種形式。一旦開發公司選定一個區，不管這個區的建築物品質為何，它仍然可以列入危險建築物的名單。『重建危險建築物』這個標籤只是個藉口，讓開發公司可以得到更多優惠政策，並且掩飾圖利的慾望。」

另一個促成破壞的因素是「外面」的投資者（多半來自香港）注入這些開發案的資金。一九八〇年代，投資於重建舊城的資金只有二億元。從一九九〇年到一九九七年，這個數字竄升到一百七十億元。例如香港首富李嘉誠就將數十億元投入讓馮先生失去住房的東方廣場。外資總共投入總額一百七十億元資金當中的一百一十六億元。根據方可的估計，許多方案的報酬率也高得驚人——平均百分之六十。

讀這本書時，最令人難過的是破壞的過程竟是如此的粗糙。遠方城市的某間報社，報導了北京一座著名的橋（儒福里橋）遭到拆毀，並且精確地指出這種破壞有多麼草率。當局嚴禁北京當地的報紙報導這類消息，但是位於廣州的《羊城晚報》記者，設法記錄了來自鄉下的農民工如何拆毀這座橋的鼻酸場景：

橋，在農民工手中變成瓦礫。

「我們該怎麼處理這些磚塊、瓷磚和木頭？」

「把它們賣掉。」

「磚塊可以賣很多錢。」

「也不對，賣不了太多錢，磚塊太舊了，沒人要，更沒人要那些木頭，每一塊瓷磚也只能賣四、五分錢。」

「我已經在北京工作了八年，拆了許多這樣的房子。兩、三個月前，我拆了國子監附近的一座廟。那廟真大，但那不重要。只要拆遷辦公室給我錢，我什麼都能拆，甚至故宮也能拆。」

——

幾年前，我無意中看到另一本有關中國建築的書。梁思成那本以英文寫成的《圖像中國建築史》擺在書架上幾年後，我才明白這本書的價值；這點跟方可的書給我的衝擊完全不同。一開始，我只是被梁思成的素描畫所吸引，因為他的確是一位有天分的製圖員，這本書上描繪著許多精巧的寺廟、陵墓和佛塔的剖面素描圖。

當時我尚未意識到梁思成是第一位系統性研究中國建築的人。大家都知道中國歷史悠久，但人們對中國的大多數知識都來自古書，這些書的依據往往都是道聽塗說，它們也因為是後朝書寫前朝歷史而充滿偏見。西方文明發展至今，已經將歷史研究建立在經驗事實之上，這是科學革命的衍生產物。但是幾乎沒有人把這些新研究途徑應用在中國建築遺產的領域。

梁思成的這種研究觀念間接來自他的父親，也就是中國偉大的改革家梁啟超——方可在書裡難過地指出，梁啟超的家也即將遭到拆除。梁啟超曾是保皇黨成員，當中國橫衝直撞地邁向革命時，他曾試著保護部分的中國文化傳統，但徒勞無功。

梁啟超年輕時接受儒家背誦學習系統的訓練，這種訓練方法已有數千年的歷史，但不久以後他隨即明白西方之所以遠遠優於中國，就是因為西方獨特的教育系統和科學方法，更藉此發展出精密武器。有了這些武器，西方人只需派遣幾艘船和幾千名士兵，就能奪取許多中國領土。梁啟超意識到西方大勝中國的原因，不是船堅炮利，而是那些已然發展出實質優勢的「制度文化」。當時大多數的改革者都持相反的看法，認為中國只需購買先進的武器工具，就能迎頭趕上西方。但梁啟超堅稱教育的重要性，還將他的理論應用於家裡。儘管他兒子的中國古典文學底子深厚，但最後仍被送到國外接受現代教育。

一九二四年，梁思成前往費城，就讀於賓州大學的建築學院——那是他的未婚妻林徽因的主意。林徽因是一位才華洋溢的作家，她和梁思成的婚姻來自於指腹為婚。他們是天造地設的一對，彼此相愛，決定一起出國留學。兩人都是優秀的學生，於一九二八年一起拿到美國大學的文憑回到中國。

當時，沒有人認為有必要研究中國建築。梁思成的父親梁啟超也認為那是浪費時間，並且漫不經心地說，不管怎樣，大部分的古建築都會因為疏於保養和戰亂而搖搖欲墜（自十九世紀中期的鴉片戰爭起，中國就一直處於戰亂）。因此，他勸兒子將注意力轉移到中國繪畫藝術，鼓勵他寫一部現代的中國藝術史。然而，梁思成仍然決定繼續研究中國歷史建築，並且應用了現代的田野調查技巧。在傳統的中國，儒家學者多半待在自己的書房鑽研書籍和著作，沒有人做實地考察工作，把自己弄得髒兮兮。梁思成率先使用科學方法，為中國數千年歷史遺留在各地的眾多建築、資產編目造冊，清楚地註明其年代。

一九二〇年代後期和一九三〇年代，梁思成在中國北部進行了多次實地考察，發現了非常多可以追溯到一千年前的古建築。他鑑定出不同的建築風格，將之彙編為建築史冊。在中國建築史上，這一切都是創舉。但是在一九三七年，當他預備寫一本書來詳述研究結果時，對日抗戰爆發了。

這場戰爭的爆發，終結了一場同時浮現於中國知識界與平民界的小型文藝復興。梁思成一直是中華民國當時欣欣向榮的知識界裡的菁英分子。中華民國創立於最後一個王朝被推翻後的一九一二年。新政府的首都是南京，一個靠近上海的大城市，國民黨則是大權在握的政治勢力。

數十年來，歷史學的正統態度就是批評國民黨在中國大陸的短暫統治。國民黨腐敗、無法抵擋日本的侵略，它的某些領導人甚至經常光顧上海的鴉片煙館，更與黑幫集團掛鉤。中國饑荒四起，大部分地區也十分落後，沒有自來水和電這類現代便利設施。共產黨成功地將國民黨描繪成中國有史以來最糟糕的政府，這種過於簡化的看法已經在西方扎根。

儘管如此，那段期間仍然播下了一些現代中國的種子，即使是在今日，它們看起來仍然十分進步——特別是與伴隨共產黨統治而來的饑荒、腐敗和整肅相比，尤其顯得進步。現在中國已經有大型且成功的企業，更奠定了現代經濟的結構。獨立於政府控制之外的各種組織蓬勃發展（只是在今天，這些組織多半並非如此），梁思成這類學者對於自己的國家和周圍世界的理解更取得了突破性的進展。文學的發展進入巔峰期，出現了魯迅和沈從文這類小說家，數以千計的人都像梁思成一樣出國留學（如果當時的諾貝爾文學獎沒有西方的種族優越感，魯迅和沈從文兩人都可以十拿九穩地獲獎）。

二次世界大戰期間，國民黨逃到重慶，梁思成也和數千名官員、教師、作家和各種類型的愛國分子來到這個地區，其他人則加入延安的共產黨。延安是布滿灰塵的黃土之城，農民英雄馬先生後來就住在那裡。大多數人都去重慶，在那兒創辦大學和研究機構，試著延續中國知識與文化的餘脈，直至戰爭結束。

二次世界大戰結束後，梁思成回到北京。當國共內戰開始時，梁思成留在北京、隨後出國，但他當時的身分是中國民國的代表，負責協助規畫紐約聯合國總部大廈設計，不是政治難民。在美國期間，他也任教於耶魯大學，還前往其他大學接受那本偉大著作贏得的讚美與榮耀——在一九三〇年代和一九四〇年代，他的著作在國外的學術期刊發表。那的確是一次勝利之旅，但他只要想到國共內戰即將結束，便感到更加振奮。

結果他回國的時間比預期還早了一些。幾年來，他的妻子健康欠佳，染上肺結核。他趕回到她身邊時，國民黨已經開始將大筆財富運到台灣。一九四九年，許多和梁思成一樣的知識分子都跟著國民黨及二百萬名追隨者逃往台灣。但是梁思成選擇留下來陪伴妻子，因為他相信共產黨政府不會太激進。起初，他只有清華大學新成立的建築系教職，隨著共產黨建立控制權後，他經推舉得到幾個榮譽職位，並且成為北京市規畫委員會的副主席。

就像從事其他工作一樣，梁思成十分積極地投入這個工作，制定了一系列原則控管北京的發展。他認為首都應該是政治和文化中心，而不是工業中心。北京也從來不是工業中心，它古老的街道和胡同都無法滿足現代工廠和運輸的要求。紫禁城應該受到保護，周圍建築的高度亦須限制在幾層樓高以內。但是最具爭議性的事件，則是他建議新的行政中心必須在舊城之外。換句話說，儘管舊城裡的那些王府殿堂曾是中國世界的核心，但他仍然建議新的北京市中心應該遠離這裡。

共產黨拒絕了梁思成的一切建議，也堅持進行工業化路線。據說當毛主席站在天安門環視北京時，曾說希望「天空布滿大煙囪」。紫禁城只有一部分受到保護，毛主席和其他領導人搬入一座鄰近的花園式府院，其餘的傳統建築則大多任其瓦解，直至今日仍是如此。最重要的是，行政中心還是安設在北京中央，迫使這座古老城市必須承受現代官僚國家的重擔。舊的建築物被夷平，為大批湧入的官僚的臨時辦公室和宿舍挪出空間。

梁思成頑固堅守自己的立場。事後想來，我們會說他堅守立場實在太「傻乎乎」了。他以合理而明智的批評來反擊政府每一個泯滅歷史的計畫。例如梁思成認為，政府不該為了讓汽車通行而摧毀城牆，可以選擇在城牆上鑿洞，或在城牆下建造隧道，城牆的頂端則可以變成一座公園。梁思成的本質是個對政治不感興趣的人，所以他不懂共產黨不會和人商量任何問題，也不會接納反對意見。結果，他受到無情的批鬥，更被貼上浪費和反動的標籤。他的朋友被迫和他斷絕關係，沒有人敢支持他的想法。

到了一九五五年，他的妻子過世了。在她生命中的最後幾個月，他自己也躺在附近另一家醫院的病床，試著努力從工作過度、緊張和肺結核引發的衰竭中復原過來。一九六〇年代初期，在局部康復後，他再度於毛澤東在一九六六年發起的文化大革命中吃盡苦頭。紅衛兵天天折磨他，逼他燒毀自己的畫和書信。他被趕出自己的公寓，不得不住在一間透風的簡陋小屋裡。他的肺結核復發了，被送入醫院裡，於一九七二年過世，享年七十一歲。他生命中的最後二十年都荒費殆盡了。

儘管如此，梁思成倒是十分幸運地交到一些好朋友。一九二〇年代，他和妻子與中國研究的先驅費正清及費慰梅夫婦成為朋友。他們一起進行實地考察，並且通信討論梁思成的計畫。後來，費慰梅找到幾張梁思成原本打算用於《圖像中國建築史》的照片，曾經在他家工作的一位女傭保存了他部分的著作與筆記，這也提供費慰梅一些題材，能夠用來寫作關於梁思成的著作。一九八四年，她和麻省理工學院合作出版梁思成的著作（使用梁思成名字的另一種羅馬拼音 Liang Ssu-ch'eng）。一九九四年，她出版了一本關於梁先生和梁太太的傳記——《梁思成與林徽因：一對探索中國建築史的伴侶》，由梁思成的母校賓州大學所出版。

一九九八年，梁思成的歷史著作在中國出版（當然沒有提到他的命運，或費慰梅所扮演的角色。這些事實將會多此一舉地強調共產黨的黑暗歷史，讓中國難堪，因為解救梁思成作品的人竟然是個外國人）。我在一家書店閒逛時，無意中看到了梁思成這本著作的中文版。日後我計畫前往北京附近參觀時，曾經數次使用這本書當中的資訊，他的文字描述以及清晰的獨樂寺畫像，在在都激發我數次去參觀那座古老的中國寺廟。

那本書上的某一張畫以及梁思成的生動描述尤其引發我的興趣。那張畫的內容是中國現存最古老的木造佛塔，於一〇五六年建造於山西省應縣。梁思成考證了這個建築物的年代，讓許多中國人感到非常興奮，因為終於有人以科學方法來研究中國文明，而這個發現證實了這座佛塔歷史悠久的說法。當然，人們早就知道這座佛塔十分古老，已經存在了好幾個世紀，但是梁思成卻能夠使用文件和檔案證明了它已經有九百年歷史，這的確是個里程碑。有一次我前往山西省的大同，特別去參觀這座佛塔。當我驅車經過平坦、乾燥的山西鄉下時，那座聳立的佛塔宛如消失文明的古遺物。我記得自己心裡曾想著，對於一位年輕的研究員而言，重新發現同胞的歷史是一件多麼令人振奮的事。那就像某個東西死而復生一樣。

梁思成的作品激發了新一代知識分子，讓他們為解救北京而奮鬥。梁思成最優秀的學生是吳良鏞，即方可的指導老師。梁思成的兒子梁從誡也活躍於這個運動，雖然他主要以其環保工作為人熟知，因為他創立了「自然之友」，這是中國少數幾個真正的非政府組織。此外，梁思成將日益擴大的政府遷出舊城的想法，仍然是當前這些行動主義者的主要訴求。

舉例來說，在一篇被廣泛轉載的文章裡，方可強調，平安大街的修建曾讓梁思成的想法再度流行起來（那天晚上，當我在肯德基和馮、羅二位先生會面後搭計程車疾馳回家，這條大道曾讓計程車司機十分開心）。他寫道，現代工業和商業無法存在於一座像北京這樣的古城裡。

梁思成的建議被斥為「懷舊、保守和過時」。可悲的是今日支持保護北京市的人們，也被貼上同樣的標籤。他們看到行政中心仍舊存在於古城。我們不會不了解梁思成的遠見，但說來不可思議，時至今日，仍有一些人無法了解這個想法。

——

老趙不斷嘗試解救自己的四合院免於拆除，這位吳律師的客戶也同樣出身於共產黨勝利之後，拒絕隨著國民黨逃到台灣的顯赫家族。老趙的父親趙紫宸曾任世界基督教協進會的主席，在一九四七年獲頒普林斯頓大學的神學榮譽博士學位。趙紫宸的女兒趙蘿蕤獲得芝加哥大學的博士學位，曾將美國詩人惠特曼的詩集翻譯成中文，還在一九四八年搭最後一班飛機前往北京，堅決和家人及國家站在一起。當北京被共產黨包圍，她搭乘的 C-46 運輸機被迫降落在天壇路，因為機場已經落入共產黨手裡。

老趙和他的父親，就像趙蘿蕤一樣樂觀，他們都相信中國需要乾淨且致力於社會正義的新政府。沒人能夠想像什麼樣的可怕災難，正在等待他們這種擁有可疑的外國學位，並且曾效忠過中華民國的人。

老趙今年八十二歲，當我在二〇〇〇年夏天認識他時，他已經在自家居住了五十年。就像一九五〇年代的梁教授及他的學生（今日的吳良鏞教授）一樣，老趙的父親被要求為幾個掌握大權的「顧問機構」服務，才得以保有住宅。那不是我所見過最漂亮的四合院，不過這只是因為過去五十年的變化所造成的陳舊而已。文化大革命期間，兩邊的廂房被分發給其他家庭，建築物兩間的拱道也已經砌上磚頭。既然和大多數的中國人一樣變得一貧如洗，趙家只好把家中的膳修支出降至最低。

趙紫宸於一九七九年過世，享年九十一歲，老趙則繼續住在家裡。戰後時期，他在檀香山的美軍語言訓練中心工作過一段時間。之後的多半時間，他持續任教於各個單位。他的舉止仍然擁有軍人般的僵直，方下巴、銀色短髮以及銳利的目光，更讓人覺得他至少會跟他父親一樣長壽，並且始終保持機敏。

趙家已經安裝了現代的馬桶和玻璃窗，也在地面鋪上瓷磚。老趙以頑固、率直的方式愛他的家。當我、一位朋友以及吳律師三人一同去看他，他對我說的第一句話總是：「我已經在這兒住了五十五年，為什麼我要放棄？」

「你以為我沒辦法離開嗎？我有家人在美國，我還有其他地方可去。」他咆哮著補充說，「但我是中國人，這是我們的文化。我不要離開這地方。」

他的兇悍讓我有點吃驚，甚至懷疑這是向北京政府要更多錢的噱頭或伎倆。這個地區的建設設備多半已經被拆除，他的房子是少數幾棟依然屹立的建築。在拜訪他的途中，我們花了一些功夫才找到他的房子，就在美術館後街二十二號，這是一條由美術館往北延伸的街道。這條老街保存下來的部分不多，它與寬闊的平安大街交叉，已經被規畫為重新開發區，即將變成一條貫穿舊城的南北向新軸線，搭配寬闊的東西向大道。

我們沿著街道往北走，經過幾棵槐樹。那些樹正準備打起精神，面對即將朝它們席捲而來的推土機。一個賣報紙的小販推著推車，叫賣大疊的報紙，行人你推我擠，走在因為道路拓寬而變得狹窄的人行道上。我們的右邊是一道二公尺高的灰牆，牆的頂端貼有瓷磚。這種用來隔離住屋的牆面在北京隨處可見。我們來到一扇小小的紅門，門上沒有門號，還以木板封死。沿著這條路繼續走幾步路，就能見到另一扇門，同樣沒有門號，但有門鈴，我們按了門鈴。老趙出來應門，讓我們進去。

不久以後，老趙開始詳述案子的真相，這使他大為惱火。讓他最氣憤不過的，就是政府武斷判定什麼樣的住宅才值得保存。他說，在一九九八年三月，文物局的一位低階主任曾經來到他家，宣稱他的家不是明朝時期建造的，因此不值得保存。

「當然，如果他們判定這房子是文化遺產，就不能把它給拆了，所以他們才說它不是文化遺產。」老趙說。他已經帶我們進入他家，現在我們面對面坐在木造沙發上，旁邊有藍色坐墊、巨大而光潔。「但是，誰說唯有明朝的東西才是文化遺產？沒有人規定明朝才是基準，不是明朝的東西都可以拆。真是荒唐！」

那位官員於一九九八年來訪後不久，老趙就開始了他的戰鬥。他寫信並打電話給媒體界的朋友，雖然成效不大，但政府暫時放慢執行計畫的速度。隔年，即一九九九年，中華人民共和國將慶祝建國五十周年紀念日，所以政府實施「和諧社會」運動，要求避免討論任何敏感或具有爭議性的問題。老趙認識許多人，和重量級人物都有點交情，其中許多是老人，與以前的中華民國時代有點關聯。在共產黨統治中國的時期，這些人多半活在羞辱之中，但是此時此刻，除了可以透過海外關係發揮一些影響力外，也算是有用的人物。

一九九九年十一月，即建國五十周年紀念日後的一個月，當局開始拆除這個社區，工人夷平了三萬七千平方米的舊式四合院，包括兩處曾經是清朝皇族所住的府第。老趙明白，接下來就輪到他家了，所以趕緊與吳律師提出第一次訴訟，聲稱文物局沒有正確評估他住處的屋齡。那些官僚則辯稱，他的房子沒有出現在十八世紀中期乾隆皇帝統治時期所繪製的北京地圖裡，所以它的屋齡不到二百五十年。但是，老趙指出街名改變了，他的家確實在地圖上。在法庭，政府承認這一點，但後來又說那不重要，那房子不是明朝的房子，所以仍然要拆除。

「他們在法庭說，那不重要，因為那房子的屋齡只有二百五十年，不夠古老，不必受到保護，然後說我家太破舊了，就要倒塌了，所以得拆。」老趙說，他那雙布滿分泌液的灰色眼睛閃爍著怒火。

老趙也說，文物局沒有針對屋齡進行科學鑑定。文物局的官員兩次來到他家，每一次只待五分鐘，沒有取走木頭樣本，沒有分析以斗拱固定的屋簷結構，但這些事情都有助於鑑定中國建築物的建造年代。「他唯一的評論是窗戶翻新了，所以建築物失去了歷史特色。」老趙說。

一位行政法官主持了初審。在初審階段，政府的話非常具有影響力，所以文物局取得勝利，但是老趙和吳律師立即提出上訴，審理這次上訴的是一般的民事法庭，這種法庭應該比行政法庭更加不受政府的影響。正當我們談這件事情時，他們也同時在等待另一個中級法庭審理這個案件。

我環顧老趙的家，可以看出那位文物局官員的說法的確有憑有據。這不是皇族的宅院，而且還曾經以相當現代的方式整修過，新的窗戶裝上了巨大的鋼架，看起來完全不搭調。地板是難看的褪色亞麻地板，內部的牆也貼上某種合成纖維壁板。

但是，這些問題只不過涉及了品味和修繕經費。整個建築物顯然十分具有歷史，即使完全棄之不顧，它在北京乾燥的氣候中，或許還可以屹立一個世紀。屋況看起來一點也不破爛，事實上，它的琉璃瓦屋頂的狀況非常良好，整個建築物的迷人的細節實在值得好好自豪一番，例如兩個石雕象頭默默守護著前門的屋簷。我無法評估它的屋齡，但是最近許多建築師、城市規畫專家和古蹟保護專家，都聯合簽署了一份請願書，呼籲當局保護這間住宅。他們看出這間住宅的本質：典型的北京四合院。如果它可以拆，整座舊城的精華也將遭受破壞。

我也思考其他國家會採取什麼措施讓舊城變得適合居住。在歐洲，現在的中世紀建築物已經擁有自豪的絕緣材料、雙層玻璃、中央暖氣和其他現代便利設施。當然，保護舊城這件事情，絕不意味著建築物必須維持工業時代之前的生活模式，例如戶外廁所、燒木頭的爐子和其他東西。北京政府批評舊城殘破不堪，所以必須為現代化挪出空間；但在另一方面，古老建築物一旦有些現代化的整修後，就將會失去它的古蹟資格（例如老趙的家），豈非諷刺？這就像方可在他的書裡概述的都市政策，只不過是為了某個目的所設計的詭辯——讓北京繼續進行有利可圖的都市更新。

我們起來走動，到處看看。老趙指著他的寶貴財物——分隔房間的屏風，兩片六英尺長、三英尺寬、上面帶有雕刻圖案的紫檀木，以金屬鉸片接合。老趙說：「我不懂政府，它說我們有偉大而光榮的歷史和文化，說我們有五千年的歷史和文化，但最後卻只保護幾個像麗江和平遙這樣的古城，讓它們被聯合國教科文組織列為文化遺產，我們認為這樣就夠好了。這是什麼政策？」

吳律師為解救老趙家園採取了雙管齊下的策略，包括控告北京房屋規畫局的第二次訴訟。他藉用方可對於平安大街的研究，訴諸北京關於開發法案的規定：只有寬闊的新道路周圍七十公尺以內的地區，可以進行商業性的重新開發。他認為老趙的家和這條路相距一百公尺，所以應該可以免除被拆的命運。

當老趙的辯護律師繼續說話的時候，老趙靠著沙發椅坐著，閉起眼睛。吳律師說，北京當局表明要以每平方米六千元（大約等於七百五十美元）的價錢，購買老趙那四百二十平方米的家。至於老趙那一百六十平方米的院子將得不到任何賠償，但是北京政府麾下擁有的地產辦公室，卻可以把整塊地賣給房地產開發公司。吳律師提到，就在幾條街以外，北京政府正以一平方米三萬元的價錢賣出剛剛蓋好的舊式四合院，買主還得額外花錢買院子。以此為基準，光是靠著轉售老趙的院子，北京就可以撈三百多萬元（相當於四十萬美元）。

他說，這個房地產開發公司，就是北京市政府擁有的王府井商業地產開發總公司。「土地的買方是中國建設銀行，這個銀行當然也是政府所擁有的。」吳律師說，「沒有人明白他們為什麼這麼做，或者為什麼可以這麼做。平安大街和所有伴隨而來的商業開發區開放後，居住率降低了，北京當局說大街附近不可有新的商業開發區。這是一種盲目的開發，這個市場沒有真正發揮作用，因為那些錢政府全要了！」

老趙原本看似睡著了，但他突然大聲咆哮說，「這些公司什麼都不是，這個銀行和這個建設公司——全是政府的。這些傢伙蓋房子時，只會賺錢。他們不在乎是否能將房間租出去，他們只想賣給建設公司。」

接下來的幾個星期，我深入研究這筆土地交易，發現這筆交易的確有點不尋常。銀行大樓——讓老趙採取行動的表面理由——已經破土興建。這棟六層建築物的外殼早已掩蓋了四合院，根本不必等老趙搬家就能夠蓋好。

我無從得知建設銀行付多少錢給北京市政府買這塊地，但我證實吳律師的說法：一樓住房一平方米可以賣三萬元。毫無疑問，若要買一棟六樓的商業建築物，銀行得付更多錢。但是，即使用一平方米賣三萬元來計算，靠著將老趙的家賣給銀行，北京市政府就可賺進一百六十萬元。難怪他們要把他趕出去。

我打電話給北京市政府的相關單位，結果發現了其他不尋常的事實。一位官員說，那棟新的建築物沒有違反區域畫分規定：商業建築物只能蓋在離和平大道七十公尺以內的地區。但這棟建築物屬於「綜合用途」，即住宅和商業混合用途。然而，後來有一位銀行的熟人告訴我，那是一棟純粹商業性建築物。顯然「綜合」用途的說法只是一種手段，目的就是為了規避在完全屬於住宅區的社區興建純粹商業性建築的禁令。我也從一位都市規畫專家那兒聽說，那棟建築物本應該只有九公尺高，但是它的高度已經是這個標準的兩倍。

我們在老趙的房子和院子走了一遍。以前，他也曾和記者這麼做。他接受訪問，我們寫報導，他會繼續打官司，那些有影響力的朋友則不斷送出請願書。希望有一天，北京政府會大發慈悲，讓他贏得官司。只不過那就像濕木起火，難上加難。

建築起重機在我們頭上橫掃而過，我們還可以聽到農民工彼此吼叫。我想起方可書裡所引用的那篇新聞報導，有些農民工吹噓說，如果有不錯的工錢可拿，他們也會把紫禁城拆掉。我們想為老趙照一張相，還試著調整構圖的角度，好讓起重機不會出現在照片裡。「如果你想知道這裡以前的樣子，去年幾個藝術家朋友曾在這裡拍照過。」他說，「因為我想記錄這裡的原貌。」我們拍了一張照片，只不過在照片裡，一架起重機仍然高掛在老趙的頭頂上，像一根即將從天而降的木頭。

——

方可先前想讓我看看舊城的一些東西，所以我們約定不久之後見個面。我們在北海公園碰面，這個地方橫亙穿過了北京中央的湖泊群，也距離老趙的住處不遠。方可還是穿著涼鞋、短褲和圓領汗衫，只是這次的圓領汗衫上面印著英文字「MIT Department of Fine Arts」（麻省理工學院藝術系）。他的妻子章岩就讀於波士頓的麻省理工學院，她寄給他這件汗衫和其他東西作為禮物。我們握手寒暄時，他說，「地點就在路的另一邊」，同時以作出手勢，指向平安大街。

這條熱鬧的道路充滿車輛的轟隆聲，我們從唯一一條地下人行道穿過，從路的另一邊出來，隨即被一群三輪車夫的攬客聲包圍，他們想以三輪車載著遊客逛逛三個胡同。這三個胡同一直延伸到北海公園西北側的湖泊周圍，也是舊城少數幾個存留下來的地區。城市規畫專家曾說，當局會不計代價保護這個彈丸之地。就算不為了其他原因，我相信他們也會因為這裡已成觀光景點而努力保護，因為這裡是北京城裡少數的歷史遺跡（其他分別是長城、紫禁城和天壇）。

我們甩開那些惱人的小販，站在位於湖泊南端、巨大的、木造的紀念拱門前。在我們來此參觀後不久，它就被拆除了，但它曾以四個閃亮的金字「荷花市場」宣告著名古代市場的開放。我們右轉，沿著前海的東側行進，這個地區就是著名的「什剎海」三湖群，毗連南邊另外三座湖；我們腳下經過的就是什剎海的第一座湖。

「我想讓你看看我如何對北京產生興趣。」當我們走在一條沿著湖的東側延伸的人行道時，方可這樣告訴我，「我是清華大學建築學院的學生，對舊北京沒有興趣。和許多建築師一樣，我想要建造自己的東西，將名字放在現代建築物上。我確實受到西方的現代建築理論的影響，我的興趣在於龐大而不朽的東西。」

但是，方可的老師有不同的看法。吳良鏞教授是梁思成的學生，他接下他的老師的工作——至少是以一種謹慎的方式接下這工作。他曾協助重建菊兒胡同，當局容許他在這條胡同實現他和梁思成的「有機更新」理論，這種理論反對清除整個社區，主張解救能夠解救的，並且建造規模相當、外觀相似的建築物，來取代已經無救的建築物。他將這個理論比喻成有機體，當有機體死去或受傷，幾個部分會再生。他的信念是盡可能保存古老的特色和生活方式，但也承認有些建築物的確十分破舊而危險，需要更新。

吳教授將他對當局使用的策略應用在他的學生身上。他從來沒有命令學生投入他的目標，也明白大多數學生終究會去建造玻璃和混凝土銀行。但他指派他們進行相關研究計畫，希望有些學生可以明白他的目標。

「即使完成菊兒胡同的計畫後，我仍然沒有興趣。你得明白，學生住在大學區。我們很年輕、很天真，而且跟都市非常疏離。我不是北京人，我家在南部，我們甚至不想進入市區。我們認為，北京這個城市是來自於封建社會的舊遺物，非常骯髒，我們瞧不起舊城的居民，他們都很窮，屬於下層社會，所以我們不想和他們有任何關聯。」

就在一九九五年秋天，吳教授帶著方可去參觀舊城。當時，這位七十四歲的老教授必定在這位年輕的博士班學生身上看到了一些希望，因此認為值得花功夫爭取他。「他對北京的關注讓我很感動。我得說，我不相信這個城市值得搶救，但我認為自己必須以這項舊城研究計畫作為我的博士論文主題。」以最高尚的儒家學者傳統為標準，方可說：「畢竟他是我的老師，我不能拒絕他。」

在方可著作的結尾，他如此描述了這次的參觀之旅：

我仍然記得一九九五年十一月五日開始選擇研究主題時，當時七十四歲的吳老師帶我去參觀舊北京，進行調查和研究。在什剎海旁的景山下，在鐘鼓樓前，吳老師興致勃勃，以現代眼光思考過去。他對舊北京以及當地居民的深厚情感發自內心，溢於言表，這一點讓我深受感動。我突然明白學海無涯的道理以及作學問的意義為何。我的內心湧起對於社會強烈的責任感，而那一天深深刻印在我的腦海，那個多風而炎熱的下午決定了我的論文方向，影響了我過去幾年的生命，並且也將持續影響我的生命旅程。

現在，我們走在同一條穿過城市的路徑。走了一百公尺後，方可停下來。我們的右邊有一座公園，最近這個地區剛剛經歷過重建，管理這座公園的辦公室，現在已經開始禁止以前會來這裡下棋的老人進入公園。

中午時分，我們在這裡俯瞰這座湖，大多數人都在室內用午餐、休息或躲避酷暑。蟬開始唧唧鳴叫，在夏日的中國，牠們似乎無所不在。我可以瞥見遠處西山的輪廓，那些山麓丘陵從屬於向蒙古高原延伸而去的山脈。如果是昨日的天氣，我們應該看不見這些山麓丘陵，因為空氣停滯，濃厚的煙霧籠罩著城市；但是今天微風徐徐吹來，無精打采的黃色天空因而增添些許藍色，讓人能夠隱約瞥見地平線。

我走到湖畔的一棵柳樹後，一根柳枝擋住眼前的高樓大廈。從這個位置來看，北京的房屋屋頂所構成的輪廓仍然很低，讓人可以感受得到幾百年來北京的風貌。有時候，這裡仍然被稱為什剎海，即十廟之湖，雖然那些寺廟早已被摧毀。「這是北京十分熱鬧的地區。」方可說，「仍然有很多人會來湖邊散步。」

我們離開湖，沿著白米斜街走，以前這條街道的兩旁都是米店，它大約只有兩輛汽車的寬度。基本上，在北京的這個地區，車輛無法通行。但是人們仍然會把車子開入狹小的道路，有些車子就停在街上，使得送貨和收垃圾的平板三輪車幾乎無法通行。

我們在白米斜街十一號停下來，這裡曾是清朝湖廣總督張之洞的官邸——清朝是帝制於一九一一年被推翻之前，統治中國的最後一個朝代。門開著，於是我們大方走進，來到一個大院子，院子的中央有棵巨大的法國梧桐樹，其下是大片涼蔭，幾隻麻雀還在樹上築巢。

就在樹的後面，院子的另一邊有另一棟木造的單層建築物，傳統上，那是通往幾間「內室」的入口（可能是一個接待區），穿過入口則是另一座庭院，中間也有一棵樹。一棟居中的建築物大門緊閉，處處可見「建設」的痕跡。

方可臉色一沉，「以前有一個老幹部住在這兒，我猜他死了，現在他們把每一樣東西都加以翻新。」他說。這棟建築物剛剛被人粗糙地漆上油漆，屋簷下有木頭橫樑突出來，每一根橫樑都刻著「壽」字，還在壽字上漆飾醒目的金漆，但漆工拙劣，有點像電影場景。我們愈走近看，它就顯得愈加粗糙。

由於無法進去那棟房屋，所以我們走到院子的最左邊，那裡有一條走廊通往後面其他相連的庭院。方可停下片刻，解釋我們的路線。

「西方的宮殿或宅第可能有許多布局錯綜複雜的房間，這裡一間、那裡一間。」方可說，「中國的四合院很簡單，就像分裂的細胞，或者彼此的複製品。」

他拿了我手中的筆和筆記本，畫了一個長方形。

「院子是長方形的，你從短的一端進入，在前面院子的另一端就是大廳。大廳可能只有一間房間，雖然一般應該有三間房間。紫禁城的大廳有九間房間，因為九是一個吉祥數字（十代表天，所以九是次高的，是凡人所能到達的最高境界）。

「長方形院子的左邊和右邊是長長的廂房，通常那是僕人的房間。大宅第只是不斷複製這個模式。有些院子如果沒有建築物，就會空下來闢為花園或湖，但這種建築仍然建立在一系列相連的長方形之上。首先，他們通常會在第一個長方形後面添加另一個長方形，」他一邊畫上愈來愈多的長方形，一邊說，「然後在左邊和右邊添加更多的長方形，這要視土地的限制和土地所有人買地的能力而定，但這就是基本模式。」

我們已經進入了一個和主庭院平行的院子，這是許多北京舊住宅變得如此破舊的典型光景。共產黨取得政權後，他們雖然讓許多屋主住在自己的家裡，但是慢慢強迫他們和別人共用房屋。以前一間住宅只住一個家庭，但是現在十二個家庭在那裡爭奪空間。院子變成小小的貧民窟，布滿簡陋的棚子或小屋。這座院子大約擠滿十二間簡陋的紅磚小屋，以及一堆數不清的瑣碎物品。磚塊高及半腰、布滿灰塵，這說明了某個人正打算建造另一個簡陋屋子。一片波浪狀鐵皮就立在那裡，準備在屋子漏水時被拋到屋頂上；還有一疊倒立的舊花盆靠在一面牆上。

但是「人體高度」使得這裡不會顯得過於淒涼——因為一切都只有一層樓這麼高。此外，植物無所不在：盆栽秋海棠置於磚塊堆頂端，草從排水管冒出來，藤蔓爬上已瓦解的牆，一株有數百年歷史的巨大栗樹則籠罩著這一切。

那時大約是下午兩點半，院子裡沒有人，大多數人如果不是在工作，就是在睡午覺。夏天漸漸過去了，天氣已經不像一個月前我探查馬先生在黃土高原的奮鬥過程時那般酷熱難耐。對於一般人而言，這裡仍是世界中心，也依然是中國首都，人們渴望來此一遊，渴望在此工作（如果幸運的話）。此時此刻，它的確是世界上最受歡迎的一座城市。

我們停下來觀賞花盆裡的一株小仙人掌，這個時候方可說：「這種寧靜是舊北京規畫系統最成功的地方。車輛可以行駛於大路，但是胡同很窄，只適合小孩玩耍、老人散步，幾乎就像在大城市裡重建村莊生活。但是居民仍然擁有隱私，每一個人都活在自己的大門之後，這一點和西方都市生活不同，後者是開放的，每一個人都有炫耀財富的大片草坪。在這裡，居民不想讓別人看到他們擁有什麼，擔心鄰居會忌妒他們，他們也想要保有隱私。」

我們穿過另一個庭院，這個庭院和前一個同樣擁擠。當我們從一連串的側房走回去時，試著右轉回到與廂房區隔開的房屋主軸，但卻無法如願。從主要入口算起，我們現在已經走了大約一百公尺，在地理位置上來說，幾乎又回到湖邊。當我們離開第二座擁擠的院子時，已經來到了這個宅第的盡頭，碰到了傳統上最幽深、最受保護的房間：繡樓，即未出嫁的女兒的閨房。和其餘房間一樣，這間閨房只有一樓高，以雕簷和瓦片作頂，看來彷彿數十年未曾整修，柱子的油漆剝落。這棟建築物上了鎖，也許現在已經變成某人的家。

當我們走回主院落，一群政府官員突然出現，中間是一個女人，在她身旁的則是看似位高權重的男人還有三個馬屁精。

「我們正在欣賞美麗的中國建築。」我說的這句話讓每一個人都露出笑容。這一行人來此視察重新裝修的房屋大廳——就是那些經過粗糙整修的部分，我們剛剛被迫繞行過它。現在打開門鎖了，官員開始檢查。當他們討論建造費時，我們望著屋子的內部。

方可嚇了一跳，「這裡的一切都是新的，我覺得看起來很奇怪，我說的就是一切。看，那些柱子不是木頭，而是混凝土，地板也是混凝土，牆壁也是混凝土……」他的聲音愈來愈弱。

他抬起頭，看見另一個可憎之物：黃色的屋頂瓦片，那可是專屬於帝王的顏色，但這裡從來不是皇帝的宮殿。他們亂用顏色，那是破壞文化的行徑，或者是崇尚異國情調的作風——使用帶有古老中國色彩的劣質品，提供給這個國家的新統治階級居住。

房間是空的，等待下一個高階住戶，下一個被選來入住這個綠意盎然的地方的幸運幹部。我們不敢繼續深入，只是朝下一個院子瞥一眼，那裡的泥土地面已經鋪上人行道花磚，給人一種醜陋和枯燥乏味的感覺。

「有人會說這是乾淨。」我說，然後我們兩人都笑了。這兩個字蘊含著某種法西斯主義的含義，指將舊有的一切掃入一塵不染的千篇一律之中，而這就是現代中國城市和建築的標誌。

方可忍不住作出定論。

「你們把一切都改建了。」他對那些官員說，他們抬頭看、點頭。方可有許多話想說，但他義憤填膺，說不出口，只好咬著嘴唇，控制自己的情緒。

「舊的建築有什麼不好？你們非得要把屋頂搞成黃色的不可？」他無助地說。

他們不發一語，顯然地，人微言輕。我們離開，繼續沿著白米斜街散步。

「真是令人失望，每一次我來到這裡，這地方就變了。即使這裡的一切免於拆毀，也沒有人懂得如何整修。」

「你真的喜歡胡同，」我說，然後彷彿開玩笑地補充說，「你是在這裡愛上你的妻子的嗎？」

「可以這麼說。我碩士論文的基礎，就是當時替吳教授所作的研究成果，章岩當時是大學生，也研究都市計畫。所以我們相約在胡同走了幾天，觀察這些建築，因此變得很熟。」

章岩一直都比方可更為專注於學業，她決定到國外留學。大學畢業後不久，她參加美國大學入學考試，他們在一九九九年結婚後不久，她就去麻省理工學院讀書了。

這條路帶我們回到湖邊。我們往北走，來到某個擋住去路的建築工地。北京的湖泊、運河，甚至環繞紫禁城的護城河都曾經連接在一起，這是一部活的生態系統，也是在位於沙漠邊緣、多半時候十分乾燥的北京裡，渾然天成的自然奇觀。以前，水從山上而下，穿過現在已經乾涸的溪流，匯入從北到南貫穿首都的六個大湖。在我們面前的施工工程，正在疏浚一條由前海流入紫禁城護城河的東西向運河。

當我們沿著運河繞過建築工地時，方可說，「其實這條運河的疏浚完全是為了遊客，他們不會重新將它和紫禁城周圍的護城河連接在一起。但也許這是整修這條已受損水道的起點。」

我們無法沿著運河走了——為了疏浚運河，這片地區已經被封鎖起來。所以我們沿著一條和運河平行的街道行進，然後在某一家門前停下來，注視著那扇門。那些木門漆成紅色，邊緣刻著小花。油漆已經泛舊，門檻也因為年久失修而破損（中國的門檻高出地面六英寸）。在過去五十年裡，它似乎完全沒有漆過油漆。

一扇門半開著，我們可以看到門後有一扇雕工複雜的石屏風[01]，那是為了擋開邪惡的力量（按照中國的風水來看），以及保護住在裡面的人不受窺探。方可將門稍微推開，我們跨過門檻，注視著刻在屏風上的花鳥。一位老太太出現在屏風旁邊。

「奶奶您好。」方可說，他使用稱呼老婦人的敬語向她打招呼，「我從清華大學來的，我正在研究北京的胡同。」

老婦人的臉立即亮了起來，歡迎我們進入屋裡。

「這裡是張家。」她說：「進來喝杯茶吧。」

這個院子比我們剛剛參觀過的那間院子更為雜亂。先前的那個庭院雖然擠滿簡陋的小屋，但還是很整齊，有很多植物，畢竟它毗鄰著某一位未來資深領導者的宅寓；住在那間寓所的人，可能也是較為富裕的國家公務人員。但這裡只不過是一般百姓之家，一只破裂的臉盆隨意掛著，某處還堆著一疊磚塊，搖搖欲墜的瓦片頂端上面長了一株小蒜苗。

「我們在一九五〇年解放後不久買下這間房子。」張太太說，她使用共產黨取得政權的官方說法。「我們家靠著買賣貨物賺錢，時局很亂，有錢人都逃到台灣了，每樣東西都很便宜，買這間房子很划算。我們來自香河，想要搬到大城市居住。我不知道這是不是一個好

01・石屏風：即照壁。

主意。」

搬進這間房子的十五年後，文化大革命爆發了，這一家人被當成資本主義，因而成為批鬥目標。他們被趕出去，被迫住在城市邊緣的貧民窟。政府讓六個家庭搬進他們原來的宅院，容許他們在張家的院子裡建造簡陋的小屋。文化大革命在一九七六年結束後，當局容許這一家人搬回去；但是在過去二十五年，他們被迫和那些奪取他們的住宅的人共用這棟宅院。氣氛很緊張，人們不顧彼此的感受。在舊城，這是司空見慣的事。

張太太今年七十七歲，她滿臉驕傲地指著那些美麗的門和石屏風，且不斷堅持請我們喝茶，但我們得繼續上路，只好禮貌性地拒絕她了。「我很高興年輕人和外國人研究我們美麗的舊北京。」她一邊說，一邊以手畫過屏風，「我們深深以此為榮。」

一般人會認為這種反應十分不尋常。我們常常讀到中國人不關心政治，不在乎民主，滿足於自己的命運，甚至中國人也如此評論自己。但其實大多數人的意思是，他們不想捲入政府荒唐的政治運動，或者共產黨內的權力鬥爭——對於大多數人而言，這就是「政治」的含義。問問他們是否在意腐敗，或者是否在乎不負責官員的濫權行為，你會突然得到相反的答案：他們非常在乎。

都市計畫的情形也是如此。問問中國人是否想要放棄破舊的老家，搬入高樓大廈裡的現代公寓，大多數人都會給你肯定的答覆，你還會得到一個結論：他們不在乎自己的老家。

當我們離開張家，走在巷弄時，方可說，「當我開始寫博士論文時，我也是這麼想。

我以為沒有人真的想住在這兒，但是一旦你告訴他們，你正在作研究，或者你對他們的老家有興趣，他們就變得非常友善。如果你那樣說，他們會很愛你，樂意花時間帶你參觀他們的院子。」

我說，「但的確有許多人說，他們很樂意搬到現代的住家。」

「沒錯，但他們沒什麼概念。如果你只給他們兩種選擇——住在破房子，或者搬到大樓，大多數人會選擇後者。但人民只能按照這些狹隘的選擇來思考，因為政府不容許人民討論別的選擇。我們不能發表有關其他選擇的文章，例如將房屋私有化，讓人民可以按照古蹟保護原則來整修房子。如果你和這些人坐下來，然後問他們，『如果我們可以裝上自來水和抽水馬桶，你們想留在這兒嗎？』我想他們幾乎都會說，他們想留下來——他們已經有電了，所以那不是一個問題。」

「但是，人口過於密集的問題呢？」我問，「那六個和張太太住在一起的家庭呢？你如何處理他們？」

「如果財產權很清楚，你就必須慢慢地、謹慎地將房子還給原先的主人。我們的城市周邊需要高樓大廈，這點的確無可否認。所以我們必須讓一些人搬出擁擠的舊區，二次世界大戰後的歐洲也採取這種作法。但我們不需要讓每一個人搬出去，也不用拆除舊的建築物來興建購物中心或供某些人居住的豪宅。那不公平，我們會失去文化遺產。」

我們現在走出巷弄了，正準備進入地安門大街，我們已經和運河平行走了幾百公尺。

這條街的街名意思是「地上平安之門」，和紫禁城南邊的天安門形成對比（天安門仍然屹立著，但地安門已經被拆除了）。地安門大街十分狹窄，充滿熱鬧的商業活動，商店裡賣著新鮮的綠茶和小小的陶壺，還有一排五金店賣著刀子和蒙古火鍋。我們往北走了幾公尺，穿過跨越運河的古老石橋。我望向右邊，看出方可對運河的評論是對的——剛剛經過疏浚的運河從我們下面經過，但接著就終止了，沒有像原先那樣繼續流入紫禁城的護城河。我們左轉，往西走，再度沿著運河的北岸回到湖邊。

我們經過一座購物中心，它被設計成一般的古老中國的建築樣式，水泥牆被漆成粉刷過的石牆，青灰色屋簷的末端充滿生氣地翹起。它當然看起來很漂亮，但顯得有點奇怪，因為它仿造了長江下游的江南建築。但這種江南風格的建築卻被興建在長江以北大約一千英里（約一千六百一十公里）的北京，甚至想要融入這裡的建築風格——當然徹底失敗了。

這條人行道讓我覺得沮喪，因為它就像是承認了這一切的失敗：幾棟搖搖欲墜的老建築物、某個不了解北京建築特色的人所設計的購物中心，以及促成這一切決定的腐敗官員。我看不出舊城的魅力，看不出什麼因素能夠激發方可投入研究。這一切似乎都無可救藥。

現在，我們回到胡同，不久就來到銀錠橋，這座橋正好跨佇在前海與後海之間的狹隘水道之上。我們已經走了一個小時，所以決定倚靠著欄杆稍作休息。從橋上往西北望，可以看到北京著名的八景之一：西山。過去數百年，畫家和詩人曾以畫和詩描繪此景。雖然前面低矮的建築破壞了山景，但這裡仍然是一個迷人的地方。

這個時候，一輛小卡車想要駛過這座拱橋，但從對面過來一輛三輪車擋住它的去路。卡車後面有個騎腳踏車的人突然來個急轉彎，這個舉動就像北京大多數騎腳踏車的人一樣，但他的剎車壞了，害他跌下車來；一輛計程車從另一邊過來，開始按喇叭，卡車也按喇叭，騎腳踏車的人開始大叫。

我們相顧而笑。

「我們走這邊吧。」方可說，「五年前步行參觀舊城時，吳教授帶我來這裡。我們在這個十字路口的小攤子吃了一些燒餅，然後我們沿著這條路走，我就是在這兒愛上了北京。」一九九六年，他全心投入這項研究計畫，經常得搭一小時的車往返於舊城和大學區之間，因此在孔廟附近租了一間房間。

「我喜歡那地方，我知道那裡的人有文化，對於舊城的歷史瞭若指掌。老人住在那裡真的很方便，因為他們所需的醫院和一切都在附近。」

他以前曾經避開的那些「舊式」建築物也開始吸引他。「讓我感到驚訝的，是建築物的多樣化——清朝和明朝的建築完全融合在一起。我和一個家庭住在一起，他們不肯收我房租。他們很高興我來研究舊城，還想盡一己之力保護舊城，所以讓我住在他們家。」

我們站立的橋樑旁邊是一條狹窄的街道。我們走向這條街道時，方可說，「吳教授告訴我，當他在一九五〇年和梁思成教授來到這時，這條街上有一系列美麗的古老建築，是當時首都最好的購物街。現在，當局宣布整條街都是危險與破爛的建築物，但卻沒有一家房地產開發公司想要在這裡大興土木，因為政府規定這裡的建築物高度必須在九公尺以下。所以，這地方就這樣慢慢傾頹了。」

這條街叫做煙帶斜街，「斜街」二字只是指「傾斜的街道」，「煙帶」則是指這條街像一縷嫋嫋穿過舊城的煙。現在，遊客已經不會在這條街上看見一間又一間的購物名店，而是一處又一處從廢墟與遺跡當中改建的酒吧與夜店。有幾處廢墟變成了廉價商品雜貨店，另一些則變成破爛的錄影帶出租店。

但如果你仔細觀看這些建築物，你會立刻察覺，只要花一點功夫，它們會變得多麼漂亮。那裡有棟建築物是一間裝上百葉窗的小道觀，綠色屋簷略微褪色，但木頭窗櫺的做工卻是如此精雕細琢。另外一棟建築物，位於二十四號，則來自十九世紀末期，融合了東、西建築風格，以石料為建材（捨棄中國傳統建築工法，對外國建築工法讓步），但是它那已殘破的帶狀花鳥雕飾洩露了它的建造者是中國人。

「在一九五〇年代，一切都被集體化，沒有人想要維護這些房子。」方可說。我們已經停下來，正在觀察煙帶斜街二十四號的建築物，幾個人帶著狐疑的眼光注視著我們。我只能想像他們腦裡如此想著：那個外國人見到中國這麼貧窮，心裡是不是很高興？

現在，我們回到了地安門大街，往北朝鼓樓行進，沿著街道，回頭望著我們走過的路。景山位於正南方的街道盡頭，再筆直過去就是昔日帝王的寶座。

「我們正站在北京的軸線上。」方可說，「中國人的世界就是繞著這個中心而旋轉。」

我閉起眼睛，想像我們身在中國傳統宇宙論中的何種位置。傳統的西方城市往往建造在教堂周圍，象徵這些社會以基督教為中心，國王的宮殿則位於城市中央，顯示統治者的權勢。但是許多現代城市則是以在銀行、球場或體育館為核心，強調了商業和娛樂所扮演的角色。

然而，數百年前的北京不只扮演這些角色，也完全表現了古代中國的宇宙觀。它的建築、街道、寺廟和湖都具有象徵意義，並且融入在複雜的宗教信仰系統之中。

中國文化的重要元素，就是將宇宙秩序體現於地上的空間。舉例來說，寺廟和房屋的布局都根據風水。道士念咒時，會在祭壇周圍走動，藉此打開一扇進入靈界的窗，暫時將那裡轉化為天堂的小型入口。此外，在中國醫學裡，人體是宇宙的縮影，人體的器官呼應構成宇宙的不同元素。

北京是中國六百年來的文化中心，因此它以最純粹的方式在城市裡體現了中國人如何喜歡將精神原則依附於地上物體。傳統上，中國人認為上天和政治之間存在著一種連結——例如乾旱和洪水的出現，表示帝王沒有盡到他作為天地橋樑的責任——帝王是象徵性的焦點，是天和地之間的連結，他們在世間展現出來的一切，也是世俗生活的中心。他們的寶座是城市的中心，一切都是圍繞著它建造的。

帝王的寶座坐落於紫禁城中央的太和殿。紫禁城是個龐大建築群，占地一百七十八英畝，由八千七百間建築物所構成，其中大部分都建於十七世紀。它現有的英文名字「the

Forbidden City」不是個準確的譯名，也沒有傳達它的重要性。紫禁城的「紫」出自孔子，他認為君王就像北極星，是整個國家的參照標準，在中文裡，北極星被稱為「紫微星」，因此紫禁城裡的「紫」，顯示帝王就是恆久不變、領導帝國的基準點。

同樣地，北京也被固定在帝王身上，這不只是象徵性的說法，或者指帝王離開皇宮時，車輛必須停止通行。具體而言，這也是事實。引導這個城市發展的主軸與經緯，不是一條大路和大道，而是一條南北向的假想線，我和方可此刻就站在這條線上。這條線從帝王的寶座往北穿過紫禁城裡其他殿堂的中心點，穿過外面的神武門，越過景山，然後沿著地安門大街往北延伸，來到我們站立的地方，再去到鐘鼓樓（那是兩座巨大的建築物，它的鐘鼓聲曾經指揮著這座城市的中世紀生活）。中國所有古老首都的重要建築物若不是建造在這條軸線上，就是建造在這條線的兩邊。

這條軸線具有極大的情感力量，以致連共產黨都想要將他們的假宗教套用在它的力量上。當他們想要建造供群眾集會的廣場，即每一個共產國家的首都皆有的廣場時，他們拆除紫禁城正南方的建築，在經過這個廣場的軸線上，建造了人民英雄紀念碑。當毛澤東於一九七六年過世，他的墳墓[02]也直接建造在這條假想線上。當然，這些建築物沒有符合傳統。人民英雄紀念碑是一座匕首般的巨大建築物，風水師說，它正好切斷了沿著軸線流動的能量。毛澤東的墳墓是一個徹底的可憎之物，因為傳統中國人不會將一具屍體展示在城市中央。按照傳統，帝王會被葬在首都外林木蓊鬱的山丘上。

我們沿著這條軸線往北走到鼓樓，這是一棟宏偉的十樓建築物[03]，底座是石材，頂端用木造。鼓樓以北是一座小廣場，廣場過去是鐘樓。以前，兩個建築物之間的廣場布滿擁擠的小餐館和市場攤位。如果在此用餐，你的胃保證消化不良，但是在兩座巨大建築的陰影下用餐卻令人如此難以抗拒。因此，一年有幾次，我會來此吃辣羊肚、羊肉和其他北京特產，然後在隔天飽受消化不良之苦。

現在，這座廣場鋪上大卵石、裝上燈光，幾乎就像一座歐洲風格的廣場。一位公安懶洋洋地斜靠在一張位於廣場邊緣的長椅上，他的工作是制止小販擺攤位和叫賣。

「攤位出現在清朝結束、帝制崩解時，」方可說，「在那之前，不可能有人敢干擾這條軸線。即使這裡有攤販，你仍然可以看見廣場中央的一條脊樑，那正是軸線所在的地方。」

清除攤販是一件好事，但整修工作實在是過於拙劣。那條脊樑應該穿過廣場中央，但由於鋪上卵石而使得脊樑過於偏右，廣場因而顯得不對稱。這讓你不得不認為，修復者並不明白這條脊樑的重要性，只是將廣場重新鋪上卵石，沒有用心讓軸線穿過廣場中央。

廣場四周的建築物看起來像迪士尼樂園。為了掩飾殘損的石頭和腐爛的木頭，北京在古老的建築物一樓裝上鋁製壁板，並且漆成紅色，讓它們看起來像是木製的效果。這種草率的整修是另一種形式的破壞。由於手工藝技術失傳了，只剩幾組工匠看顧整座城市。這意味著現在許多從事這些工作的人，都不知道中國傳統建築的模樣或工法。

儘管存在著這些問題，但由於這條軸線是城市的能量支柱，也是帝制的能量支柱，所

02・他的墳墓：指毛主席紀念堂。

03・作者意指鼓樓有現代建築的十層樓高度。

以思考這條軸線讓我很興奮，至少這些東西還是保留了下來。廣場周圍的建築物雖然外觀假造，但這個問題可以修補。事實上，鐘鼓樓仍然屹立不搖，南邊就是紫禁城，它低矮、光滑的建築表明了帝王的大權在握。我可以理解為什麼方可沒有放棄；這些紀念物之間的胡同值得保護。它們形成的整體暗示著數千年來，中國人一直在建構自己的世界。

我們從鐘樓往西走，迂迴穿過湖泊東北邊的胡同。經過胡同是一種非常愉快的經驗，如果你以為胡同只是一系列的牆，便會覺得十分無趣。然而，胡同多有曲折，每走幾公尺，新的景物就映入眼簾。樹木從院子伸展到街上，門口經常有一些令人自豪的各種裝飾物，因為它們暗示著房屋主人的權勢和官階。有時候，兩條胡同會合了，幾輛車可能停在這個小小的十字路口，或者幾個小孩在這兒打羽毛球。

現在是八月底，天氣仍然十分悶熱，但秋天的腳步已近。平板三輪車挨家挨戶送起煤磚，將這些東西放入前門內。居民已經將煤磚整齊地堆疊在屋簷下或院子角落。

我們經過小石橋胡同的一間小旅館。一些熟悉北京的人十分喜歡這家旅館，因為它曾是一座宅第，有一連串庭院通往小花園和假山。雖然房間破舊談不上奢華，但位於舊城的地理位置以及那些庭院使它變得十分有趣。許多住在那兒的人，會在早上去散步，在餐廳吃一頓漫長悠閒的午餐。當你坐在前院樹下啜飲啤酒，你會覺得自己被帶到另一個朝代，至於是哪一個朝代，就要看你對於這棟宅第的認識了。

這座宅第建於清朝，曾是一系列皇室成員的家，但它最著名的住戶是康生，毛主席的秘密警察和間諜頭子。康生曾在那裡住了二十年，負責針對民眾的恐怖攻擊行動進行情報整合。在文化大革命期間，他也是毛澤東的大力支持者。康生在一九八〇年被共產黨開除（當然是在死後才被開除），我們可以從這件事情明白他是多麼恐怖。文化大革命後，只有罪大惡極之人才會被共產黨開除，大多數人都保住了工作和職位，部分說明了共產黨無法面對自己的歷史。

康生是一位典型的秘密警察頭子，經常有人將他比作充滿傳奇色彩的蘇聯幫兇拉夫連季·貝利亞（Lavrentiy Beria）。不同的是，康生沒有沉溺於性變態，而是喜歡蒐集藝術品，尤其是從受害者那裡得來的藝術品。文化大革命期間，梁思成這樣的人被迫燒毀或以某種方式捨棄珍貴的書籍、畫卷和古老的木製傢俱，但是康生卻能夠積累大量私人財產。另一件令人意想不到的事是，他模仿被他摧毀的人，退避到這個迷人的地方練習書法和欣賞古玩。

另一個被康生剝削的人，就是失去傢俱和藏書的老趙，方可後來才告訴我這個故事。

當我們經過旅館入口時，方可說，「康生讀完一本書以後，會在書上蓋『康生閱』的印章。此外，他也為偷來的明朝傢俱編目錄。文化大革命結束時，書歸還給老趙了，但他不想看到書上被蓋印，所以將它們全部捐給上海博物館。」今日，這些東西在博物館展出。老趙的姐姐用來翻譯惠特曼詩集的那張書桌下，也有一張小小的標籤。慶幸的是，這張標籤沒有讓它蒙受了被放棄、送入博物館的苦難。

這件事解釋了為什麼除了木屏風，老趙家裡沒有古老的傢俱或書籍。我不知道一個人必須經歷多少次心碎，才會毅然決然放棄那些珍貴的財物。文化大革命期間，紅衛兵從梁思成的岳母那裡奪走一枚軍事獎章，她的兒子是二次世界大戰期間的飛行員，飛機被敵軍射下來。當然，頒發這枚獎章的是國民黨，而不是共產黨，因為國民黨政府是當時的官方政府，也是唯一擁有空軍的政府。但在共產黨狂熱分子眼中，那是一種受到污染的獎章，所以他們將它沒收。失去了書籍、傢俱、家，以及思考和旅行的自由後，這位母親最後也失去了兒子的最後紀念物。她是否曾經想過放棄這一切呢？

沒有。老趙也沒有。和梁思成的父親梁啟超一樣，老趙的父親也許犯了沒有逃到台灣的錯，因為他可以在那裡繼續宗教工作，而不是被迫俯首於共產黨難以捉摸的政策。但他是一個樂觀主義者，所以繼續留下來。他在一九四九年共產黨接管中國後買來的房子，就是這種心態的象徵。當紅衛兵得意洋洋地高舉獎章，將它視為梁家和國民黨暗通款曲的證據時，梁思成的岳母曾對紅衛兵拉拉扯扯，求他們將獎章還給她。同樣地，老趙也頑固地為他父親傳下來的家園奮鬥。

我們往南來到後海，經過一座巨大的四合院，方可曾在這裡臨時舉辦過一次簽書會。作研究期間，他在這座四合院待了許久，還曾經帶幾本書送給那一家人和鄰居。當這裡的人聽說方可回來了，他的書也出版了，許多人排隊要買他的書。方可打電話給一位朋友，那人迅速帶來了幾箱書。光是那一晚，他們就賣了一百多本。

「人們十分關心自己的住家和環境。」經過門口時，方可說。我們決定不進去，而是繼續走。「現在的大問題是曹雪芹位於磁器口的家。有人打電話告訴我，有二十四個家庭控告政府破壞社區和曹雪芹的家。」

那時是下午三點左右，雖然午睡時間已經結束，但是街上仍然非常安靜。天空的雲看似就要爆發成滂沱大雨；一個月前，也許這種情況真的會發生。北京的雨多半集中在夏季，一年的其餘時間，這個城市非常乾燥。我們可以感覺乾燥的秋季到來，葉子窸窣作響，蟬靜默無聲，一切都給人空蕩蕩的感覺，彷彿城裡只有我們兩人。

我們在南官房胡同四十七號停下來，這是為國務院員工提供的住所（國務院是政府的行政部門），這點進一步證實了一件事：一九四九年後，政府奪取最好的民宅，現在繼續占有這些民宅，但同時卻要求民眾搬出舊城，理由是舊城已經傾圮失修。一些孩子玩著捉迷藏，在院子之間跑來跑去，那是遊戲的好地方，孩子們一邊開心尖叫，一邊在院子之間奔跑。巨大的栗樹和槐樹在地上投下陰影，孩子們躲藏在一堆堆略顯凌亂的雜物之中——磚塊、瓷磚、輪胎，以及「倉鼠經濟學」這幾年教導人們儲藏起來的其他東西。

我們像是侵入者，攪亂了孩童的樂趣，所以再度離開。胡同兩旁的牆是紅色的，而不是常見的灰色，方可開始解釋原因。

「這些紅磚的製造方法比灰磚簡單，因為灰磚必須趁熱澆上水。這些紅磚很古老，或許就是這個理由，加上當時的人沒有太多時間可以建設這裡，才會用紅磚。」他一邊說，一邊仔細看著那些磚塊。

正當他說話時，一個騎腳踏車經過的人迅速跳下來，糾正方可的說法。

「錯了，錯了，這是新牆，他們在幾年前造的。」他講話快得像機關槍。他是一個瘦削的男人，衣著簡單，只有寬鬆短褲、棕色皮鞋以及白色短襪。在炎炎夏日，他沒有穿襯衫，但彷彿只要有需要，馬上就可以穿上正式的長褲和襯衫。

「為什麼他們造紅牆，而不是灰牆？」我問他們兩人。

「共產黨喜歡紅色。」那人說，「而且這很便宜。現在沒有人費心以老方法造牆，太麻煩了。」

簡短講述完北京建築後，他又騎上腳踏車離開了。

已經走了幾個小時，現在我們累了，所以決定從這裡轉向另一個地點，就是一九九八年，方可和幾個麻省理工學院的建築師合作進行一項計畫之處。原先，我們想要步行過去，但我們不確定辦得到，只好改搭一輛計程車。

司機帶我們穿過幾條胡同，隨後突然回到平安大街，這裡的商店有半數是空的。在開發公司施加的壓力下，北京辯稱為了減緩交通流量，他們不只需要拆除舊房子並且拓寬街道，還認為舊城的街道兩旁需要大型的嶄新商店。因此，他們建造了仿古式的商店，將混凝土牆漆成紅色或灰色，讓商店看起來像是古建築。但是這些商店的租金極高，而北京這個地區的商業形態主要都是由夫妻共同經營的小生意，他們不需要這種大型商店。因此，這些店多半乏人問津。

我們往西疾馳，然後轉南駛入一條胡同，再次回到舊北京，這裡的車輛行進速度極慢，因為汽車和腳踏車彼此爭奪有限的空間。

「看看這裡多麼擁擠。」我們突然停下來時，方可說，「一九四九年，大約有七十至一百萬人住在這裡。現在，這裡的人口是一千七百萬。我不認為需要恢復以前的人口數，我們做了研究，結果顯示，只要遷出十萬至二十萬人，就可以緩和過度擁擠的現象，還可以整修大部分的舊住宅。和現在的作法相比，這個數目不算太多。」

在最後一段路，我們決定不搭計程車，沿著白塔寺周遭徒步往南走。白塔寺之名取自它巨大的白色建築物外觀，形狀就像弄蛇人的瓶子，在十一世紀時興建。忽必烈經常來到這裡，因此它變成了當時北京的一座佛教崇拜中心。這座寺廟被六英尺高的圍牆圍繞著，圍牆用灰磚建造，但漆上一層紅漆。

「原先牆不是這個樣子。」方可說，他的手輕輕拂過剝落的油漆，「他們以為所有的舊建築都應該漆上紅漆，但事實上，原先這座寺廟的牆就跟房子本身的顏色一樣，所以應該是灰色的。」

往南行進時，我們左邊有一排舊房子，但不像我們在湖邊所見的那些房子般氣派。這塊地方向來是北京較貧窮的地區，住宅狹窄，原先由中下階級工匠和店主所擁有。

幾年前，方可和幾個麻省理工學院的學生一起在這裡進行一個計畫。他們的目標是起草一個可行的計畫來整修這個社區。一九六〇年代，由於北京著名的護國寺被摧毀，這個社區也連帶遭受破壞。護國寺曾是一座佛寺，在文化意義上更是北京最大的春節慶祝活動中心。護國寺廟會為時兩周，吸引了數以百萬計的遊客，在一整年的其餘時間，這裡也常常是該社區的焦點。這一點讓護國寺變成共產黨當局的攻擊目標，結果當然是遭到拆除。

這些學生想出一個計畫來保護那些保存最好的住宅，並在白塔寺前面建造一座廣場。我們經過入口，但決定不進去。佛教聖物已在文化大革命期間全部遭到摧毀，只剩下巨大的白色舍利塔。我們在塔的周圍徘徊，方可照了幾張這一帶的照片，要寄給他在麻省理工學院讀書的朋友。

走到寺廟的另一邊，我們開始朝北行進。狹窄的道路在傾斜的ㄨ字型路口和另一條小街交會，形成一個小小的廣場。有些餐館面向廣場，許多間都在賣叉烤雞肉。一個男人站在以玻璃圍住的電轉烤肉架前，注視著緩慢轉動且滴著油的雞。

沿著這條路繼續往前走，我們看到一棟十樓高的灰色大樓，其風格就像史達林時代的結婚蛋糕式建築物。

「當地人稱它為『共產主義建築』。」方可說，「那是在大躍進期間建造的，當時所有人都必須住在一起。每一層樓都配有一間公共廚房，以及一組廁所。」

北京的四個中央行政區本應該各有一棟這樣的建築物，這是共產黨的城市規畫的首要部分。他們蓋了兩棟這樣的建築物，但一棟已經遭到拆除，只有這一棟仍然屹立不搖，但極不受歡迎。當地居民不喜歡它缺乏設施，以及施工拙劣。

我們沿著街道走著，繞回隱約出現在低矮建築物上方的白塔寺。我們經過喇嘛先前的住處，它的屋頂豎立著西藏的祈禱輪；祈禱輪裝有經文，證明了喇嘛的虔誠和財富。這棟建築物看起來搖搖欲墜，我不知道它能夠屹立多久。

方可似乎在尋找著什麼，他去問路，不久就回來了。

「在這一帶的其中一條街上。」他說。我們這時經過了寺廟旁的幾間兩層樓倉庫，穿過一座肉品批發市場，市場裡賣著剛剛宰殺的牛肉。我們爬上位於一棟建築物後面的金屬太平梯，在頂樓平台稍停片刻，俯瞰著寺廟和鄰近一帶的風景。

「在那裡，」他說話的神情，就像展示鍾愛畫作的藝術鑑賞家，「舊城就在那裡，地勢很低，一切盡在眼前。」

從高處望去，舊城就像一個迷人的貧民窟，屋簷直挺挺地往上翹，如果你的視力不好，它看起來很美，巨大的白色舍利塔被灰色的一樓住宅和商店所圍繞。大多數屋頂的瓦片都在脫落；至於人們的修繕工作就是用金屬薄板遮掩破洞，並在薄板上放置磚塊壓住它，還有人疑似將一袋袋垃圾壓在金屬薄板上，有時也有人會在破洞抹水泥。如今我可以了解方可所說的需要財產權是什麼意思了。如果房屋可以買賣，屋主就可能會花錢維修房子，這本是他們幾百年來的做法。

「舊的屋瓦看起來很迷人，就像魚鱗，在陽光中閃爍。古老的京城……」他說，他的聲音愈來愈小，「似乎不見了，消逝了。」

這些話讓我想起歷史學家韓書瑞（Susan Naquin）所寫的一本書，一本有關一四〇〇年至一九〇〇年北京城市生活的巨著。過去六百年，北京一直是首都，在那段期間，它象徵許多不同的中國朝代。在明朝於十七世紀崩解後，當時的作家尤其會帶著思慕之情描述「失落的」或「消逝的」京城，儘管北京仍然屹立不搖。通常這兩個詞指的是改朝換代，但裡面的確也存有一股浪漫的緬懷，悲嘆著逝去的年代。

到了二十世紀初期，這種修辭仍在，但當時的許多作家都是外國人，他們對於消失的「舊北平」的哀嘆帶著殖民色彩。在兩次世界大戰之間，北京充滿了浪漫的西方人，他們注意到新的國民黨政府沒有維修寺廟或歷史遺物，也發現北京的衰頽始於舊帝制時期的最後數十年。當時，由於經濟和政治的衰退，中國沒有錢維修寺廟和宮殿，但那些寺廟與宮殿卻是中國人崇拜祖先和諸神的複雜宗教之具體表現。此外，在皇帝於一九一二年退位後，許多寺廟失去了原先的作用。如果皇帝不再是天地之間的中間人，以往祈求豐收的天壇，就沒有存在的必要了。無論如何，天壇還是存留下來了（而且仍然屹立著，成為北京最著名的一處觀光景點），雖然其他許多寺廟漸漸傾頽，並且遭到拆除。

韓書瑞不是多愁善感的人，她的著作也的確盡可能不涉及針砭時政，但是在書的結尾，她容許自己以寥寥數句描述二十世紀結束時，發生在北京的事。雖然這個城市在一九五〇年代和六〇年代失去了許多寺廟、住宅和城牆，但是她認為一九九〇年代的破壞大於本世紀其他時期：「不論起初或現在，我的研究不是為了表達對於消失的寺廟或逝去的北平的懷舊之情……雖然如此，如果我們姑且從城市當前的破壞狀況來看，這本書甚至讓我想起『記消逝的京城之夢』（record of a dream of a vanished capital）。」

我俯瞰著那些魚鱗般的屋瓦，夏末的太陽慢慢落下，拉長了它們的影子。在遠處，偌大的北海公園是一條巨大的綠帶——我們在那兒碰面，開始這次的步行之旅。我回想方可的老師吳教授，以及吳教授的老師梁教授。他們兩人都強調城市的有機本質。在北京，這種說法似乎不誇張。舊城在我們面前延伸，像是從新城脫落的破碎硬殼。

——

黃燕是北京市城市規畫設計研究院裡的市政規畫所副所長。她踱步於巨大的會議室中，從這張巨大的北京地圖，走到那一張巨大的北京地圖，一一指出古蹟保護區。政府官員不太願意討論北京的都市規畫，也許就是因為這件事充滿矛盾，而且是個徹底的失敗政策。但是北京最近宣布了保護舊城的新計畫，並且認為有必要接受記者採訪。

「從五〇年代至七〇年代，大約有五分之一的舊城遭到拆除，作為興建政府辦公室之用。」她說，「在八〇年代，沒有發生太多事，然後到了九〇年代，我們決定保護舊城。在一九九二年，我們公布一份文件，鑑賞二十五個區域需要特別保護。」她一邊說，一邊拿尺敲擊地圖上舊城的二十五個粉紅色方塊裡的其中之一。

「就像二〇〇〇年所公布的二十五個區域嗎？」我問。

「喔，沒錯，因為某種原因，一九九二年的計畫沒有完全實現。你知道，只有知識分子在乎舊城的保護，居民只在乎提高生活水平。」她帶著充滿自信的微笑說。

「那麼那些集體訴訟呢？那些人當中，有許多人都想保護他們的房屋。」我說。

「那得由法庭裁定。」她以堅定的語氣說。

我覺得自己身處一間戰情室，或者類似戰情室的電影場景，因為這裡所發生的事，沒有一件是真實的。我仍然很喜歡黃小姐，因為在許多方面，她很像方可。她年紀稍微大一些，大約三十五歲，曾出國留學，不久之後方可也打算這麼做。和方可一樣，她是那種感覺自己屬於外面世界的中國人。她待在比利時城市規畫學院的那兩年對她有不少影響，使她看起來明顯有別於大多數的中國婦女。她戴著在歐洲非常流行的小小長方形眼鏡，穿著白色上衣、長及腳踝的碎花蠟染布裙。仔細打量她的中國人，會立即猜想她曾在國外住過。

她回國接下政府的工作。和所有的知識分子（尤其是曾經出國留學的知識分子）一樣，她的力量有限，因為這個研究院不是掌握決策大權的政府機構，而是類似智囊團的機構。他們在此擬定計畫，將想法送交北京政府有關當局，供黨的高層討論。但是她仍然真心關懷北京，也似乎有點像是方可還沒有跟吳教授步行參觀舊城之前的模樣。她不住在舊城，甚至她的研究院也位於舊城之外。

「去年我騎腳踏車參觀一條胡同，立刻意識到光是在那地方騎腳踏車，就已經不是一件容易的事。」她說，「現在那裡有許多汽車，以前的胡同則是公共空間，小孩在玩，老人閒坐。現在，在那裡做這些事變得非常危險。北京的結構已經改變了。」

「所以，為什麼不限制車輛進入？」我問，「就像歐洲的舊城市，可以讓車子留在主要的幹道，不要讓它們進入胡同。」

「你得知道，問題在於胡同不是為現代世界而造的。不只是車子，還有其他問題。」

「比如說……？」

「比如說煤氣。胡同太窄了，無法裝設煤氣管或污水管道。所以胡同必須拓寬，或者以某種方式來處理。」

也許方可把我訓練得太好了，比起她自己，我可能更了解她的思考方向。

「還有另一個問題。」她說。

「房子是木造的？」我說。

「沒錯！你確切指出問題了。」

她找到了一個盟友。

「看看歐洲的城市，那是由石材建造而成的，不是由木頭建造而成的。你哪有辦法保護木頭？你保護不了的，木頭會腐朽。歐洲比較現代，即使是歐洲舊城也是如此。那些地方可以裝設電線，甚至有地方裝設抽水馬桶。北京是一座中世紀城市，中世紀的巴黎在十九世紀被拿破崙三世摧毀，所以現在當他們需要進行舊建築物的現代化工程時，只需要處理一百五十年的建築物，而我們的建築物有五百年歷史了。」
「所以是沒辦法處理的。」我說。
「嗯，」她聳聳肩，「看看這個。」
她攤開一張巨大的北京市地圖，地圖裡標示了六十二點五平方公里的舊城，這個地區以前全部在城牆之內，但舊城牆遺跡上興建的環狀道路現在已經包圍了整個舊城。舊城被塗上五種顏色：紅、黃、藍、綠、白。紅色區域受到最嚴格的保護，包括了著名的寺廟和宮殿，例如紫禁城。黃色區域則由受到保護的街道組成，藍色區域是必須維持「結構」的地區——必須維持街道布局和建築物的高度，但是建築物可以拆除並重建。綠色區域是位於受到部分保護、有高度限制的地區周圍的地帶。在白色區域，你愛做什麼都可以。地圖的大部分（百分之六十二）是白色區域。
在其餘的百分之三十八的區域裡，大約有一半是由紫禁城和北海公園構成的，這兩個地方在舊城中央形成紅、黃相間的巨大長方形。北邊有另一個受保護區域的黃色地帶，這些區域就是我曾經與方可走過的鐘鼓樓周圍的許多地區，同時也被幾個藍色和綠色地帶所包圍。幾抹黃色和紅色點綴著地圖，但是除此之外都是白色。
我回頭注視著那張巨大的地圖，隨即明白為什麼老趙的房子會被拆除，因為他住在白色區域。按照規畫，除了少數幾個狹小的紅色和黃色區域之外，一切都會遭到拆除。
「看看這個。」她一邊說，一邊拉出一張紫禁城附近黃色地帶的大比例尺地圖。這張地圖的繪製技術非常精美，以紅色畫出每一間四合院，也以紅色標示古老的樹。當我研究這張地圖，我注意到有些建築物被塗上黃色，有些則沒有。

「原本位於大地圖黃色區域內的建築物，在這張比例較大的地圖上，卻沒有全部以黃色標示出來？」我說。

「沒錯，我們甚至救不了所有位於黃色區域內的房子。我們大約只能救三分之二，其餘的都會遭到拆除。」

「所以讓我作一個總結，」我說，「在六十二點五平方公里的舊城當中，大約有百分之六十二或三分之二是可以進行開發的。在其餘的百分之三十八當中，大約有一半將受到保護，所以大約有百分之十九會受到保護。在百分之十九的受保護地區中，大約有三分之一會遭到拆除。因此，受到保護的建築物大約占舊城的百分之十三。」

「嗯，還有那些綠色和藍色地帶——」

「那是有高度限制的新建築。」

「嗯，也許我們可以解救那些區域的一些老建築。」

說了一些打趣話後，我就離開了。走到外面，隔壁就是這個研究院經營的書店，主要販售有關城市規畫的書。我詢問那裡有沒有方可的書，他們沒有賣這本書。是缺貨嗎？不，他們沒有聽過這本書。

老趙終於等到了法庭的判決日。二〇〇〇年九月二十一日，北京市第二中級法院終於作出判決。法庭禁止外國人進入，但是我有一位中國朋友去了，並且對我描述了法庭上發生的事。

法庭位於一條普通街道旁的小房間內，五點零九分，法官和書記走入法庭，宣讀判決書。宣讀時間長達十五分鐘，但歸結起來，判決書的意思就是：老趙必須在五天後離開家。如果他留下來，建設公司有權強迫他離開。

有位面臨相同問題的聽眾嘆了一口氣說：「這真是野蠻，我們被搶了。」

吳律師和法官談談，表明他的客戶面臨了進退兩難的窘境：他已經針對另一個相關案件提出上訴，但是法庭在一個月後才會審理。然而按照今日的裁決，老趙的家五天後就要遭到拆除，因此法官是否可以將五天延長為三十天，讓法庭審理這個上訴案？法官答應給他答覆，然後就離開了。

—

幾天後，我回到老趙的家。九月初，天氣仍舊炙熱。他穿著灰色圓領汗衫和黃褐色棉褲，默默地在門口和我見面，轉身走進去。我關起木門，將街道的喧囂阻擋在屋外。

「我們還在搏鬥。」他揮揮手，一邊迤行入屋，一邊說。

他一口氣說出一連串著名的北京知識分子的大名，他們寫了一份請願書來支持他。這些人包括梁思成的兒子梁從誡，以及老舍的兒子舒乙。老舍寫了許多以北京胡同為背景的短篇故事和小說，在文化大革命期間，他因為遭受迫害而跳湖自盡。就在我跟方可走過的那些湖，他選了某一座橋，然後跳下去。老舍的死讓他的孩子擁有一副道德權威的光環。

這些知識分子將老趙的請願書轉交給李瑞環，李是資深黨員，他的工作就是代表中國官方接見各種宗教團體、知識分子和少數民族。他其實算得上是一名改革者，但就像他所接見的團體一樣無能為力。

「所以，」老趙說，「有一些人站在我們這一邊。」

「很好。」我說。

「而且別忘了，賈慶林市長曾說：『尊敬專家的意見。』」

「他何時說這話的？」我問。

「一九九九年。」

當年，方可發表了一份公開批評；為了回應方可，賈市長說了這些話。賈市長參加一場為了興建平安大街而召開的專家諮詢會議。這場會議的源由是因為平安大街的建造涉及拆毀許多古蹟，因此坊間流傳一份請願書，迫使市長召開會議瞭解情況。當時有幾個油腔滑調的官員連續發表談話，方可隨後站起來，那時他的書尚未出版，不過他已經為國家出版物撰寫了幾篇有關平安大街的文章——文筆言辭都非常鋒利。方可指出一個問題，如今看來這個問題也的確十分正確：平安大街的興建計畫非常糟糕，此外也沒有幾個店東會被大街兩旁預定建造的仿古商店所吸引。

方可先是指出興建案缺乏市場研究以及錯誤評估交通流量，隨後提出更為大膽的說辭與結論（一個大學研究生竟敢對賈慶林此等大人物發表這種言論，就此點而言，方可的確十分大膽）：「藉著建造平安大街來改造舊北京只顯示一個事實——市政府不太了解它之前所犯的錯，而這些錯誤導致了某些正在發生的嚴重問題。」

方可的辭令沒有特別令人振奮，但這些話的本質直率而惱人，彷彿痛陳北京政府沒有從錯誤中學到教訓。會議結束時，賈市長的結語十分含糊，他感謝每一個人，並且答應「尊敬專家的意見」。

沒有人真的相信賈市長會聆聽專家的意見，因為他只聆聽顧問的意見。顧問建議北京要進行「現代化」。這個意見會讓許多官員發一筆橫財，絕非巧合。

「嗯，」我對老趙說，「還是有一絲希望。」

我們再度在他的客廳坐下來，他的目光銳利，而且他年紀也夠大了，已能知未來可能發生什麼事情。

「而且如果……」我的聲音愈來愈小。

「我絕不同意這件事。當他們過來拆房子，會帶公安局和救護車一起來，我就不得不離開了——你知道，他們會帶救護車來，因為這種事情發生時，人們常常昏倒。我只是一個單純的市民，無法和法律搏鬥，但我絕不同意他們這麼做。」

——

九月底，我接到方可打來的電話。

「我要離開中國了。」他說，「麻省理工學院同意讓我修他們的課。昨天，我在美國大使館拿到了簽證。」

「但是學期已經開始了。」我說。

「那沒關係，我要先去旁聽一些課程，改善英文能力，然後會在下學期開始修課，找個地方申請獎學金。我明天就要離開了。」

有時候，你會從中國朋友那裡接到這種意外的電話。他們找到離開中國的機會，突然之間，幾乎就要不告而別。我知道他一直想去美國讀書，但我以為幾個月後才會成行。我很難過，我想他還沒有解救舊城，雖然我一直知道這種想法有點可笑。

——

二〇〇〇年十月二十六日，老趙的房子就要被拆了。我在上午九點左右到他家。這條街遭到部分封鎖，一小群人已經聚集圍觀，幾個外國記者混在人群中，但是大多數在場的人，似乎都是私下認識老趙的當地人。當局禁止當地報紙報導有關這個案件的新聞，因此大多數人都不知道這件事。

老趙在前一晚就離開了，當時有一位法庭代表來告訴他，在房子按照預定被拆之前，法庭不會審理他第二個案件的上訴。這位官員告訴他，拆屋工隔天會過來。毛主席的秘密警察偷走了他父親的藏書和傢俱，所以家裡留下的東西不多。他將巨大的木屏風捐給一座博物館，隨後打包，當晚就離開他住了五十年的那個家。

警察正在驅趕房屋前的旁觀者，我擺出一派輕鬆的樣子從他們身旁經過，假裝只是借道前往某處。老趙的紅門已經破損，我望著每一間中國的四合院裡面都會有的小石牆，它本當制止外來者朝內窺視，按照風水原理，還會制止邪惡力量進入屋內。牆上貼著一張不易讀懂的政府公告，十幾個農民工已經爬到屋頂，就在保護屋頂的石象上方。工人扯掉琉璃瓦，以鐵撬破壞木造屋簷。

當我第二次走回去，一位警察將我趕走。他偽裝得很友善，告訴我那是「為了我們的安全」——在中國，這話總是帶著弦外之音。其他幾名警察站在旁邊，而兩、三個警察喃喃交談著，「他們要做什麼？」「他們應該走開，應該出去。」兩個警察掛起警告布條，其上以中文和英文寫著「封鎖線」。

那是一個明亮、陽光普照的日子，有點冷，也有一些霧，但卻晴朗得非比尋常。煙霧被風吹散，我抬起頭，吸取一些陽光。附近有個煎餅攤子，另一個攤子則賣報紙，架子上因為擺著一大堆報紙而嘎吱作響。這些報紙可以自由討論任何主題（不論是性還是運動），但就是不能討論人民可以以什麼方式來管理政府。一小群人站在那裡注視，目光被這群警察、外國人和農民工所吸引。

一位法國藝術家坐在那裡，在一小本筆記本上畫著現場的素描。他剛剛從曹雪芹的家出來，曹雪芹是十八世紀的作家，他的家也正遭到拆除。藝術家的素描簿對著老趙的家攤開，畫頁上畫著從牆上突出的石獅和石象。「那些門很棒，石獅真的很特別，我畫遍所有的胡同，但從未見過這種東西。」一位警察伸出頭來，想看看這位藝術家在畫些什麼。他看起來很困惑，也有點惱怒。

如果北京取得二〇〇八年奧運會的申辦權，這條街勢必會消失。美術館後街將被拓寬，其餘的古老建築也會被拆除。一張貼在牆上的海報預告了無可避免的改變：「開發商業北京——王府井商業地產開發總公司」。我不確定那一堆亂七八糟的字是什麼意思，是一個命令嗎？或者一個預告？海報旁邊有另一張被扯破的海報：「北京市打擊和制止經濟犯罪展覽」。

一位中國攝影家照了幾張相片，過去一年，她一直在記錄老趙的家。「我每一個季節都拍了照。」。她當然也認識每個人：方可、王軍以及老一代的古蹟保護論者。她即將展出這些照片，並且邀請我參加展覽的開幕式。

一群學童想要在街上往北走，那條路線會讓他們經過老趙的家。警察的封鎖線制止了他們，所以他們湧回街道，街道開始堵塞。一輛公車停下來，汽車開始按喇叭。警察怒視著外國記者。「回去！」一個警察吼叫著。我想一旦我們回到家，「安全」的顧慮就會消失，人們也可以開始在老趙的房子前走動。現在，這間房子正在工人的鶴嘴鋤和鐵撬下淪陷，即將變成北京另一間被拆除的房子，這只是個非常正常的景象。我在場也不會改變任何事情，只好轉身離開。

——

老趙的家被拆一天之後，我收到方可寄來的電子郵件，隨信附了一篇叫作〈永恆的二十二號〉的文章——二十二號就是老趙位於美術館後街的房屋門牌號碼。這篇文章寫給一群關心古老的四合院，並且一起協助保護這些房子的朋友。方可從巴黎寄來這封電子郵件：

現在是巴黎的清晨五點，我知道北京那裡正在拆除美術館後街二十二號。我無法闔眼，整晚不斷思考有什麼方法能讓房子逃過拆除的命運，卻是徒勞無功。朋友以手機告訴我，幾輛車子已經過去載走一些財物，街上擠滿了幾百名警察和二十幾名外國記者，而那台撼動天地的推土機正在一旁虎視眈眈。

我無法闔眼。從現在這一刻開始，我或許再也無法入睡。這只是一間來自明末或清初的四合院，為什麼他們非得處心積慮地把它拆掉？這是祖先留下來的美麗事物，是我們萎縮中的首都的另一個部分。拆除它，簡直就是犯罪行為！

兩年半以來，我不知道敲過那扇門多少次。門內就是那間至少有三百六十年歷史的四合院，還有它的八十幾歲老主人。四合院裡到處開滿鮮黃色的菊花，如此祥和。在過去兩年半，我不知道多少次跟趙景心對坐在沙發上，慢慢啜飲溫暖的茉莉花茶，欣賞他的明朝傢俱，或者聆聽他的故事。我清楚知道，這間四合院出現在乾隆皇帝的北京地圖上，一位御醫曾居住在此，而趙景心的父親趙紫宸將一些財物留在這兒。趙紫宸曾是中國基督徒的領導人，也是對日抗戰時期的英雄，在（文化大革命期間）受到騷擾之前，這間房子曾是他的避難所。我曾看見一隻看似十分聰明的大白貓舒舒服服地躺在走廊上曬太陽。

每一次打開門，走入庭院，我覺得那才是真正的北京。牆外是噪音和混亂，但裡面是另一番天地。每當我和老趙談話，就會有股錯覺，以為什麼事情都不會發生，彷彿外面的世界不存在。四合院就是這樣，在整個建築界，唯有它能夠製造如此環境；環顧整個建築史，唯有四合院如此令人著迷。在全世界，也唯有四合院這種建築風格受到這等讚揚和喜愛，許多作家都曾寫過有關四合院的書。啊，今天，這些作家會如何顫抖！

我真的很難過，為失去無可取代的文化遺物而難過，為趙老先生和趙老太太的公民權受到侵犯而難過。五十年來，這是他們的私人財產，是某種神聖的東西，不該被剝奪或受到侵犯。一九八二年，當人們把土地權交給國家，公民仍然享有地產使用的保護權—這種權利怎麼會突然被奪走？

趙老先生和趙老太太年紀大了，過去兩年，他們得活在這種恐懼中，無力保護他們的家和國家文化遺物。他們的精神已經耗盡，但結果竟然令人意外萬分！當政府擅自砸碎玻璃，拆掉圍牆，法庭怎能寫祝賀信表示「勝利般地拆除了房屋」？

我真的很難過。當我回到北京，走到美術館後街，再也無法敲那扇門，生命中一個美好的東西也將不復存在。將近四百年的歷史，就在數小時之內被推土機和鏟子抹除得乾乾淨淨。

—

由於老趙打輸了官司，所以我很想知道羅先生和馮先生的情況如何。他們在電話裡說：沒有消息，但我們還是見個面吧。時值二〇〇一年年初，他們想聽聽方可和老趙的最新消息。肯德基炸雞店的二樓如往常般燈火通明，但這一次我們終於能使用羅先生最喜歡的後面角落。我低頭坐在塑膠凹背單人椅上，想辦法讓這次會面變成普通的社交聚會。

這次，我們甚至點了一些食物。當我咕嚕咕嚕地喝著紙杯裡的立頓紅茶時，犯了第一個大錯。

「老趙打輸官司了。」我說，「你們會擔心自己的處境嗎？也許現在局勢有點敏感？」

馮先生停止吃東西，將盤子推到桌上一邊，打開公事包，取出一本憲法。憲法第一章第十條的最後一個句子被畫上底線，他指著這個句子說：「國家為了公共利益的需要，可以依照法律規定對土地實行徵收。」「依照法律規定」這六個字被畫上兩條底線，畫得很用力，幾乎將紙畫破。

「這是我的幸運符。」他說，「你明白我們的生活多麼艱難。我們沒有錢，籌到的錢也已經用完了。我們自己負擔一切費用。我們不是要對抗政府，但是政府卻處處針對我們。我們都已經和公安局見過好幾次面，所以就算他們還沒有開口，我們就知道他們想問什麼。但是我們所做所為都是依法辦理，所以這不是一件敏感的事。」

「警察問你們時，你們怎麼回答？」我問。

「我們說，我們只是使用憲法和訴訟的權利，而且我們對政治沒有興趣，只對法律有興趣。」

我心裡暗忖，這種說法不可能管用。馮先生隨即面露微笑，再將我一軍。

「我沒有告訴他們，我比全國人民代表大會的代表更具正當性。」

我的身子猛然往前移動，「啊？」

「我們可不是魯莽自任為這場訴訟的領導者。」羅先生以深沉的男中音說，「我們可是在二〇〇〇年一月的一次秘密投票中被選出來的。我和老馮得到了一萬張自由而公平的選票。有多少人投票給人大代表？一個都沒有。」

突然之間，我們安靜的談話變得很大聲，幾個人探頭過來查看。

「我們去外面吧。」我說。

我們喝完茶，走到外面。那是一個寒冷的冬日，我們拍手保暖。羅先生過街，我們跟在他後面，走到中國銀行後面，進入迷宮般的胡同。

「我就是在這兒長大的。」他說。

我們默默地走在一條胡同裡，轉入另一條胡同，再迅速進入某間四合院。庭院角落一台小煤爐正供應暖氣，我在牌桌旁的折疊椅坐下來。房間雖然整潔，但每樣東西都破舊不堪，水泥地板甚至也似乎行將塌裂。木窗鑲著玻璃，但木頭很舊，有些破裂，就像數十年來，從沒有人為木頭上過油；在北京乾燥的氣候中，這註定了木頭的死亡。屋裡裝置了輕鋼架天花板，我想像著天花板上面的椽木，那些複雜的樑柱結構所等待的如不是修復師傅之手，就是農民工的鶴嘴鋤。

屋主是羅先生以前的鄰居，身材瘦削，兩天未刮鬍子的臉龐亦顯風霜。他們兩人一起長大，一直是非常要好的朋友。羅先生的房子已經遭到拆除，成就了粗製濫造的金融街開發計畫。開發計畫原本要讓街道延伸至肯德基炸雞店，但經費用罄，所以羅先生原本的住所幸運地保存，還沒有興建任何建築物。也許有一天，市場上的供需情況改變，北京又要開始興建各種大樓。羅先生的朋友明白，那時候他的房子就要被拆了，除非北京當局改變心意。

「我們需要幫助。」那人說話時，羅先生和馮先生面無表情地看著，「必須有人改變政府的想法。」

「打官司？」我一邊說，一邊轉向馮先生。

「我們能想到的最後一間法庭也已經拒絕審理這個案件。我們期盼來自國外的協助。」通常這就是註定失敗的象徵，說這話的人都明白。那就像破產的人拿著最後一塊錢去買樂透。但是，我再度誤解了他們。

「他的意思是，」羅先生拉大嗓門說，打斷了我的思路，「我們希望你將這本書帶去給方可，他會幫助我們。」

我訝異地注視著他。「什麼？」

「你要去美國，不是嗎？你把我們的書拿去給他，他會想辦法。」

「噢，我原本就希望見他一面，但他只是在學校讀書的學生，能做什麼？」我環顧房間，望向外面灰濛濛的庭院，一棵光禿禿的橡樹佇立在微弱的冬日陽光中。不久，這裡是否會變成銀行大廳？

「不。」羅先生搖頭說，「也許他救不了這間四合院，但他會讓別人了解這裡的情況。他會帶著新觀念回來，幫助我們解救其他街道和房子。」

方可前往麻州劍橋和他的妻子章岩待在一起。按照預定時程，不久之後他就要開始在華盛頓開始研讀世界銀行的課程。他在這裡待了幾個月，讓自己熟悉美國的環境，並且改善英文程度。這個課程旨在訓練年輕的專業人才，讓他們將來效力於世界銀行或者返國效力。對他而言，這是理想的課程，也是實際應用中國知識的機會。也許有一天，會有人任命他協助某間銀行來資助中國或其他國家的都市更新計畫。

他抵達這裡的時候，原本想把著作翻譯成英文。但當他開始浸淫於西方的學術世界，就立刻定下了更加謙虛的目標。雖然他的書提供了許多非比尋常的資訊，也作了很好的詮釋，但相較於西方學術研究，它仍然只是一本辯論性的論述。他體認到那本書的特殊性，它本來只是本關於建築的書，但中國政府對古建築肆無忌憚的破壞，驅使著方可進一步分析背後成因，更追溯到北京腐敗的都市計畫。

幾個月後，我拿到方可呈交給聯合國會議的論文影本。以西方學術標準而言，這篇論文的標題有些笨拙，卻十分恰當：《在都市急遽發展過程中，北京歷史社區於經濟轉型中的更新》。這篇論文也更加詳盡地分析出是什麼經濟因素破壞了北京舊城。他一點一滴地按照西方學術風格修正了自己的作品，讓世界各地的人士能夠了解他的想法。

我跟方可碰面，一起在波士頓漫步整個下午，這個經驗和我們在中國步行參觀北京時截然不同。在中國，他知道每一棟建築物的布局、大小和形狀，也深深明白這些建築後背後蘊藏的歷史背景。在波士頓這裡，他觀看著外國傳統，思考如何將在這裡所學習的知識，應用在中國。

當我們漫步於商業區時，他說，「我想待在中國，住在這裡不是我的夢想。這是一個很棒的地方，我學習了許多東西，但終究不是我的家。」

這種感覺我從不曾體驗過，但我已經能夠理解。這是中國人在異鄉時十分普遍的感覺，因為中國的文化和歷史力量非常大，很少人能夠擺脫它的牽引。就像數千名中國學生前輩，方可也在波士頓找到了中國商店，買到中國食材，所以每一晚都煮中國食物。他說，「如果你把某個人帶離屬於他的環境，那他一定作不出什麼大事。」

我不知道他的工作是否也是如此。我不禁將他和他的知識前輩梁思成作比較。他們兩人都致力於解救舊城，也都有志同道合的傑出妻子在旁支持。現在的中國比數十年前的中國更加穩定，雖然梁思成在迫害中喪命，浪費了數十年的生命，但我能肯定如果方可回到中國，應該不會面臨迫害。

但是歷史絕非直線進步與發展，方可和那些控告政府的屋主可能無法解救北京。實際上，除了舊城的幾個小角落，政府一心一意打算摧毀一切，將那些地方變成觀光區。如此一來，遊客們下了遊覽車以後，就可以在僅存的胡同裡漫步，在幾條街外重新上車，前往道地的「舊北京」餐廳或肯德基炸雞店。北京即將變成消逝的京城，有一些已經來不及保護的地區驟然消失，再也無法讓人感受到中國古老的政治秩序與文化氛圍。

傍晚時分，方可得回家煮晚餐。我們搭地鐵回到劍橋，然後道別。當他要離開時，我突然想起還沒有把馮先生和羅先生私下出版的書交給他。

我把書給他，他隨即露出招牌的咧嘴微笑。

我們握手，打算離開時，他說：「他們仍舊鍥而不捨。」

第三部

轉法輪

陳子秀獨自遠行。星期四下午，她躲避鄰居監視的眼睛，在天色漸黑之際悄悄溜出屋子。雖然天氣很冷，但她早已準備露宿街頭，穿上有保暖襯底的厚衣服以及棉質厚底的燈心絨鞋子。她搭上八點鐘的客運前往北京，斷斷續續地打瞌睡，思索著十小時後抵達北京時應該做些什麼。

她的目標很簡單：在北京巨大的天安門廣場前，抗議政府鎮壓法輪功。因為那是她忠誠追隨的健身法和精神運動。四個多月前，政府開始查禁法輪功，將它視為「邪教」。那段時間，她認識許多人都因為拒絕放棄法輪功而遭到拘禁。政府也將法輪功的資深領導者判處多年牢獄。因此，她決定加入零零星星前往北京抗議鎮壓的同伴們，讓當局聽見他們的聲音。

她只不過是第一次去北京，卻自信可以找到天安門廣場。只是警察已經堵住通往天安門廣場的小街道，所以當務之急是找人教她躲避警察的防線。她想到公園碰碰運氣。她也知道公開修煉法輪功違法，但家鄉的許多鄉親都會在清晨一早的公園裡煉功。此刻時間剛過清晨四點，公車抵達北京，她覺得還早，應該還能找到幾個修煉人，便隨手拿起用來收納私人用品的袋子，轉搭另一輛慢吞吞、嘎吱作響的公車，前往北京最大的公園：天壇。

她在公園南側下車，步行到入口處。時間接近五點，公園已經開放。她付了相當於二毛五美元的錢進入公園，對於每月靠著不到一百美元生活的退休人員而言，那是一大筆錢。她看了一眼地圖，決定前往祈年殿，這是一棟勻稱而美麗的建築物，外型宛如倒置的陀螺。祈年殿是主要的觀光景點，她認為那地方應該安全無虞。

她走向祈年殿，它的天藍色屋頂漸漸從樹叢上方顯露出來。她左顧右盼，朝一排排的刺槐樹和槐樹望去，期盼看到有人盤腿而坐（那是最基本的打坐姿勢），或做起法輪功的緩慢煉功動作。但十五分鐘過去了，只有幾個慢跑、打太極拳的人。她只好拖著疲累的腳步，繼續往前。

天氣很冷，太陽此刻只是地平線上一團近似灰色污塵的東西。她拍拍手，希望能夠找到幾個法輪功修煉人，讓自己可以安然度過這關。他們會有地方可以收留她，教導她如何通過警察檢查，進入天安門。

「奶奶，您去哪兒？」

她慢慢轉身，兩名警察就在眼前。

「我去看看天壇。」

「這麼早？」其中一名警察語帶懷疑，仔細將她打量一番：這名婦人矮矮壯壯，大約六十歲，方正臉龐配上那頭剪得很粗糙的頭髮。她的這番模樣、衣著、以及裝在袋子裡的私人物品——都在在說明這個婦人不過是個鄉巴佬。雖然警察的確知道常有農民來北京城參觀名勝，但很少人會在清晨五點單獨前來。

「奶奶，我們得問問妳煉不煉法輪功？」

陳女士猶豫了一下。法輪功已經遭到查禁，但當下她確實沒有在煉功。只是李大師教導修煉人不該說謊，因為那是一種罪。

「是，我煉法輪功。」她說。

「妳打哪裡來的，奶奶？」一名警察問。

「山東省濰坊市。」

「我瞧瞧妳的身分證。」

她將身分證遞給警察。他們查看了一會兒，然後還給她。

「奶奶，請跟我們來。煉法輪功的人不可進入公園。」

她開始表達不滿，但警察板起臉，把她夾在兩人中間帶回南門。兩名警察陪她走出公園，進入一條小街，一輛警用巴士就停在小街右側。警察打開車門，壓她上車。車裡六人全都來自外地，她終於找到了其他的法輪功修煉人。

——

四個月前，長年堅決不觸碰政治的陳女士受到了一些刺激。一九九九年的七月二十二日，一位街委會的地方官員叫她看晚間七點的新聞，因為新聞將報導有關法輪功的重要消息。在此之前，陳女士不看電視報導，也不看報紙。她從過去數十年中國政治的風雲變化中學到了一件事，那就是避開政治、盡可能地保持低調；她更告誡孩子：「專心過自己的生活，不要碰政治。」她一生當中泰半時刻，這種態度的確管用，但這天晚上她卻看了電視新聞，想聽聽他們如何談論她心愛的法輪功。

陳女士曾說，法輪功只是健身運動團體，但這種說法並未正確勾勒出法輪功在她生命中所扮演的角色。一九九七年，老闆（一位汽車零件製造商）要求她提早退休。自此以後，她慣常在大清早穿過公園、前往市場。當時十幾個街坊鄰居常在公園做法輪功的健身操，也邀請她加入。她本來有些遲疑，但在一時衝動之下，決定讓自己放縱一次。

她的生命跨越了中國歷史上最動盪不安的數十年，包括一九四〇年代的國共內戰、一九五〇年代的饑荒、一九六〇年代的瘋狂烏托邦主義以及一九七〇年代後期以來的經濟改革。經濟改革讓人民變得更加富足，但也使中國人的生活和工作方式產生了一百八十度的改變。她二十五歲時，丈夫死於一場意外，此後幾乎獨力撫養著兩個孩子。現在，經濟改革迫使她提早退休，除了一筆微薄的退休金以及一間鋪上水泥地板的小公寓之外，她的生命幾乎乏善可陳。她不過五十七歲，卻已經被視為老人，除了幫忙帶孫子之外，無事可做。所以她需要一種嗜好、一種和生命有關的東西。一九九七年的那個早晨，她嘗試了法輪功，從此以後就不曾停止追隨這個團體。

陳女士本來就是個好動的人，但煉法輪功甚至讓她感覺更年輕、更柔軟、更靈活。現在她不再忙著做這做那，把自己搞得精疲力竭，而是終於能夠做一些自己喜歡的事情。她也喜歡法輪功提倡的嚴謹操守，這是建立在傳統佛教的「行善」和「寬容」觀念之上的道德規範。雖然陳女士成長於視宗教為違法事物的時代，但她認為法輪功的指導原則比政府善變的意識形態更具意義。共產黨政府雖提倡無私的犧牲，但是腐敗的官員和憤世嫉俗的公民卻廣為忽略這種觀念。她覺得煉法輪功很好，道德準則亦令人嚮往，如此組合實在令她難以抗拒。

於是陳女士有了一套新的生活作息：清晨五點起床，前往公園煉九十分鐘法輪功。煉功時間的確很早，但年輕的修煉者因此就有足夠的時間回家準備上班。一天之內剩餘的時間，她則恢復既有的生活習慣：辦事、照顧孩子和孫子。晚餐後，她閱讀法輪功創建者李洪志的道德著作。李洪志宣揚道德準則——以真、善、忍三個原則為總結——以及一些獨特的觀念，例如外星生命的存在。有時候，修煉者會在陳女士家中客廳聚會時討論李洪志的著作。其他時候，她則看看李洪志（她尊稱為「李大師」）的教學錄影帶。她擁有他的兩本主要著作以及四捲錄影帶。約莫在晚間九點到十點之間，她就寢，結束了這一天。

但是此刻她坐在電視機前的沙發上，卻聽見政府說法輪功的一切都是錯的。新聞播報員莊重地說法輪功是「邪教」，政府決定加以禁止。

「我們必須徹底認識法輪功對信徒的身心健康造成的嚴重影響，更必須根本地意識到處理法輪功問題的重要性和急迫性。」新聞播報員宣讀著一篇社論文章，該文將出現於隔天的《人民日報》，一份專為共產黨發言的報社。

陳女士無法理解這一切。她聽了十五分鐘的新聞報導後，旋即起身，走到樓下兩層的鄰居那裡。這位鄰居和陳女士一起煉法輪功，也在家看了新聞報導。這位七十二歲的退休老人打開門，臉色就像陳女士一樣苦惱。「這到底什麼意思？」陳女士說。兩人坐下來思考了良久。陳女士非常沮喪。

隔天一早，當陳女士來到公園時，當地法輪功團體的大多數成員已經在那裡討論新聞報導。幾個朋友推測法輪功這次遇上麻煩了，因為最近媒體開始批鬥一九九九年春天法輪功修煉者在北京舉行的示威抗議。一對從政府工作退休的夫妻甚至低聲說，北京有幾個法輪功組織人已經遭到拘留。

「我告訴你們今天的報紙會怎麼說。」其中一位退休官員對大家說，「他們會逐字逐句重複昨晚宣布的話。這件事已經變成國家問題，一個大問題。在這件事平息之前，我不會再來了。」

大家隨後跟往常一樣一起煉功。六點半結束後，有些人走到報攤買早報，結果證明那位退休官員所言不假：所有的報紙全都在頭版的同一處刊出同一篇文章，連文章的標題都一模一樣。陳女士慢慢地讀這篇文章。

處理「法輪功」問題時，我們必須留意確保社會的穩定。穩定是國家和人民的最高利益……沒有穩定，我們將一事無成。

有生之年，陳女士第一次認真思考政府政策。在文化大革命期間，她專注於養家活口，沒有吃太多苦頭，但是她現在開始懷疑政府了。她聽到謠言指出法輪功有麻煩了——就是那年春天，法輪功在北京的政府辦公室前抗議。但政府怎麼可以沒有和修煉人商量，就查禁法輪功？他們怎麼知道法輪功有這麼壞？於是陳女士效法許多反對政府的中國人所採取的第一步：無視它。

她對政府的質疑源於自利，而非理想主義；但這份質疑卻在心裡愈演愈烈。大約在禁令宣布的一周後，數名在公園等候的警察攔下陳女士等人，告誡她們法輪功是違法的，所以不能再繼續公開煉功。眾人解散回家，但仍然持續保持聯繫；他們以陳女士的小客廳作為聚會處，但從沒有密謀推翻政府或反抗禁令，只是一起煉功或讀讀李大師的著作。

陳女士所屬的法輪功團體位於最典型的中國鄉村：濰坊的許家村。這個小村位於中國東部，人口約莫六十萬，村裡如迷宮般的泥路布滿煙塵、兩側盡是柳樹，平房的棕色磚牆正在斑駁瓦解。許家村的典型之處，則在於它即將被周遭環繞的城市吞噬殆盡。

濰坊也是一座相當具有中國原始風情的城市。就像其他無數個五十萬人口數的中國城市，外界對它們一無所知。事實上，如果濰坊沒有自稱是風箏的發源地，或者沒有舉辦一年一度的國際風箏節，它可能會完全默默無名、無人聞問。整座城裡盡是貼上白色瓷磚的新建築物，那是幾個國營工廠和一個小型私人部門的所在之處。農業仍是濰坊命脈，而許家村就位於中國北方平原的玉米田和濰坊的擁擠街道之間。

到了八月，幾個比陳女士更激進的濰坊人士前往北京抗議。他們加入來自中國各地的法輪功同伴，前往北京中央的天安門廣場，公開表演他們的健身操，希望藉此說明，這個團體只關注個人，對政治完全沒有興趣。他們面對紫禁城這座數百年來中國皇帝統治龐大帝國的宮殿，盤腿而坐，將手舉到頭上，作出煉功的起始姿勢。在比較接近濰坊家鄉的地方，修煉者也在當地的共產黨辦公室前舉行了一次靜坐示威，也同樣無視禁令，當眾煉功。

或許，法輪功的要求很簡單，就是停止查禁，但是對於一個不容許任何異議的政府而言，這是一種挑戰。便衣警察和制服警察兩路人馬同時迅速襲擊北京和濰坊各地四處分散的小型抗議，警棍齊飛，數千人遭到逮捕、接受訊問。在警察嚴正警告一番之後，大多數人尚且得以獲釋返家。

陳女士沒有參加抗議，只是留在家裡和朋友安靜煉功。她無法想像自己會去參與這種大膽的抗議，雖然如此，她私底下仍舊感到驕傲，因為其他修煉人都對自己很有信心，勇於挺身捍衛自己的權利。

但是在該年秋末，政府再度逐步施壓。首先，最高法庭在十月初判定現有的刑法得以適用於懲罰邪教。《人民日報》也刊出另一篇文章稱呼法輪功為邪教。十月底，全國人民代表大會通過了禁止邪教的「決議」，賦予那些即將到來的鎮壓擁有合法地位的假象。最後，最高法院命令低等法院不要受理法輪功修煉人所提的案件。

在這一切發生之前，所有主要的法輪功組織人也已經遭到逮捕。法輪功創辦人李大師在一九九八年移民美國，被逮捕的組織者就是李大師與陳女士這類一般修煉人之間聯繫的橋樑；他們將李大師的文章分發給追隨者，也同時做一些瑣碎的工作，例如為修煉人預約使用公園的場地。現在，政府打算讓陳女士這類的法輪功修煉人感到恐懼，其所為一如陳女士在七月時的新聞報導中所看到的查禁，全國各地都在宣布法輪功修煉人被起訴和判刑，有些修煉人甚至得在勞改所待十二年。

陳女士嚇呆了。雖然她不認識任何被逮捕、判罪的人，但想到一個人會因為煉法輪功，遭判十多年的勞改刑期，她就憤怒難平。好幾個月以來，她不停地制止自己直接參與抗爭。現在她改變了心意，決定前往北京抗議，但卻在天壇公園遭到警方逮捕。

——

街委會打電話來時，張學玲和兒子在家裡。電話那頭的人說，她的母親陳女士在北京被警察拘留，所以她必須陪同當地官員到首都將母親保釋出來。張女士立即同意前往北京。

「法輪功……」她滿腹牢騷地想著。過去幾個月，這個麻煩的組織一直是她家庭生活的毒藥。因為法輪功，她的母親現在被關在牢裡，她還得大老遠跑到北京保釋她。這得花上一筆錢，但她們沒什麼錢。張女士的丈夫是一位木匠，她多半時候都待在家裡帶兒子，偶爾當當媒人，賺點小外快。

張女士坐下來，數著皮包裡的錢，整理一下思緒。她承認，法輪功一開始看起來不錯。幾年前，她的母親剛接觸法輪功時，脾氣很壞；為了扶養她和弟弟，母親犧牲太多了，所以總是喜歡挑剔每一個人，每一次和她說話，總不免了發生一些小爭吵。

她仍記得當初如何跟弟弟一同支持母親煉法輪功。她的母親從來不是一個迷信或者有宗教信仰的人，但煉法輪功似乎對她有益，而「善」和「忍」的信息也賦予她嶄新的人生觀。

「原本她的脾氣很壞，」張女士帶著微笑大聲說，「但是後來，她變好了。」

然而，張女士仍然不明白，為什麼法輪功被禁後，母親卻還要堅持煉法輪功。張女士心想，你可以不同意政府的做法，但你得面對事實，每個人都知道政府認真地要查禁法輪功。早在查禁之前，警察就曾經搜索過帶頭修煉人的家。煉功是一件十分危險的事，她可以諒解母親獨自在家繼續煉功，但是為什麼要邀請朋友？這不是在自找麻煩嗎？現在，母親竟然還跑到北京去抗議！母親究竟著了什麼魔？一個老太太搭客運到北京，還被警察逮捕。張女士暗忖，也許法輪功真是一種邪教。

她走到城關[04]的街委會。街委會是共產黨強大的控制系統中最低階的單位，這個控制系統的頂點是北京幾個最有權勢的人物，然後往下經由五千五百萬名黨員擴展到每一個社區。張女士跟街委會鮮少往來，這個委員會既是共產黨的基層組織，也是社會服務辦公室，同

04・城關是中國對縣政府所在地的通稱。

時也身兼社區的監視者。張女士只記得街委會偶爾會安排掃街之類的「衛生」運動。其實，他們的工作多半涉及監視處於生育年齡的婦女，確保她們只生一個孩子。張女士只有三十二歲，但現在已有一個六歲大的兒子，所以街委會偶爾會過來探訪她。

她前去會見三個來自濰坊市政府公安局的官員，他們搭乘一輛政府的大眾桑塔納汽車[05]前往北京。七個小時後，他們抵達濰坊市政府在北京的代表辦公室，那是許多中國城市和省在北京設立的遊說處兼宿舍，作為地方官員到首都辦公時的住處。陳女士被拘留在那裡，鎖在一間宿舍房間裡。

張女士繳了相當於六十美元的罰金（一個月的工資），母親便獲得釋放。兩人相擁而泣，但是張女士實在忍不住稍微責怪母親。

「媽，」她說，「妳怎能這麼做？自己一個人大老遠跑到北京？拜託，回家吧，不要再這樣做了。」

她母親噘起嘴，沒有回答。

他們用警車將母女兩人送回濰坊。回家途中，官員一直怒視著陳女士，偶爾會開口痛批這件事讓他們有多麼難堪。

當地城關街委會必須為陳女士的事負起責任。街委會的主任就是七月時叫陳女士看晚間新聞的人，但這原本是個忠告，警告她正在做一件危險的事，也要求她注意自己的舉動。他們自認早已提出警告，但她就是不聽話，讓大家惹上麻煩。現在，陳女士落在他們的手上。

05・台灣稱福斯。

他們告訴兩位女士，陳女士必須在接受進一步的處罰後才能離開。她想要抗議政府鎮壓法輪功，這一點已經傷害了濰坊在首都的名聲。回家之前，陳女士必須先坐兩個星期的牢，這是地方政府可以隨意施加的行政拘禁。為了殺雞儆猴，讓整個村子的人都瞭解地方政府的決心，陳女士將被關在街委員辦公室。街委會辦公室只是某間公寓一樓的幾間房間，其中一間被改裝成小牢房，陳女士將在那裡坐牢兩個星期。此外，他們也禁止她繼續煉法輪功，也不許再讀李大師的書。張女士必須另外付一筆相當於四十五美元的錢，作為她母親的食宿費。

一月三日，陳女士在獄中度過五十八歲生日。儘管日夜受到監視，她的精神仍然不錯。張女士去看她，開始重新對母親燃起一股敬意。

「她知道自己是對的。」張女士說，「她只希望政府不要把她當成罪犯，因為她知道自己不是罪犯。」

一月中旬，陳女士獲釋，但仍受街委會的密切監視。他們定期來訪陳女士家，並且沒收她的法輪功書籍和錄影帶。

無論如何，新年到了。在這一年，西方和東方的千禧年主義以一種奇特的方式匯聚一同。在西方日曆上，新的一年是二〇〇〇年，許多中國人視這一年為特別吉祥的一年，而即將到來的二月四日的農曆新年，也被視為一個特別幸運的節日。這是龍年之始，在中國的十二生肖中，龍是最強大的動物。二〇〇〇年也正好是龍年，這個巧合似乎預示了新時代的開始。小型的嬰兒潮正在暗潮洶湧，因為夫妻們都希望孩子能夠誕生在這個加倍幸運的一年。政客談論著新的時代是中國的時代，一種嶄新開始的感覺席捲全國。

即使是公開宣示自己是無神論者的中國統治者，也趕時髦地湊一腳，舉行了帶有幾分宗教味道的儀式迎接新的千禧年。他們在北京建造一根巨大的針狀建築：中華世紀壇，江澤民也在一九九九年十二月三十一日午夜於壇前點燃那座巨大的香爐。

數百名法輪功抗議者同樣受到這種千禧年時代精神的刺激，於二〇〇〇年一月底聚集在首都。他們在春節假期的數周之前抵達，想要抗議政府查禁法輪功，期盼這個吉祥的日子會讓他們的運動變得好運。儘管大批警察在場，每天還是有許多人來到廣場，做一些固定的法輪功動作。在他們開始之前，警察會朝他們撲過去，揮舞警棍，將流血的人拖入等待的廂型車裡。外國記者將這個場景拍攝下來，把這些影片傳到世界各地。藉由網路和口耳相傳，陳女士這類人物也得知了這些影片的內容。

對於陳女士而言，這又是另一個無法置之不理的暴行。就像中國各地的法輪功修煉人，陳女士沒有受到驚嚇，只是覺得憤慨。就在慶祝春節的那兩個星期當中，某次用餐時，她和女兒談起這件事。

「政府不明白我們是好人，也是普通百姓，」她說，「我們沒有反抗政府，法輪功對中國有好處。」

張女士嘆了一口氣。

「媽，」她說，「實際點，別人都知道妳仍然在追隨李大師，如果妳繼續這樣，只會讓我們惹麻煩。」

但是，陳女士再度陷入沉默，不想和女兒發生爭吵。

二月十六日，正當春節假期即將結束時，陳女士的門鈴響了。來的人是當地區黨委的頭頭，一位高階官員，負責管轄區內五萬人的政治行為。六位地方官員同他前來，包括公安局的代表，以及一位街委會的女士，後者曾警告陳女士必須放棄法輪功。

陳女士讓那些幹部進來，請區黨委書記和副手坐在家中的沙發，那是最舒服的位置了；其他人則坐在廚房的椅子上。陳女士侷促不安地站著，問他們要不要喝茶，他們拒絕了。區黨委書記要她坐下，她在廚房桌子下找張板凳，將它拉出來，坐在他們對面，就像面對學校紀律委員會的頑皮孩子。

「陳子秀，」區黨委書記叫她的全名，沒有使用比較親暱的稱呼，所以她變得很緊張。「我們聽說了法輪功在北京的抗議，政府對這類事情非常寬容，憲法容許人民抗議，我們都知道這一點。」

「看看妳的下場，」書記繼續說，「這件事讓我們很難堪，也花了我們一大筆錢。但妳去北京後得到什麼？被拘留、被送回來，就這樣而已。妳表明了自己的立場，就到此為止吧，好嗎？全國人民代表大會（中國的國會，一年開一次會）不久就要開會了，我們不要再去抗議，擾亂這次會議吧。我的工作就是讓人民務必了解這一點。」

陳女士安靜地坐著，認真聆聽書記所說的每一句話，這也是書記向其他幾個法輪功修煉人說的話。她知道這很重要，因為這是黨委書記的個人警告。黨委書記繼續對陳女士說，拜託不要讓妳的家鄉難堪，請好好善盡公民義務。的確沒人喜歡發生這種事，但別鬧事，妳知道情況。

黨書記停止說話，來自街道委員會的那位女士給陳女士一個大大的微笑，然後補充說，「我們都是一個大家庭，不要擾亂大家。」

他們又沉默下來，輪到陳女士發言了。現在她本該說一些明智的話，贊同他們的說法。然後黨書記會報以微笑，每一個人都鬆了一口氣，他們就可以去找下一個法輪功修煉人，發表類似的言論。這件事前前後後只會花十分鐘，而且沒有人會知道她是否有在家裡煉法輪功。

但是，就像所有狂熱的宗教一樣，法輪功也教導修煉人們不可隱藏自己的信仰——所以絕對不可以一邊私下煉功，一邊卻公開否認自己的信仰。儘管政府在過去八個月大肆宣傳它查禁法輪功的決心，陳女士也已在北京經歷一切，但她仍然是一個修煉人，所以她的回達也非常簡單：

「我不會向任何人保證不去任何地方，我有權利去喜歡去的地方。」

他們陷入一種尷尬的沉默，區黨委書記低下頭，眼裡充滿怒火。之前，他也從這些該死的法輪功狂熱修煉人那裡聽過類似的話。他將接下來的部分交給助手，後者站起來，讓自已能夠高高在上地看著陳女士：

「到目前為止，政府對待法輪功信徒，就像對待任性的孩子。但我們的紀律也可以變得非常嚴厲，想想妳的態度代表什麼。」語畢，官員們立即站起來，魚貫走出她的房間。

陳女士坐在那裡，思考她的未來。幾個小時後，她第二次前往北京。

——

一九七〇年代後期以來，中國各地迅速蔓延一股不尋常的宗教復興，法輪功就是這種現象的一部分。經濟改革讓中國從共產國家轉變為以資本主義為主的國家。雖然外人往往多半關注經濟層面，但共產主義的宗教層面也終於在此崩解，使得人民得以開始探索生命的意義，我們可以從藝術中（例如從諾貝爾文學獎得主高行健的小說）明顯看出這一點，也可以從另一個比較普遍的層面察覺這個顯著的事實：許多新興宗教盛起，已經存在的舊宗教也開始復興。

為宗教下定義本來就是一件棘手的事，在中國尤其如此。西方宗教往往嘗試明確畫分彼此之間的差別，但中國的信仰系統卻滿意於彼此之間的部分雷同，同時採用了祭祖習俗，普遍信仰靈魂，或者沿用本土的道教和佛教等世界性宗教的觀念。然而，共產黨在一九四九年掌權後，旋即以蘇維埃式的宗教官僚制度處理這些紊亂的宗教信仰（佛教、天主教、伊斯蘭教、基督新教和道教）。過去數千年來，中國各地無數的民間宗教信仰，如同浪潮般起起落落，現在它們不是被歸類為道教，就是被當成「封建迷信」而遭到查禁。一貫道就是最著名的例子，政府用了數年時間去消滅它。一貫道是混合宗教，大量採用道教體系，也嘗試結合伊斯蘭教和基督教的觀念。一九五〇年代，數千名一貫道信徒被送到勞改所，並且被迫公開承認自己的信仰不過是騙局一場。此外，這個宗教團體也被控叛國——在抗日戰爭中，他們與占領中國的日本人串通。於是幾年之內，一貫道在中國大陸就被消滅殆盡。

但在共產黨掌權後大約三十年，政府實際上已經承認馬克思主義是無用的意識形態，進而採用資本主義式的改革，政府也不鼓勵領導人建立個人崇拜，像黨的極權主義領導人毛澤東主席那樣。事實上，政府告訴中國人，極權主義國家所宣揚的一切（被當成神的黨領導人、社會主義的卓越以及共產主義的目標）都是錯的。可想而知，精神危機必然接踵而來，許多人求助於五種官方宗教（佛教、天主教、伊斯蘭教、基督新教和道教），所以這些宗教變得欣欣向榮。政府重建寺廟、清真寺和教堂，並且任命新的僧侶、尼姑、教長（回教）、神父。

但是大型宗教沒有滿足每一個人的精神需求。許多年來，這些宗教持續受到羞辱，它們的建築物飽受褻瀆，教義亦遭查禁。這種情形似乎使得它們再也無法掌握人心。如果神無法保護自己的寺廟，使它免於被摧毀，那麼誰還會繼續敬畏這個神？此外，人們已經不再熟悉合法的宗教崇拜場所。數十年來，討論教會或道觀一直是禁忌，政府不允許老一代的人將宗教慣例介紹給年輕的一代，所以已經沒人了解教會或道觀。有些人也認為，既存的宗教讓自己蒙羞，因為它們有時還會向當局拍馬屁。儘管受到種種羞辱和破壞，這些宗教領導人還是定期向共產黨致敬，假裝（或者真的相信）中國的宗教自由。

在這個緊要關頭挺身相助的，就是「氣功」。它是中國醫學裡屬於精神層面的、帶點神秘色彩的分支。「氣功」二字相對而言還非常年輕，在一九五〇年代才出現。那個時候，氣功是各種有數百年歷史的健身運動的泛稱。這些健身運動嘗試調節「氣」，這是中國醫學的觀念，很難翻譯成英文，但相當於生命力或活力。氣沿著身體裡的經脈（管道）流動。舉例來說，針灸醫師可以將針插入皮膚裡，調節氣在身體裡的流動。氣功的「功」是指「訓練」或「操練」。氣功就是藉由控制呼吸、打坐和慢動作健身操，來調節氣的流動。

共產黨於一九四九年取得中國政權之後，這些健身運動開始蘊含著一股強烈的精神成分。道教和佛教都有自己的氣功，而且宗教醫療傳統也接受了這些氣功——這可以說是通往中醫的橋樑。對於這種健身運動而言，打坐非常重要，因為打坐不只可以醫治身體，也可以醫治心靈。但共產黨掌權後，氣功抵觸了當局對一切精神事物的懷疑態度，也違逆了共產黨中國的政治決定：他們只允許五種受到認可、可以接受的宗教存在於社會之中。這個政治決定削減了傳統氣功的生存空間。該怎麼辦？答案是讓氣功「科學化」。

氣功原本屬於精神層面，乍看之下，科學會是個奇怪的守護者，但科學卻非常重要。一九一一年推翻帝制的中國革命，就是以「科學」和「民主」為目標，這二者是建立強大國家的關鍵。雖然共產黨沒有在中國實施民主政治，但他們確實高舉科學，賦予它近似於宗教的地位。在這方面，中國很像蘇聯，兩國共產黨都實施「科學化的馬克思主義」，因此它的政策不是老人統治集團的突發念頭，而是扎根於永恆的、可以證實的科學真理。

相形之下，沒有科學根據的事物，應該永遠受到譴責。在共產神學中，這意味著它們會被貼上「迷信」或「封建」的標籤。一般而言，宗教不受中國共產黨歡迎。儘管五種主要的宗教能夠因為其滿足「暫時必需品」的某種特質，進而受到認可，但其他宗教形式都是「迷信」。舉例來說，中國薩滿教歷史悠久，但現在無論是該宗教本身，還是任何令人神遊太虛的神秘宗教，皆成禁忌，因為它們「不科學」。

為了避免被貼上「不科學」的標籤，氣功降低了打坐的重要性，更宣傳它是在醫生監督、認可下所進行的物理療法，於是它不再強調打坐，目標也僅僅限於促進健康。此外，亦有科學家進行試驗，試圖說明氣功的安靜呼吸和打坐有助於治癒慢性疾病，例如呼吸或消化疾病。大致上，這些都與西方有關打坐和放鬆有助於對抗疾病的研究結果大同小異。

當中共於一九六六年發動文化大革命時，氣功的相關研究停止了，也被暫時擱置在一旁。當中國走出極權主義後，氣功亦隨之復活。但這次它蛻變為全國性的風潮。一九九〇年代初期，氣功變得十分流行，人們談論著「氣功熱」，並且在公園和公寓外頭煉氣功。人們廣泛接受氣功，據說就連中國共產黨領導者也用氣功來改善健康。

許多人按照傳統方法煉氣功，把它當成安靜的、冥想的健身運動，一種增進活力的運動。但是當氣功宣稱可以增進超自然力量後，它就大舉流行起來了。煉氣功者宣稱可以讀出寫在紙上且以信封彌封的隱藏文字，又快又猛的擲針穿透玻璃，或者引導電流穿過身體，甚至還能拿鐵錘敲自己的頭而毫髮無傷。軍事雜誌刊出有關氣功的報導，雖然我們不清楚人民解放軍到底認為哪一種氣功絕技可以幫助他們打贏戰爭。

學者們，例如愛荷華大學比較文學系的徐健，則從這些說法中看出人們想要重新賦予氣功某些超自然吸引力。現在氣功不再是追尋長生不死的微妙打坐形式，而是變成徐教授所說的「一種攸關自我的，獨特且強而有力的技術，介於科學和神秘學之間」。

「中國氣功科學研究會」這個組織，讓氣功在表面上變成值得敬重的科學。這個組織的工作是登記所有的氣功團體，監督它們以「科學」方法煉氣功以達到改善健康的目標。

科學標籤使得氣功免於憂慮政府對宗教組織的限制。政府只容許現有宗教在清真寺、寺廟或教會聚會，而且嚴格禁止它們向外人傳教。但氣功只是運動養生法（至少官方說法如此），這代表煉功者可以在公園聚會，還能在街上向路人分發宣傳資料。由於氣功並未烙上宗教污名，因此，共產黨員雖必須是無神論者，但仍可以煉氣功，不會受到黨的指責。氣功的正式意義只是有助於治病的醫學分支。

數以百萬計的中國人在氣功裡找到更為深奧的意義，也是難得的內省機緣。其中一個例子就是陳壽良，北京大學的物理學家。一九八四年，即他五十三歲的那一年，陳教授（和煉法輪功的陳女士沒有親戚關係）發現脖子長了惡性腫瘤。陳教授接受手術後非常虛弱，必須放棄大學教授工作的光明前景。

幾年前，陳教授的朋友把他介紹給一名叫作趙光的氣功師父。趙光非常謙虛，在簡樸的小公寓裡過著隱士般的生活，唯一的奢侈品是一套令人肅然起敬的中國古典著作。趙先生曾嘗試讓陳教授對氣功產生興趣，但是後者工作繁忙，眼前也有大好前途等待著他去闖蕩。

一九八四年二月某日，兩人在白石橋路不期而遇。這條街現在已經是一條擁擠的六線道大街，擠滿了電腦店，但當時卻是北京大學學區一條布滿樹蔭的窄路。這次的重逢帶著一股神秘的、天啟的性質，改變了陳教授的生命，也讓氣功確確實實地成為未來十五年裡中國社會大眾認可的一部分。

見到趙先生時，陳教授覺得很尷尬。他先前沒有接受趙先生的提議，現在覺得自己很愚蠢。他很想學氣功，但不想表現得無禮，讓趙先生覺得只因他生病了，他才對氣功有興趣。但就在陳教授說出自己的感覺之前，趙先生說話了。

「你得了癌症，所以有時間了？」

陳教授感到很驚訝，這位老師父知道他心裡的想法，知道他想學氣功。

「沒錯，師父，方便過去學習時，通知我一聲。」

「沒必要。」趙先生說，「只要五分鐘，在這個街角，我就可以教你。」

趙先生教他三個句子——其實是咒語：放鬆整個身體，平靜而規律的呼吸，將思緒集中在腹部。最後一件事很難，這是指不要想太多、掏空思緒。該怎麼做？陳教授問。趙先生提到佛教的法輪，它從人轉到人，從地方轉到地方，從一個時代轉到另一個時代。他說：「想著法輪在你的腹部旋轉，想像它在旋轉，戰勝其他一切。這會讓你的頭腦不去想其他事情。」

趙先生教他每天花二十至三十分鐘這樣做兩次，幾個星期後，再回來接受進一步的指導。陳教授照他的指示去做，然後回去找趙先生。趙先生糾正了他呼吸技巧當中的幾個錯誤。趙先生說，如果陳教授繼續做一百天，他會變成專家。一百天後，他回去找趙先生，趙先生便宣布陳教授不再是新手了。現在，陳教授已經是行家，一個真正的煉功者。過了一段時間，陳教授開始教導別人，藉此推廣氣功。

陳教授不只變成了狂熱分子。他還是一位科學家，想知道氣功如何運作，因此開始進行研究，希望證實超自然力量確實可能存在。例如，他針對某個小學裡八歲學童班級進行調查，結果發現，有三分之一學童能在信封彌封的情況下，讀出信裡的內容。他的理論認為人們隨著年歲的增長失去了憑直覺認識事物的能力。他的結論是：氣功幫助我們恢復年幼時的純真。他在一份期刊上發表研究結果，變成小有名氣的人物，經常在中國媒體接受訪問。也許這不是好科學（曾經有一個主要的國際期刊拒絕刊出他的研究），而且研究結果從未被重複驗證。但這份研究完全切合於一九八〇年代的氛圍，當時中國正積極擺脫過去的極權主義，一切似乎都是可能的，即便超自然力量亦是如此。

陳壽良教授是氣功復興的要角。當時，共產黨內有幾個批評者開始反對氣功，批判氣功缺乏科學根據，更糟的是他們還暗示氣功是一種假宗教。陳教授的北京大學背景有助於轉移這些批評，讓這種「假宗教」變成科學，增加它的可敬度，使它獲得認可。

我在一九九四年第一次和陳教授見面，那是「氣功熱」的巔峰期。幾個漫長的夏日午後，陳教授在北京大學校園裡向我描述他對於氣功重新流行的想法。當時，法輪功才剛剛興起，我們都沒有留意它。真正引起我們興趣的東西，其實是有人聲稱氣功具有特異功能。

陳教授非常親切，但神情卻有點帶著陰謀論者的味道，還會引用遠方默默無聞的期刊和雜誌上的文章來證明自己的想法。他身材矮小，一頭銀色短髮，十分機智，常常自嘲。他對於超自然力量，也充滿了一種天真的熱忱。例如有一次，他問我是否聽過大衛魔術師，陳教授非常欣賞他。他說，美國的中央情報局正在研究超自然力量，蘇聯垮台之前的國家安全委員會（KGB）也是如此。他把這件事看得比什麼都重要，彷彿蘇聯的垮台就是蓄意打擊氣功研究的結果。他讓我想起東歐集團（East Bloc）的科學家，他們和外界隔絕太久，思想也過於政治化，以致再也無法區分鐵證如山的事實與純屬直覺的猜測。

陳教授的王牌就是那份陳舊的小學生研究。當我提到有人質疑這種說法時，他將這份研究拿出來。

「有些人就是不願相信。」他說，「但科學已經證明，氣功可以給人超自然能力。」

並非每一個人都信服，另外一位中國科學院的教授寫了一本叫做《人類特異功能和氣功》的書，想要揭穿氣功的特異功能論當中一些令人存疑的說法。的確，甚至陳教授也承認他無法解釋為什麼氣功會產生神奇力量，只能表示這些力量確實存在，他唯一的解釋是：「科學若是無法解釋這個現象，不表示這是無稽之談，只證明了科學的確無法解釋這些現象。」

這個說明有助於解釋氣功為何大受歡迎。自從十九世紀以來，中國人一直擔心，現代化會迫使他們無法保存任何中國古老的文化（他們宣稱這個文化有五千年歷史）。至於那些堅持科學（西方的發明）能夠解答一切問題的觀點，似乎威脅到中國文化的本質。中國是否可以對現代世界作出任何有價值的貢獻呢？回首一九八〇年代和一九九〇年代，由於中國捨棄了共產主義，轉而贊同西方的市場經濟，所以許多中國思想家擔心，中國即將成為西方文明的邊陲。氣功是某種可能具有永久價值的東西，甚至可能賦予人超自然能力，這是西方科學無法相比的一種特殊技藝。懷疑者質疑所謂氣功的特異功能無法獲得科學上的證明。對於這些懷疑者，氣功的辯護者（例如陳教授）扭轉局面，宣稱西方自吹自擂的科學不夠進步，無法解釋氣功。

這種民族主義的傾向契合了中國領導者的喜好，因為他們向來渴望以愛國精神和民族主義包裝自己，藉此將統治權合法化。據說有些領導人也煉氣功，氣功的組織得到了高層的支持。

但是，氣功有利有弊，它的存在就是承認馬克思主義（畢竟這是西方的發明）無法滿足中國精神上的需要。共產黨也漸漸開始看出這種威脅，市面上甚至出版了一本描述氣功師父和黨幹部立場對立的暢銷小說，這也切實地說明這一點。一九九四年，作家柯雲路在《大氣功師》中寫道，氣功要求重寫科學書籍，也要求重寫政治理論。他的小說主角向一位地方共產黨領導人展現特異功能，但是該位領導人對此視而不見，並且針對這種「反動」思想展開政治迫害。小說所傳達的信息十分清楚：不可相信黨，因為黨只想摧毀氣功。

這部小說具有先見之明，因為共產黨的確不相信氣功，原因之一在於氣功是私人健身運動。正式的宗教以寺廟、教會和清真寺為中心，所以政府能夠要求所有的宗教崇拜場所向政府辦理登記，並且由忠黨愛國的官員來管理，藉此控制這些地方。然而，煉氣功者專注於內在，因而存在於政府的控制之外。話雖如此，但氣功團體常在公開場合進行表演，對於這個習慣於控制公共生活一切層面的政府而言，這實在令人費解：煉氣功者公開煉氣功，集體從事某些活動，按理他們就是一個組織，也應該由政府以某種方式加以管理。但他們一起做的事就是打坐，而這是共產黨無法監控的內在修煉。

結果，在一九九〇年代的某段時間裡，氣功與政府一直處於不安的僵持局面。政府不斷嘗試收編與控制氣功團體，但是他們卻不斷改變，持續擴展，對政府置之不理，並且獲得數百萬名歸附者。

可想而知，法輪功的出現是氣功發展過程當中必然的下一步。雖然許多人持續進行傳統的氣功修煉，把它當成打坐和醫治的技藝。但自一九九〇年代初期開始，更多有組織的團體形成了，他們在充滿克里斯瑪[06]的領導人帶領下，開始向煉功者分發書面資料。這些書面資料通常會描述健身運動的細節，還說明了氣功大師的道德規誡。

李洪志在一九九二年創立法輪功，並在同一年向中國氣功科學研究協會登記立案。李大師的背景不詳，但根據法輪功所公布的理想化傳記，他曾在政府的糧油食品公司工作。他原本只是一個普通人，但以某種不為人知的方式得到啟示。和其他氣功大師一樣，李大師寫下自己的想法，但這些想法遠比其他氣功大師先前嘗試寫下的著述更加深奧微妙，體系也更為完整。其他氣功大師只寫下用來配合健身運動的幾個基本道德規誡，但是李大師的兩本主要著作《中國法輪功》和《轉法輪》描述了包含天堂和地獄、神靈和魔鬼等對稱性的宇宙論。這些著述不像過去那些更為精深的佛教或道教那般複雜，但相較於彼此較勁的氣功團體，這是一個突破，因為這是為現代中國人量身打造的完整的宗教思想系統。

雖然李大師堅稱法輪功不是一種宗教，但他使用的術語和象徵多半出自傳統宗教。「法輪」是傳統佛教的象徵，代表宇宙中永恆不變的力量。陳教授的指導者曾叫他想像一個輪子在體內旋轉，這個輪子就是法輪。這是一個為人熟知的宗教象徵，我們可以在雕像、濕壁畫

06・克里斯瑪（charisma）：指某種特殊的超自然人格特質，後被引申為領導人特質。

或西藏的祈禱輪中看到它。換句話說，這是中國宇宙論中業已存在的部分。法輪功的標誌是輪子，一個位於中央、指向逆時針方向的卍字組成的圓圈，這是傳統佛教的象徵，德國納粹曾擅自以它的翻版作為他們的偽宗教象徵。法輪功的卍字被四個較小的卍字和四個小型陰陽或太極象徵所包圍，後者是傳統的道教標誌。

起初，法輪功強調它對健康有益。和其他氣功團體一樣，法輪功宣稱經常煉功可以維持健康，甚至能夠醫治重病。國外的法輪功網站仍然刊載藉由增強活力的煉功得到醫治的見證。這個說辭仍然十分重要，因為還是有一些修煉人因此相信醫療沒有存在的必要，宛如西方的基督教科學派。

然而，隨著時間的流逝，真、善、忍的哲學教義變得更加重要。這三個原則要求修煉人過正直的生活，不要說謊，遵守異性戀和一夫一妻制等等生活原則。李大師在著作中只提到一次同性戀，但他極為嚴厲地批評同性戀，國外的批評者藉由李大師這個立場來說明法輪功的偏狹本質。現在，法輪功幾乎拋棄了李大師關於同性戀的唯一教導，不在它的主要網站刊載這次談話。但整體而言，法輪功的道德觀仍然非常傳統，注重家庭的道德觀，這就是蒙特婁大學學者大衛．歐恩比（David Ownby）所說的「民粹化的基要主義」（popular fundamentalism），或者說傳統道德價值的復興；許多中國人認為，傳統價值已經消逝在現代化熱潮當中。

李大師的作品也頌揚排他性：不信者，下地獄。我認為這是法輪功最不討喜的一面，雖然這只不過是重複了其他主要宗教的深層立場。同樣地，法輪功似乎也非常適合於基要主義的標籤，它想在廟堂當中推翻有錢惡人的窠臼，但立場過於激進，令人有時覺得不太自在。

有趣的是（在此，李大師和他的聽眾一致），法輪功強調它和科學可以並存。的確，和其他氣功一樣，法輪功認為自己屬於高級科學，一種現代的東西，但更勝過現代。李大師的著述提到外星生命和宇宙，也提到煉氣功者可以培養超越這些存有的能力。也許這是法輪功如此吸引土生土長的中國人的一個原因。現在，這個團體在大多數西方國家和說華語的世界都設有分部，但它的修煉人絕大多數仍是生活在共產黨控制下的中國人，因為在那裡，主要宗教遭受迫害，科學卻被提升到一種擬宗教的地位。

李大師在著述裡強調，他的教導只想揭示永恆的真理，這些真理自古以來即為人知曉，但已經隨著時間的流逝而摻雜訛誤。他沒有自稱是救世主或神，只是一位曾親眼蒙見啟迪之光的睿智教師。此外，這個團體也不像那些有組織的宗教那樣具備正式的宗教活動，例如法輪功不會在特定的建築物裡聚會、燒香、點蠟燭，或者崇拜一個雕像，或一本書。

但是這個團體有完備的組織，就像一個現代公司。它的等級制度很簡單，但十分清楚明確。李大師位於頂端，在中國與世界各地的會議中演講，他的理想藉由書籍著述和網路流傳。熟悉電腦操作的修煉人，可以從法輪功的官方網站下載這些著作，列印出來，提供給沒有電腦的人閱讀。一九九九年北京查禁法輪功前，中國的三十個省都有法輪功協會，協會底下共有數千個不同的修煉團體，每個團體的領導者都是當地共同推舉出來的統籌者，從事類似安排清晨的煉功集會等等工作。

中國當局就是害怕這種組織結構。當法輪功的一萬名修煉人於政府所在地前抗議，要求政府將法輪功視為合法組織後，政府隨即於一九九九年查禁法輪功。政府領導人得知法輪功有數百萬名修煉人——某個電視台甚至指出可能有一億名修煉人。當然這個數字太過誇大不實，但是也彰顯出這個團體受歡迎的程度不下主流宗教。共產黨十分震驚，所以查禁法輪功，開始拘留它的領導者以及任何不願退出法輪功的人。

——

這次見面時間只有短短五分鐘，李哥非常地緊張。「瞧，」他一邊說，一邊取出一個棕色的大信封。「這對你有用嗎？」他四下環顧，示意我打開信封。

二月中旬，我們坐在一張公園長椅上，兩人都快被凍僵了，非常想離開那裡。那時已近傍晚時分，我們都覺得自己很脆弱，彷彿光禿禿的樺樹和槐樹正在監視我們。我打開信封，取出一封信。這封信以鉛筆書寫在十四張猶如衛生紙的練習紙上，那是中國學生用來寫作文的紙。字跡雖然有些潦草，但十分清晰，我想這是一個受過教育的女人坐下來細細思考後，才寫下的東西。

我粗略讀了一遍，冬日寒風吹得幾張薄薄的信紙劈啪作響。這封信詳述另一個女人的死亡。當死者接受訊問，慘遭毆打致死之際，作者與其他人士顯然在場見證了這件悲劇。

「我可以留著這封信幾天時間嗎？」我問李哥。

他點頭，然後站起來。

「三天後回到這裡見我，務必確認沒人跟蹤你。」他的嘴唇幾乎未曾張開，簡潔而緩慢地說；同時仍注視著遠方，隨後走向腳踏車。

一九九九年年末，我透過朋友認識李國強，他四十三歲，失業前曾是紡織工廠的會計師。政府於一九九九年七月查禁法輪功後，他堅持拒絕放棄修煉法輪功，所以觸法。當時，修煉法輪功已經變成了足以令人遭到解雇的罪行。政府指示公司清除各階層的法輪功修煉人，並命令國有公司匯報內部有哪些員工疑似與法輪功有關。當李國強被問到是否仍然繼續修煉法輪功時，他當下毫不猶豫地承認並且辭職，讓老闆無須因為不得不解雇他而感到進退兩難。

他丟掉工作後不久，我和他見面。他算得上是我遇過最友善的人，動不動就咧嘴而笑，一頭略顯蓬亂的頭髮說明了他的超世俗信念。他身上散發著一種沉著的可靠感，這一點讓他的朋友暱稱他為「李哥」。

我很想進一步認識法輪功，所以不久以後，我就開始常常和李哥在一起。每一次見面，我們總是遵守相同的正確程序。我以投幣式公用電話打到他的 BB.Call 呼叫器，大約半小時後，他會回電到這個投幣式公用電話給我，然後約定見面時間。那是一種十分耗時的見面方式，但由於我們的住家、辦公室和手機都被竊聽，所以一定得使用投幣式公用電話聯絡。半小時是必要的時間，因為當我呼叫他時，他通常在家，所以得出去找投幣式公用電話。這非常合情合理，他認為家裡附近的投幣式公用電話也遭到竊聽，所以他會騎腳踏車去到另一個社區，再從那裡打電話給我。

這些安全預防措施也許看似不太尋常，但中國百姓（包括法輪功修煉人）都會立即明白這些措施的必要性。陝西榆林馬先生的農民挑戰政府之舉基本上合乎國家法律，但是法輪功的情形不同，政府已經宣布這個團體違法，一心想要摧毀這個團體。在日常生活中，你很少遇到臥底警察或密探，也不會憑著直覺就認為家裡的電話或手機已經遭到監聽，但是只有傻瓜才會以為這些事情不存在。

一開始幾乎不必擔心這些事情。在法輪功於一九九九年七月被查禁後的幾個月，政府滿足於逮捕幾位重要的組織者和領導者，並且相信此舉足以摧毀這個團體。這個想法確實合理，因為只要拘留數十個元兇，就可以輕易摧毀大多數的異議團體——它們通常是由要求民主和言論自由的知識分子組成的。

然而，法輪功不像這類團體，因為它的組成分子相信得救和永生的宗教觀念，而不是政治觀念。你可以用理性反擊理性，例如「我喜歡民主，但不喜歡勞改所，所以我會延緩追求民主，直至時機更成熟。這段期間，我不會讓自己坐牢。」雖然數百萬個非正式的法輪功修煉者得到相似的結論——「我要悄悄在家煉功，我不會要求政府廢止對於法輪功的禁令」──但像是李哥一樣的死忠修煉人仍有數萬人之多，他們認為自己有權利、甚至義務挺身捍衛信仰。所以中國政府根本無法藉著逮捕法輪功的領導者，來遏制這一波的反對浪潮。現在它開始逮捕基層組織者，所以我們安排見面才會如此困難重重。

隨著時間推移，我也開始慢慢深入了解李哥，但前面幾次會面簡直就像公事公辦。我是記者，正在報導中國政府如何鎮壓法輪功以及鎮壓所導致的示威抗議，而他是法輪功激進分子且與地下組織保持密切聯繫。我們探討如何與每日湧進北京抗議鎮壓禁令的激進分子見面，他會處理相關事宜，但當我與那些人士會面時，他卻不會出席。

三天後再度見到李哥時，我已將那封信拍照存證，我問他打算如何處理書信原稿。

「寄給政府。」他說的好像真有那麼一回事，彷彿理所當然。

信中人不會遭到逮捕嗎？這不是有點天真嗎？──相信一封抗議信會促使政府進行改革？

李哥聳聳肩。

「我會把一份影本寄給香港的修煉者，讓他們存檔，但除此之外還有什麼方法處理這封信？我們必須要求政府改變，難道還有別的選擇？」

他離開之後，我利用時間詳讀這封信。不久之後，我便下定決心尋找信中所描述的人物。我曾讀過其他有關警察濫權的故事，但那些故事多半沒有足夠的細節供我追查當事人以及其他熟悉情況的人。但這些信有名字和地址，一切都清清楚楚擺在那裡。

我的名字是金華，今年二十二歲，住在濰坊市濰城區。我是法輪功修煉者。今年二月，有一名修煉者慘遭活活打死，當時大多數被非法逮捕的其他證人，都被轉移到別處，否則可能也會被殺。為了證明城關街委會的勞改所的確發生了這些事情（非法拘禁與毆打人民），我將這些經歷寫成一份書面記錄，希望能夠引起有關當局的注意，懲罰作惡與腐敗之人，並制止這種事情再度發生。

這封信描述的死者，就是陳子秀。我和陳子秀的親戚和朋友聯絡後得知，這位五十八歲的奶奶顯然沒有聽從黨委書記的話，因為她再次來到北京抗議。

——

張女士覺得自己是一個不孝的女兒。當母親開始為法輪功奮鬥，她反對，更覺得老母親無知而跟不上時代，將時間浪費在捍衛一個沒有意義的宗教上。這不是因為她不承認法輪功幫助了她母親，的確，法輪功改善了母親的健康和脾氣。但張女士太忙了，沒有時間了解法輪功；她三十二歲，從事私人事業，六歲大的兒子又不太聽話。她曾在政府經營的工廠工作，但是過去幾年來，她已經逐漸以作媒為生，共產黨曾經禁止這種行業，現在再度開放，將它視為來自於中國歷史的無害遺物。她身材豐滿，頭髮極短，不苟言笑的神態，說起話來直接了當，從不拐彎抹角，只是有時用字有點難懂，例如：「什著？」（說啥來著？）「怎哩嗨」（真厲害）。

現在，她很後悔對母親這麼嚴厲。她不斷告訴自己，如果當初能更善解人意一點，母親就不會死。有時，這個重擔會壓垮她，唯有當她逐漸對母親頑固堅持權利之舉產生敬意時，這個重擔才會減輕。漸漸地，她暗忖母親或許真是為了某種有價值的目標，為了一個重要原則而失去生命。

我們在濱海城市青島見面，聊聊她過世的母親，以及李哥讓我影印的那封信。後來，我前往張女士的家鄉濰坊，她自己的住處和母親的舊公寓只隔著幾條街。我注視著陳女士在早晨散步時第一次遇見法輪功修煉者的公園，漸漸明白她的生活有多麼艱難，也懂了她為何會認為法輪功這麼有吸引力。我也見到了獄中書信的女性作者，並且取得另一位仍身陷牢內的女子所寫的信。我開始慢慢地重新勾勒出官員在二〇〇〇年二月警告陳女士不要去北京後，發生在陳女士身上的事。

那些官員提出告誡後，接著就去找張女士，再次重申他們的警告，敦促她控制母親。張女士從來沒有和這麼多官員共處一室，她嚇呆了，趕緊前往母親的公寓，求她聽從官員的警告。

「『待在家裡，悄悄煉功就好。』我告訴她。我雖然對政府查禁法輪功有些質疑，但我可以看出他們是當真的。」

陳女士沒有聽女兒的話。那天早上，她離開家，前往火車站，打算再次去北京。但她立即被一支告密特工隊抓住，這些人在社區走來走去，搜尋有膽量離家的法輪功修煉人。她在不知情的情況下遭到逮捕，罪名是斗膽公然離家且反抗軟禁。

他們沒有送她回家，而是將她帶回到城關街委會辦公室。但是在那一晚，她逃走了。詳情不清，但那裡畢竟不是真的監獄，只是臨時替用品，也許門沒有真正鎖上。隔天，即二月十七日，她再度於前往火車站的途中被逮捕。她原本希望到了北京之後，能在信訪辦公室為她的案子辯護，這是自覺受冤者的最終寄託——農民領導人馬先生以及幾個都市激進分子，也曾將他們的案子帶到那裡陳情。

這一次，濰坊的地方官員想要給陳女士一個教訓，所以他們將她帶到一間非官方的監獄，一個街委會管理的「勞改中心」。它的正式名稱是「法輪功教育改造所」。這裡和街道委員會辦公室的房間不同，「教育改造所」已經妥善地改裝成適合拘留犯人的地方。那是一棟方形的二樓建築物，中間有一座庭院，庭院的角落則是另一棟低矮的單層兩房建築物。曾經去過那裡的人說，那就是還沒有學到教訓的人接受管教的地方。這裡所說的「管教」，就是嚴刑拷打。

陳女士被帶到勞改所後，官員打電話給張女士，告訴她如果能支付相當於二百四十一美元的罰金，母親就可以獲得釋放。張女士受夠了這種沒完沒了的「罰金」，為了將母親弄出北京的監獄，她已經付了兩次不在法律規定範圍內的罰金。現在官員又要罰金，還不是一筆小錢，相當於四個月的工資。官員要她接到通知之後，立刻湊出這一大筆錢，她實在束手無策。

但問題不只是錢。她承認已經對於母親堅持捍衛權利的舉動感到非常厭煩。如果母親願意屈服、放棄法輪功，家裡就沒有這些麻煩，不必再付罰金。況且，只要經過一段適當的時間，母親仍然可以在家裡悄悄煉功。她實在不懂母親為何非得如此不可。

所以她告訴那些官員，這種罰金是違法的，如果他們沒有釋放母親，她會向當地的檢察官辦公室投訴。

陳女士整晚待在監獄裡，聽著從那棟低矮建築物傳來的尖叫聲。那是「教育改造所」的慣例：新來的人在監獄待一晚，不會受到任何傷害，但他們會聽見其他反抗者所發出的慘叫聲。這一招通常十分管用，許多人還沒有遭受毒打就屈服了。但陳女士沒有放棄法輪功。二月十八日，就在她被帶到那棟低矮建築物接受「訊問」之前，他們容許她再打一次電話。陳女士打電話給女兒，要她帶錢過來。張女士和母親起了爭執，惱怒母親的頑固惹上這麼多麻煩。她說，讓步吧，然後我們回家。她母親默默地拒絕這個提議，所以她們無聲地掛上了電話。

於是陳女士的磨難就在那晚開始。後來，有一位被關在隔壁房間的修煉人寫道：「我們聽到她尖叫，心裡難過，精神幾乎崩潰。」城關街委會雇用的惡棍拿棍子毆打她的小腿、腳和下背部，也拿趕牛的刺棒敲擊她的頭部和頸部。根據獄友的說法，他們不斷對她大叫，要她放棄法輪功，咒罵李大師，但是陳女士每一次都拒絕了。

隔天，即二月十九日，張女士接到另一通電話，打電話的人是一個女人，但不是她母親。那女人叫她帶錢過來，張女士還在猶豫時，母親隨後就接過電話。以往，母親的聲音鏗鏘有力，充滿自信，但是現在卻變得孱弱而痛苦。她央求女兒帶錢過來，那女人又接過電話，叫張女士帶錢過來。

張女士非常憂心，所以匆匆帶著錢和母親的保暖衣物趕去。但那個地方被特工包圍著，不讓她見母親。她心想母親不在那裡，所以就回家了。一個小時後，一位修煉人來看張女士，還說法輪功的修煉人（包括她母親）正在教育改造所遭到痛毆。

張女士和她的弟弟一起趕過去，隨手帶著水果作為向警察行賄的小禮物。他們不讓她進去，也拒絕接受她的錢。她注意到房間裡有一個老太太，立刻大聲對她說：「我媽媽有沒有被毆打？」那位老太太揮手表示「沒有」。後來張女士說，也許老太太是想要揮手叫她離開監獄，擔心她同樣會遭到逮捕。張女士和弟弟回家，度過了一個不安而無眠的夜。

那一晚，陳女士被帶回房間，堅持拒絕放棄法輪功，所以他們毆打她，拿電擊棒敲她。獄友聽到她咒罵官員。她就像許多法輪功修煉人一樣地堅定，還說一旦官員的暴行曝光，中央政府就會懲罰他們。但全縣各地許多法輪功修煉人都說，他們聽到濰坊的官員反而告訴陳女士，中央政府要求他們必須「無所不用其極」掃蕩法輪功。她一定要放棄法輪功，否則會持續遭到毆打。

兩小時之後，陳女士被帶回主要建築物的二樓牢房。那間牢房沒有暖氣，只有一塊充當床鋪的鋼板。她變得神志不清，在她的三位獄友當中，有一位記得陳女士呻吟道：「媽呀……媽呀……」

隔天（二月二十日）早晨，他們命令她到外面的雪中跑步。她的獄友以及其他目睹這個事件的犯人說，兩天的嚴刑拷打已經讓她的雙腳傷痕累累，她的黑色短髮更是因膿與血而糾結在一團。「我從窗戶看到她十分艱難地爬了出去。」某位獄友在一封從獄中偷偷傳出的書信裡如此描述。陳女士倒下去了，被拖回牢房。

「我曾是主修醫學的學生。」另一名獄友寫道，「當我看到她奄奄一息，我建議將她移到另一間（有暖氣的）房間。」然而，地方官員給她「三七」，一種治療輕微內出血的草藥。「但她吞不下去，把它吐出來。」她的獄友求官員送陳女士到醫院，那些經常批評法輪功修煉人以煉功取代醫療的官員拒絕了。但他們還是請了一位醫生過來，只是這位醫生宣布陳女士很健康。

另一名獄友寫道：「她不省人事，無法說話，只能吐出黑色黏液，我們猜那是血。等到隔天早上（二十一日），他們才證實她快死了。劉光明摸摸陳女士的脈搏，臉色一沉（他是當地公安局的職員，法輪功修煉人說，陳女士多半是被他毆打的）。」陳女士死了。

那天晚上，官員到張女士的家，表示她的母親生病了。張女士和弟弟擠進一輛車子，前往一間已經被警察團團包圍的醫院。當地的黨委書記在那裡（他曾經找過陳女士，警告她不要去北京抗議），他告訴這對姐弟，他們的母親死於心臟病發，但他們不能看屍體。經過數小時的爭辯後，官員終於同意他們看屍體，但必須等到隔天，並且堅持要他們在一間戒備森嚴的旅館過夜。他們拒絕，最後，官員允許他們先回家。

二月二十二日，張女士和弟弟被帶到當地的醫院，那裡也被警察包圍。他們的母親遺體就放在一張桌子上，穿著傳統的壽衣：樸素的藍色棉質外衣、藍色的棉質長褲。但張女士從被扔棄在房間一角的袋子裡，看見了母親被扯破、沾滿血跡的衣服，內衣褲也都污穢不堪。她拉起母親遺體所穿的壽衣，看見小腿變黑，背上有道六英寸長的鞭痕，牙齒斷裂，耳朵腫脹，已呈藍色。張女士昏了過去，泣不成聲的弟弟連忙攙扶她。

—

政府最能有效迫害法輪功的聰明方法，就是宣布這個團體是邪教。這一招讓法輪功處於守勢，迫使它必須證明自己的無辜，更讓政府鎮壓之舉帶有西方反邪教運動的合法假象。政府迅速學會反邪教運動的語言，設立網站，推出在「一夜成名」的專家，他們以特有的聲調說李大師和吉姆．瓊斯（Jim Jones）如出一轍，後者是「人民聖殿教」的教主，據說曾在一九七八年殺死九百一十二名教友；或說李大師就像山達基教派，據聞這個教派洗腦教友，讓他們捐出大筆金錢。

為了證明自己的論點，政府羅織一系列駭人聽聞的故事：有人割胃找尋應該腹內旋轉的法輪，或有人的親戚以法輪功取代醫療而一命嗚呼。政府也試著將李大師描繪成榨取修煉人金錢的騙徒。電視播出法輪功帳冊資料照片，想要證明李大師靠著書和錄影帶賺取大筆錢財。

問題是，這些論點多半站不住腳，政府從來沒有讓所謂的「法輪功受害者」單獨接受訪問，因此這種說法幾乎無法獲得證實。即使我們相信這些說法為真，但這些受害者只占法輪功全部修煉人的一小部分。在任何由數百萬人所組成的團體裡，總是可以找到數百位精神錯亂者。因此，政府的例子根本無法證明法輪功裡精神錯亂修煉人的比例，遠遠比一般民眾裡的精神錯亂者還要高。

至於致富，我不懷疑李大師在美國的生活非常舒適，他的書在那裡非常暢銷，他出席的會議總是擠滿了人。在中國，李大師的書更加暢銷，但是一九九六年時，法輪功和氣功研究會發生爭吵，致使這些書籍無法獲得出版許可。因此，在法輪功最為活躍於中國的時期裡，它的書和錄影帶都是違禁品。李大師拿不到任何版稅。

從更為根本的層面而言，這個團體並沒有符合許多邪教的普遍定義：它的成員可以和團體以外的人結婚，可以和團體以外的人作朋友，有正常的工作，沒有和社會隔絕，不相信世界末日即將到來，沒有大量捐錢給這個團體。最重要的是，法輪功絕不接受自殺和肢體暴力行為。

邪教的確有更廣泛的定義；在西方，反邪教運動的理論大將是臨床心理學家瑪格麗特·辛格（Margaret Thaler Singer），她在一九九五年出版的《邪教在我們中間》宣稱，「秘密的、誘惑性的團體以老人、工作場所和家庭為目標……任何人都可能成為受害者。」辛格女士為邪教下了三部分的定義，說明邪教中會有一個自封的領導者，此人充滿魅力，擁有獨占的知識。邪教的等級制度結構屬於極權主義式的，或者涵蓋一切。此外，它的成員被迫「完全委身」於這個團體。這個定義非常廣泛，甚至可以包括許多宗教團體，例如基督教或回教的教派。

然而，我知道法輪功——新的精神運動——已經吸引了一些極端忠誠的成員（有些人甚至會說他們「十分狂熱」）。在我訪問法輪功修煉人的那兩年期間，曾遇見一些人，他們顯然將李大師視為半神，還以這個團體為生活中心。早上作健身運動和晚上讀祈禱文之間，他們顯然沒有剩下太多時間從事家庭和工作以外的其他活動。我們確實可以認為某些堅持不向政府屈服的修煉人真的非常不切實際，但大體上，我沒有看到他們以不健康的態度拒絕外界，至少不比我在過去幾年間見到的其他主要宗教的眾多信徒們更加拒絕外界。我也認為許多人忽略了一個事實：法輪功被查禁後，修煉人失去了工作，被迫轉到地下。如果他們過著與世隔絕的生活，那是政府造成的，而不是因為法輪功的教導。

同樣地，這不是否認法輪功當中有一些令人困擾的信念。它的世界觀是人們必須經歷無窮盡的考驗，才能進入更高的境界。因此，他們認為人類的存在實在短暫，而且在某些方面亦無價值。這種觀念說不上獨一無二，但可能讓某些修煉人將自己的生命放置在團體的目標之下。即使如此，我也看不出法輪功和一些現存的宗教有太大的區別，因為後者也有類似的觀念。

最後一項有關法輪功的疑慮則無可辯駁。談論新興宗教的專家往往掛慮一件事：這些團體的領導人仍在人世。他們主張李大師和猶太教的先知、基督、默罕默德或佛陀有所不同，因為他還在積極傳道。這代表他仍然可能會發出危險聲明。關於基督，也許有人會針對如何詮釋祂的話進行辯論，但由於祂已經死了（或者活在天上——視個人的觀點而論），所以不可能叫大家吞下氫化物。至於法輪功的確有這種可能性，雖然我沒有看到任何跡象確實顯示李大師可能發出這種命令。我也質疑人們認為那些比較安全的現存宗教是否真的比較好；基督不可能發出新的聲明要求信徒自殺，但有關詮釋《聖經》的爭論，已經導致太多流血衝突，致使我們不禁懷疑，基督教是否比新的宗教更安全。

政府使用「邪教」的標籤仍然十分管用。在西方，反邪教的憂慮在一九九〇年代初期至中期進入高峰期之後已經逐漸式微。進入二十一世紀時，大多數的反邪教行動主義者都是現存宗教的信徒，換句話說，他們的確有積極攻擊新興宗教的動機。美國最著名的反邪教組織是美國家庭基金會，這是一個基督教右派團體；在歐洲，最尖刻的邪教批評者則來自某些國家所贊助的現存教會。此外，我幾乎找不到任何真實的科學基礎可以批判某個團體屬於邪教，心理學家也愈來愈懷疑人們可以被「洗腦」。大多數加入邪教的人，往往會在一段相當短的時間內自願離開。這不是要低估那些宣揚錯誤倫理概念的小型宗教團體可能對個人或社會造成的危害，但邪教不會成為社會所面臨的主要挑戰。

但是當中國宣稱法輪功是邪教以後，西方的反邪教運動旋即得到了新的目標。許多外人專注於邪教的標籤，鎮日費時批駁李大師著作裡的模糊定義，嘗試證明這個團體有潛在的危險。甚至有位西方學者寫下一篇論文，呼籲人們能了解政府多麼憂慮於法輪功教義背後的潛在危險，並且表示政府有懼怕法輪功的正當權利。雖然政府如此在意法輪功，只是因為它在北京市舉行示威遊行，而不是因為它的教義。但這篇學術論文忽略了一件重要的事情：殺害人民的是政府，並不是法輪功。

聯合國沒有注意這一點。為什麼？因為它做了一件後來讓自己難堪的決定：贊助在北京召開的反邪教會議。二〇〇〇年十一月，在「邪教問題國際研討會」的開幕演說上，聯合國開發計畫署駐華代表處處長克絲汀．萊特納（Kerstin Leitner），指責人們過於寬容邪教的存在。聯合國隨後試著切割自己在這次會議中所扮演的角色，因此萊特納小姐的演說內容並未對外公開。一開始，聯合國駐北京辦事處甚至否認這次演說的存在，儘管中國政府所控制的媒體們，早已十分愉悅地大肆宣傳這篇演說，將它視為外界贊同中國政府鎮壓法輪功的證據。

後來，萊特納小姐和我吃午餐時，承認確實發表過那次開幕演說，而聯合國開發計畫署也有贊助那次會議。她表明自己反對鎮壓法輪功，也希望聯合國能藉著內部運作，緩和中國政府的過度鎮壓。

但萊特納小姐也十分堅持某件事情，那就是中國政府確實有正當理由擔心法輪功等團體。她說，任何研究中國歷史的學生都心知肚明，長久以來，法輪功之類的千禧年團體一直讓中國吃足苦頭。她承認中國政府或許反應過度，但情有可原。我們常常聽見這種說法：鑑於中國的歷史，任何政府都會提防宗教運動或農民叛亂。這是一般人所理解的中國歷史，但如果我們仔細討論這個觀點，就會發現它實在站不住腳。

這不是否定中國歷史上確實發生過的宗教暴動，或者否認宗教暴動往往是某些朝代滅亡的普遍原因。中國第一個主要的朝代漢朝，就是因為宗教叛亂分子占領部分領土之後走向滅亡。那次暴動在二世紀的後半期勢力大增，當時的中國飽受乾旱和洪水之苦，持續的內鬥耗損了國力，使得漢朝領導人對於災難反應遲鈍，因而助長了暴動。一個術士家族以神奇療法贏得民心，宣稱人體生病是因為「罪」的緣故，而懺悔可以讓人恢復健康。這和法輪功十分相似，後者也宣稱自己的健身運動和道德養生法可以終結疾病。西元一八四年，這個叫做黃巾的團體發動軍事暴動、攻城掠地，但不久就遭到擊潰。只是一波波相似的叛亂紛至沓來，例如黑山和白波軍的叛亂。這些反叛仍然未果，但最後漢朝宮廷再也無力掌控軍隊，中國遂分裂成許多交戰的派系，三百多年後才重新出現統一局面。

同樣的，也有人將中國最後一個朝代清朝的滅亡部分歸因於一系列的宗教叛亂，這些叛亂始於十八世紀後期，持續至十九世紀中期，其中屬太平天國最為致命。它是中國民間宗教和基督教的揉合體，創立者洪秀全相信自己是耶穌基督的弟弟。他宣揚嚴格的道德規範，並且如火如荼地反抗清朝。他的軍隊占領中國南部和中部的許多領土，在南京坐穩王位，此後統治中國的大片江山長達十一年。清軍最後得到外國支援，終於消滅了太平天國，但數百萬人死於圍攻、突圍以及焦土策略。數十年後，就在一九一一年，清朝也滅亡了。

傳統史學詮釋朝代滅亡時往往讓叛亂團體扮演不成比例的重要角色。他們被視為狂野不羈的勢力，受到煽動者的煽風點火，就像農民一樣。有些分析家主張也以這種眼光看待法輪功。的確，有人認為太平天國這類團體的歷史明鑑，足以解釋共產黨對付法輪功時採取的手段，甚至證明這些手段非常正當。

但我認為這種推論充滿了瑕疵。最明顯的問題是忽略了法輪功和其他團體的重要差別：法輪功不鼓吹暴力，其本質對政治沒有興趣，更著重個人內在的修煉，目標則是潔淨心靈、改善健康。

但更重要的是，我們必須將黃巾之亂、太平天國之亂，甚至法輪功的暴動，視為時代騷動的徵兆，不是原因。太平天國之亂的起因是清朝日漸嚴重的軟弱無能與貪污腐敗，更是因為它無能處理中西局勢；同樣地，法輪功也反映了現代中國的社會問題。大有為的政權能處理洪水和乾旱，而無能的政權被派系鬥爭撕裂，無法救助窮人，迫使人民必須在宗教運動中尋求安慰，甚至走上叛亂一途。得民心的政府具有道德威信，使它有權要求人民對它忠誠——人民相信那些統治者理當掌權，因為他們道德操守崇高，可以妥善治理國家。無論是哪個時代，腐敗且墨守成規的政權都不會獲得人民的忠誠。

——

時間是晚上八點鐘，司馬南非常準時，大步走上舞台，來到一張書桌後面，一盞燈照在他臉上。他以語不驚人死不休的風格對著麥克風說，「你膽敢自稱是共產黨幹部？」他大聲咆哮，「當你加入偉大的馬克思、列寧和毛澤東的黨時，你宣誓成為無神論者，但就在你們當中，有些人白天是幹部，晚上卻偷偷改變自己的政治信仰！」

他的一千五百名觀眾聽得如癡如醉。他們是武漢鋼鐵公司的職員和工人，武鋼是一個共產黨掌控的非常重要的工廠，員工人數高達萬名。一九九九年八月，雖然中央政府一個月前開始清查法輪功，但當地的共產黨支部擔心許多工人仍是法輪功修煉人。支部不知如何掃除藏於公司各階層的修煉人，所以邀請司馬南（政府所贊助的邪教剋星）來到這座擁有七百四十萬人口的骯髒大都市，嚴正告誡那些疑似仍然沒有放棄法輪功的資深幹部和工人。

司馬南的確是這項任務的不二人選。他身材粗壯，曾經沉迷氣功，甚至就像陳教授一樣相信氣功可以讓人擁有超自然力量。那位和善的陳教授堅守信念，以高度爭議的科學方式為它辯護，但這位四十四歲的前記者早就發現，所謂的氣功「特異功能」，絕大多數都只是大衛魔術師的戲法——只要你夠聰明，就絕對能夠學會。一九九〇年代初期，司馬南帶著無神論式的重生信念，致力於揭露氣功騙局，還設計出一套表演系統，更熟練到令人如癡如醉的完美境界。共產黨或許不見得完全接受他的信念，但司馬南這人基本上發自內心地支持共產黨，自始自終都是忠貞黨員。

現在，司馬南即將以令人目瞪口呆的方式，直陳共產黨無法填補中國的精神空虛。他說，一九一一年帝制滅亡後，中國的傳統宗教世界也隨之瓦解，自此以後，中國人不斷尋求新的精神寄託。共產黨於一九四九年取得中國政權之際，毛主席也篡奪了神的角色。

「但自從毛主席在一九七六年過世之後，」司馬南一面說，一面靠向桌子另一邊的麥克風，「在精神上，中國人一直茫然不知所措，我們在尋找某種可以相信的東西。既然資本主義不是宗教，因此人們得尋找別的東西。」

他認為最可憐的就是那些想要重拾青春的老黨員。

「以前，他們有最好的女孩。」司馬先生語畢，聽眾哄堂大笑，但第一排的當地黨委書記卻是坐立不安。

「現在他們只是一些住在公寓的老頭子，想盡辦法重拾青春時日。」

他一把抓住麥克風，大步走到講台另一端。他脫掉外套，那雙強壯的臂膀在銀行業者一大片藍色西裝當中萬分顯眼。他從聽眾當中挑選一名志願人士，在那人頭上堆了八塊磚，隨後爬到椅子上，以大錘敲打磚頭。五塊磚塊應聲碎裂了，那名年輕志願人士站在舞台上，神色訝異，因為他的腦袋仍然完好無損。

「物理學！」司馬南大聲對聽眾說，「我只敲碎了五塊磚，底下那三塊保護了他的頭，減緩大錘的衝擊力。這和魔術沒有任何關聯。」

接下來，他拿起一只玻璃杯和另一塊磚，開始模仿氣功師父。他先假裝對玻璃吐氣施法，將它變成「鐵玻璃」，再一手拿起那塊磚，另一手拿起玻璃杯。他作勢要以玻璃杯敲打磚塊，小心翼翼地讓玻璃杯的厚底打在磚塊上，磚塊再次應聲破裂。現場觀眾驚訝不已，交頭接耳地輕聲指出玻璃必定真的變成「鐵玻璃」了。司馬南以嫌惡的表情注視觀眾，闡釋玻璃杯的厚底其實比磚塊堅固。他再次用玻璃杯的邊緣部位敲打磚頭，這次換成是玻璃碎裂，說明了薄薄的玻璃並沒有因為施法而比磚頭堅固。為了破除迷信，他吃進薄薄的玻璃碎片，混著水吞入肚中，完成了這一系列的表演。事後他說，只要練習用臼齒小心翼翼地將玻璃磨碎，就能夠靠喝水吞下玻璃粉末。

四小時後，司馬南的助理將他領下講台，帶他坐上一輛等候已久的汽車，載他趕搭飛往北京的深夜班機。還有其他工廠的經理都希望能早日趕上政府路線，清除工廠的法輪功修煉人，他們也雇用司馬南，後者於是搖身一變為當前的熱門人物，最近甚至榮獲「無神論英雄」。

跟司馬南一起搭機返回北京的途中，我們討論了法輪功究竟為政府帶來多大的震撼。鋼鐵工廠是共產黨的堡壘——中國在一九五〇年代推行第一個「五年計畫」時，首要工作就是興建鋼鐵工廠——但根據地方黨官員估計，仍有數百名共產黨員工拒絕放棄信仰法輪功，寧願追隨李大師，而不是毛主席。

「記得我怎麼在鋼鐵工人面前，拿那些相信氣功特異功能的黨的老幹部開玩笑嗎？」他說，「許多年來，共產黨一直沒有認真處理氣功問題，甚至還一度欣然接受氣功。但他們不太了解氣功。當然，那些把戲很吸引人，但真正吸引人的是精神面的東西。」

——

真正了解法輪功的人住在廣濟寺。沒人與他交談，也沒人聽他忠告。他現在幾乎可說是真正與世隔絕的人，一個充滿怨恨的隱士，因為整座世界都忽視他。他叫陳星橋，是一位佛教居士。整整六年以來，法輪功讓他又愛又恨。

我在傍晚時分抵達寺廟所在地區，但我真正進入寺廟時，天色已黑。寺廟入口藏身於商業街道之中，十分難尋，但寺內卻是一座座並排的寬敞庭院，綿延不絕地往北京街道深處延伸進去。我遊走於庭院之間，行經幾座殿堂，裡面空蕩蕩地，只有巨大的木頭雕像，偶爾可見幾位和尚藉燭光讀經。大多數的和尚都已趕回自己的住處用晚餐，神像前的香慢慢燒盡。我停下來，聆聽城市似有若無的回音，並且欣賞這寧靜的氣氛。

儘管寺廟此刻的光景如此安靜且虔誠，但它實際上扮演的卻是官僚政治中心的功能。這是中國佛教協會的所在地，負責管理中國一萬三千間寺廟以及二十萬名和尚、尼姑。陳先生負責編輯這個協會的月刊《法音》。剛才見到的許多和尚都為協會工作，雖然他們當時正在進行晚禱，但是多半時候，他們更像是旅遊業的從業人員，負責收門票、賣書或紀念品等工作。

我慢慢往深處步行，穿過六座庭院，來到陳星橋先生的小辦公室。先前我有點迷路了，在一位友善的女清潔工的幫忙下，才得以找到陳先生。陳先生今年四十三歲，神情有些冷漠、略顯敵意，身材高瘦，頭髮梳理仔細，那雙細小的眼睛不停觀察這個世界。當他向我訴說故事時，我看得出他謹慎的特質對他很有用，讓他從偏遠的省分逐漸爬上官僚政治的階梯，一路來到首都的協會總辦公室。但我從別人那裡得知陳先生絕非如此而已。他還是一位積極從事佛教活動的佛教徒，篤信佛教教義並且仔細鑽研這些教義。他是中國宗教協會的典型人物，一個合法的信徒，深知自己所為不過是在妥協，但覺得已無其他選擇。

一九九四年，當陳先生第一次遇見法輪功時，他仍然住在哈爾濱，那是一個北方城市，離蘇俄邊境大約一日車程。陳先生住在哈爾濱時，我也待在那個城市，所以我清楚記得那個城市。歷史因素所致，許多中國經濟改革帶來的痛苦都始於這個城市——尤其是關閉國營企業，後來這件事導致全國失業率攀升。哈爾濱和中國東北其他地區曾是日本殖民地，他們在那裡大興重工業。後來，中國的共產黨經濟規畫者在此建造巨大的煉鋼廠和機床工廠。這些工廠現在都已過時，更在自由市場的競爭攻擊之下瓦解。這個地區如此不成比例地集中發展「鏽帶」工業，使其必然提早開始裁員，也讓整座城市從一九九〇年代初期開始就染上腐朽的色彩。哈爾濱早就有許多失業者露宿街頭，叫賣著來自破產企業的廉價首飾和殘餘產品，後來這種景象盛行於中國各地。厚臉皮的妓女和破舊的卡拉ＯＫ處處可見，因此那種許諾著解放的法輪功教義，自然在此具備顯著的吸引力。

但在李大師創立法輪功兩年後，某種更深奧的因素使得此地輕易接受了法輪功。過去數百年，這裡是滿人等非漢民族的家鄉，日本人所說的「滿洲」即出自於滿族；稍早以前，西方人仍然普遍使用這個名稱。滿洲人在十七世紀征服中國，並且統治中國將近三百年。在這段期間，他們限制定居在滿人家鄉的漢人人數，還希望保存這個地區的農業和狩獵混合經濟。滿清帝國最後瓦解了，雖然這個地區勉強保留了一些邊疆色彩，但幾乎全面受到中國同化。和中國文化的中心地帶不同（即馬先生帶領農民反抗政府的地區），這個地區位於中國文化影響力的邊緣。這裡沒有光禿的山丘和小廟，只有茂密的森林和薩滿教的傳統——在文化上，這裡更接近西伯利亞和蒙古。因此，掌握神秘主義精髓的宗教，當然容易引起當地人民的共鳴。

一個朋友帶陳先生去哈爾濱冰球場聽李大師演講，那是法輪功為當周的活動所租來的場地，會議主題是「復興」。法輪功的總部位於附近的遼寧省，那次聚會是法輪功試圖從總部拓展影響力的系列活動。「有位朋友說李大師是一位『偉大的佛陀』，他知道我對佛教有興趣。我心想，不妨去聽聽，應該無傷大雅。」

冰球場內搭建了一座演講舞台，李大師就在那裡對著四周看台上的觀眾演講。有時候會是修煉人描述自己的故事，分享經驗，表達法輪功如何幫助修煉人除去病痛。休息時間，人們在走廊漫步，看看資訊布告，上面描述了法輪功信條以及打坐的心法。

但陳先生不喜歡他所聽見的訊息。他說李大師的部分演講內容詆毀了佛教。的確，法輪功有時會批評佛教有些墮落與過時，甚至是氣數已盡。舉例來說，陳先生位於北京的寺廟混合了政治與宗教，因此不會得到法輪功眾多修煉人的認可。

但陳先生是一位嚴肅的佛教徒，所以他覺得有點受到侮辱。

「我不怎麼佩服李大師，他似乎只是在教導基本層次的氣功以及個人的生命理論。他確實折服許多現場觀眾，那或許是因為他們不太熟悉宗教和其他教義，也不太了解情況。許多人從未藉由媒體與學校等管道得知任何關於宗教的事情，所以對這些人而言，這確實很美好。李大師談了『佛法』，並且花上一半的演講時間批評其他氣功大師。」

陳先生認為，政府指控李大師靠著法輪功致富的說法可能過於誇張，但他也同意法輪功可以帶來不少利潤，至少在一九九〇年代初期時的確如此。陳先生估計，那次復興大會大約有四、五千人參加，每個人都花了五十元聽十場演講，一場演講平均花費只有五元（六毛美元）。但據說哈爾濱大會的總收入高達二十萬元（二萬五千美元），扣除相關支出後，法輪功的利潤至少還有一半。在當時的中國而言，那是一筆相當可觀的金額。

「我有回去聽完最後一場講座。」陳先生說，「離開時，我覺得法輪功有點奇怪，但沒什麼大不了。那就是典型的東北，東北人喜歡大的、誇張的、簡單的東西，」他笑著說，刻意重複中國東北人的刻板印象。「當時，東北有許多這類的氣功人，吹噓的教義也十分普遍。我認為他就是一個騙子而已。」

但在接下來那兩年，陳先生發現法輪功愈來愈令人難以忽視。藉著熱心向人傳教，它成為最受歡迎的新宗教。在哈爾濱，幾乎每一個公園都有法輪功的煉功地點。角落的書攤擺滿一排排這個團體的書和錄影帶。許多佛教徒甚至將佛像和佛經還給寺廟，還說那些東西不像李大師的主要著作《轉法輪》那般有力量。

當時，陳先生只是當地佛教協會分會的兼職志工，生計則仰賴於在哈爾濱量具刃具集團有限責任公司擔任管理者，那是一個龐大的國營企業，當時大約有八千名員工。工廠裡的法輪功修煉人每天早上在工廠前面的院子煉功一個小時，晚上參加討論小組的聚會。他們也同樣鼓勵陳先生加入。

一九九四年參加復興大會的經驗在陳先生腦海中留下了不好的印象，這個印象仍然沒有消失。但他實在好奇，便拿起一本李大師的書，研讀了好幾個月的時間，他得到一個結論：法輪功是一種旁門左道的佛教，藉著盜用「法輪」這類傳統佛教術語獲取正當性。

基本上，李大師的著作要求重新評估佛教，因為佛法尚未正確地傳給眾生。舉例來說，佛教學者為文字和類別爭吵，但卻沒有好好用心地留意經文。真正的「佛法」涵蓋整個宇宙，而其核心就是真、善、忍這三個原則。雖然科學發展有長足的進步，但卻只能解釋物質的存在。

李大師在《轉法輪》的導文中說明：「現代人類的知識，所能了解的只是極淺的一點點而已……要完全揭開宇宙、時空、人體之謎唯有『佛法』，它能區分真正的善與惡、好與壞，破除一切謬見，而予以正見。」

李大師寫道，人類只能藉著修煉改善自己——修煉是指打坐，並且按照真、善、忍三個原則來行事。改善自我之後，人類的修煉境界就能愈來愈高，最後將脫離世俗的憂慮（例如疾病），變成不朽。

明白法輪功的主張後，陳先生寫了一篇長達二萬字的文章〈揭開新興民間宗教法輪功的真面目〉，並且將這篇文章交給中國佛教協會的當地辦公室。

但對於中國死板的官場而言，陳先生的分析太尖銳，提出的糾正之道也過於激進。中國的宗教官僚只承認五種宗教，並且藉著禁止傳教來限制它們的成長。但陳先生注意到法輪功之類的氣功團體，已經透過單純健身運動團體的名義向政府立案登記，因此不受這類限制，能夠努力擴展勢力。

陳先生的解決之道是除去對既有宗教的限制，讓它們可以平等競爭。如果法輪功可以在體育館舉行聚會，可以在公園吸收過路人，為什麼不容許佛教徒這麼做？但中國官員的回應也在預期之內——忽視他的建議。陳先生說，「他們只在意大家不要鬧事。」

如果公開討論法輪功議題，將會曝露官方政策的主要矛盾。承認法輪功的宗教地位，代表著官員必須允許新興宗教登記立案，否則就必須進行查禁。在中國，向政府登記新宗教是不可能的，在過去五十年的共產黨統治時期，從來沒有發生過這種事情。但如果要查禁法輪功，便是承認了政府竟然容許特定宗教在健身運動團體的偽裝下盛行多年。

一九九六年，陳先生的挫敗感到達了頂點。當時哈爾濱市政府召開了名為「社會主義和佛教」的會議。由於陳先生是哈爾濱市佛教團體的資深俗世會員，所以他參加這次會議，也在會議上提出關於法輪功的問題。

根據其他與會者的說法，這個問題只獲得幾分鐘的討論時間。警方代表說，唯有暴亂發生，才能採取行動。宗教事務局官員的立場則是，只能在已經設立的宗教場所監督相關活動。一位參加九六年那次會議的哈爾濱公安局官員說：「這件事沒有引起注意，政府因此決定忽視它，希望它會自己消失。」陳先生補充說：「這是一種新的宗教，但沒有人知道該拿它怎麼辦，因為新的宗教是違法的，所以它不存在。」

陳先生下定決心，倘若政府官員不採取行動，他就發表文章，催促他們採取行動。於是當地佛教協會開始將這篇文章轉交給全國總部，陳先生也向協會的會長趙樸初求助，此人是一位罕見的人物，既能同時保有宗教圈人士對他的敬重，也能獲取黨內官員的信任。

趙先生喜歡這篇文章，於是將它寄給中國主要的黨報《人民日報》。起初，《人民日報》想要將這篇文章濃縮刊載在它的精華版——內參，這是國家高層領導人所閱讀的版面。但是，當報社要求陳先生同意刊出濃縮版後，一位編輯封殺了這篇文章。「幾個因素使我們無法刊出。」報社編輯說，「最重要的因素是他談論宗教的方式過於直率。所以我們沒辦法刊出。」

隨後在一九九七年年初，趙先生命令中國佛教協會的內部出版物《宗教趨勢》刊出這篇文章。經過另外一年的努力後，他也讓共產黨處理宗教事務的相關單位所經營的一間出版社發表該篇文章。

這的確是勝利，但非常微小。《宗教趨勢》這本刊物主要反映政府對於宗教的質疑，只分發給佛教協會的會員，因此它的影響力著實微不足道。此外，趙先生也設法讓一家小型出版社發行他的作品，但這本書內容太過敏感，無法分發給書店。因此，有興趣的讀者必須自行向位於北京的出版社聯繫，然後親自去取書。

陳先生說，在接下來的一九九八年，中國無神論協會的會員（包括邪教剋星司馬南）和他聯繫。他們也反對法輪功，想要一本他的書，於是他便寄給他們一本。但陳先生是佛教徒，不喜歡他們的主張。「我批評法輪功，但我也認為人類需要宗教。」陳先生說。

我們聊了一個多小時，外頭天色已黑，陳先生的辦公室非常冷。想到無神論者如何「綁架」了有關法輪功的辯論，他就覺得沮喪，「他們的批評非常粗糙，那種論點就像有些人反對假酒的原因，是因為瓶裡有酒精，而不是因為那是假的、危險的東西。按照這種邏輯，不管是真酒或假酒，只要是酒，通通都不好。這就是他們看待法輪功的方式。他們說李洪志不對，因為他宣稱自己是神，而神是不好的事情。但如此作為，就是在批評所有的宗教。」

無論這種批評粗糙與否，但無神論者的確打倒了法輪功。

何祚庥，中國最著名的一位科學家，就是無神論者攻擊法輪功時的領袖。我以前聽過何教授的大名，他可說是位半公眾人物；和陳星橋先生一樣，他遠遠比表面上看來更加複雜。法輪功的修煉人將他描繪成政府的鬥牛犬，批評他是政府的走狗，為政府攻擊法輪功的行動添上「科學」的體面外觀，就像過去幾年，陳壽良教授讓氣功添加可信度一樣。但何祚庥教授也是一個直言不諱的人。他曾寫信給政府，批評在北京市中心興建劇院的計畫。這座蛋型的玻璃鋼鐵劇院是國家主席江澤民的寶貝計畫，但這一點沒有制止何教授批評它過於現代，因為和它隔街對望的就是紫禁城。

當我打電話給他時，他非常謹慎，我必須表明這通電話與劇院無關。他因為反對劇院而遭受許多抨擊，所以想讓這個問題平息下來。無論如何，他最近發表的那些關於法輪功的著作獲得了政府的認可。他在電話中立刻邀請我前往他那寬敞但樸素的水泥磚公寓作客。他必須先從安全鋼門上的貓眼確定訪客身分，才能打開家門。開門之後，他帶著歉意對我微笑，「我已經是法輪功信徒的攻擊目標，所以不太敢相信人。」他步入客廳，示意我一同進去。

他是一位滿臉皺紋的七十三歲老人，精力充沛且機智，雖然有點邋遢和不修邊幅。他的指甲很髒，頭髮直挺挺地豎著，看來許久未洗，身著田徑服和塑膠涼鞋。這一切都讓人覺得他若非不顧一切的知識分子，就必定是個瘋子。

他才坐下來片刻，就即刻跳起身子，走向書櫃，取出用來儲存證據的塑膠封套。他拉開封套拉鏈，小心翼翼地取出一本《轉法輪》，「我看到它擺在路邊攤上，很想知道別人在讀些什麼無稽之談，就買了一本。」

當我小心翼翼打開第一號證物時，何教授伸出手，從封底折頁拉出一張收據。收據的日期是一九九六年十一月四日。「我以為這本書應該跟佛教有關，但這件事情很奇怪，出版者竟然是中國廣播電視出版社。這出版社理當宣傳政府資訊，但竟然在宣傳佛教？」

何教授認為自己應該向政府報告出版社的事，因為通常只有默默無聞的出版公司才會出版這類的書——例如同一年出版陳先生那本法輪功論著的出版社。何教授讀了這本書，並且深受吸引。這不只是一本單純的佛教書籍，而是原創性極高的宗教著述，裡面概述一種新的神學，想要取代主要的宗教。身為一名無神論者，他認為中國有五種合法的宗教就已經夠糟糕了，現在還出現了另一種宗教。更糟的是，這個新的宗教竟然如此厚顏無恥，膽敢在中國宣傳部所經營的出版社裡出版這本書。

當時，何教授參與了他所任教的中國科學院理論物理所裡的一項研究計畫。他將書放在書架上，打算日後再好好研讀一番。就像陳星橋一樣，兩年來，何教授將它忘得一乾二淨。

到了一九九八年，法輪功突然大為流行，從中國最北邊的陳星橋家鄉，一路傳到南方的大城市。事實上，它已經變成中國非正式的第六個宗教，以擁有數百萬名修煉人而自豪。

法輪功開始在大學校園裡廣為流傳，甚至也傳到了何教授任教的中國科學院。他說，一九九八年三月，他有一位學生開始欲罷不能地煉起法輪功。這位學生不吃東西，體重減輕，結果送醫治療。一個月後，這位學生被送進精神病院，在那裡待了一年。法輪功修煉人說，這種行為表現只是出自於心理失衡，但何教授將這位年輕人的行為歸因於他的新愛好。

一九九八年六月，北京電視台來到中國科學院的理論物理所拍攝報導。中國控制的媒體往往將這類報導製作成吹捧受訪單位的節目，但何教授問是否可以針對理論物理所發表一些評論。何教授是一位備受敬重的黨員，他的批評不會太具爭議性，製作人因而同意這件事。「我說我們的物理所有好東西，也有壞東西。我們這裡有人太相信法輪功，以至於得了精神分裂症。」他一邊詳述這件事，一邊咧嘴而笑。

這個節目在一九九八年五月十一日播出，何教授隔天立刻明白自己即將無可避免地捲入一場戰爭。那天早上，六個法輪功修煉人出現在他家，在他的客廳待了三個小時，就為了辯論法輪功。「我讓他們知道我的確有讀他們的書，也指出我認為根本是胡說八道的部分，」他說，「讓那些人來你家是一件不太愉快的事，最後我們都認為彼此沒有共同的看法，於是他們離開了。」

何教授立即打電話給電視台，才發現數百名法輪功修煉人已經包圍電視台抗議，現場甚至架起了拒馬。他剛剛才應付過那些好辯的學生，這次他敦促北京電視台不可讓步。「這真是不可思議，他們竟然敢在黨的主要機構外面抗議。」他說。

但不久何教授就發現，官員決意採取阻力最小的處理辦法——就像佛教行政官陳星橋兩年前所察覺的真相。北京電視台外面的抗議者人數迅速增加到二千人，他們全是秉持和平理念而守秩序的抗議者，但北京當局卻大為震驚，因為自從一九八九年天安門的學生抗議後，就不曾發生如此大規模的示威集會。由於天安門事件九周年紀念日在即（在中國的政治日曆上，這個周年紀念日一直是敏感的日子），領導人下令電視台不計代價結束法輪功的抗議。

電視台迅速遵從黨的指令。為了表示善意，電視台分發二千個便當（每個抗議者拿一個），並且答應播出同情法輪功的報導。隔天，電視台遵守承諾播出報導，抗議者終於解散，中國的首都又恢復平靜。

何教授對於電視台經理的輕易屈服感到非常憤怒。因此，他立刻進行相關研究，還買了一本陳先生的書。此外，他也從黨內相熟的朋友那裡得知，黨其實經常讓步於法輪功抗議行動。過去幾年，幾個媒體（估計高達十四個）都曾經被法輪功修煉人包圍過，原因都是因為這些媒體的報導質疑法輪功是否真的有助於健康。每一次發生抗議事件，媒體幾乎都會讓步，隨即刊出、播出向法輪功道歉的聲明啟事。

何教授知道多數媒體都會效法新聞出版總署，因為那是控制中國媒體內容的機構。國家新聞出版署對於氣功（包括法輪功）採取「三不」政策：不宣傳、不批判、不爭論。這是新聞出版總署為了減少爭議所採取的部分策略。

一九九六年的爭議事件之後，報社媒體一直遵守這項規則。該事件迫使黨的主要報紙屈服於法輪功的首次抗議。一九九六年六月十七日，某位作家使用「辛平」為筆名，在《光明日報》寫下一篇書評，大肆批評李大師的著作：

最近，每條大街小巷的書販都在賣《轉法輪》，這是一本宣傳封建迷信和假科學的書。同時，在我讀過的所有書當中，《轉法輪》也是最傲慢自大、自吹自擂的書。

這篇書評激怒了法輪功修煉人，驅使他們來到報社前抗議。報社發出道歉啟事，並且表示將收回這篇書評。這個爭議讓中國氣功科學研究會的官員感到憂心重重，決定開除法輪功的會籍，新聞出版署也開始查禁李大師的著作，包括《轉法輪》在內。（法輪功則宣稱自己主動離開氣功科學研究會，因為李大師覺得這個協會腐化了）。但政府沒有針對法輪功的抗議採取不利攻擊，報社也發表了回收聲明。這件事為其他媒體首開先例，每當他們批評法輪功、引起爭議時，也會發表道歉或回收的聲明。

對於治理國家、追求穩定的官員而言，這似乎是個正確的政策，北京電視台的抗議事件也證實了這一點。如果引起法輪功議題的辯論激戰只會引起更多抗爭，讓陳先生這類人物有更多機會要求宗教自由；另一方面，查禁法輪功也沒有什麼意義，因為它在其他方面幾乎毫無威脅可言。很少人意識到法輪功到底從中學到了什麼，那就是示威抗議不只有效，而且政府還會買單。

何教授決定要求黨改變政策。他有更多方式讓社會關注法輪功，這點和陳星橋截然不同。何教授是著名的學術研究員，也效忠於政府，因而成為中央政府的高層諮詢委員會的委員。這個委員會雖然沒有實權，但可以提出對共產黨的政策建議，進而掩護了何教授，讓他有空間來強化對法輪功的批評。

何教授的第一步就是寄信提醒國家主席江澤民，一個擁有千萬信徒的新興宗教正在各地蔓延。這封信的標題為〈肆無忌憚的法輪功〉，由何教授和其他五名委員會的委員共同執筆。但他們沒有得到答覆。

何教授拒絕灰心喪志，還開始為任何願意刊出他大作的出版品供稿。大多數的出版品都追隨黨的三不政策，但某些地區性的雜誌沒有留意到中央政府的政策，所以欣然刊出這位著名科學家的文章。「比較大的報紙……擔心他們必須道歉。」何教授說，「所以我必須在這些小報紙和小雜誌發表文章。」

當何教授暗自努力時，法輪功歡度了一九九八年這個勝利的年度。雖然法輪功的創立者李大師已經移民美國，但他偶爾還是會回來統籌行動，也能藉著嚴密的組織架構，持續和修煉者保持親密聯繫。何教授這類批評者持續展開惱人的零星攻擊，但黨的「無為」政策和法輪功的積極都已經將他們邊緣化。

「政府大多支援我們，」在一次電話訪問中，住在紐約的法輪功發言人張而平告訴我，「許多高層領導人都站在我們這一邊。」

我可以理解為什麼他們會有這種印象，但這種觀點絕非正確。中國大多數的領導人都不接受法輪功，也不認同法輪功；粗糙的統治機構將他們蒙在鼓裡，只能盡可能地壓制有關這個新興宗教的公開辯論。但這種情況即將改變，這不是因為領導人變得比較聰明了，而是法輪功即將犯下一個重大的策略錯誤。

一九九八年即將結束時，何教授決定為一本叫《青少年科技知識》的小型學生雜誌寫一篇短評。這篇文章的標題是〈為什麼年輕人不該練氣功〉，這是他對任何形式的氣功的典型抨擊。他認為氣功適合年紀較大、較少活動的人，年輕人不該打坐，應該出去運動，盡情地跑跑跳跳，要像現在的何教授一樣精力充沛。在這篇文章的中間部分，何教授提到法輪功，語帶嘲弄地稱呼李大師是法輪功的「頭頭」。這個關鍵的用語激怒了法輪功。

法輪功立即作出回應。雜誌付梓當天，抗議者已經抵達出版社位於天津師範大學校園內的辦公室。這所大學位於港城天津，大約在北京以東一百英里（約一百六十一公里）。從四月二十日到二十三日，大約有六千人占據這所大學，要求雜誌收回這篇文章。

法輪功的回應確實太過分了一些，畢竟這個雜誌的讀者不多，如果法輪功選擇平息這個問題，很少人會注意到這篇文章。當然，法輪功之所以堅持出版社必須道歉和收回文章的部分原因，出自於許多宗教當中都蘊含的「自以為是」——所有的批評都在污辱永恆的真理。但除此之外，法輪功的激進人士也心知肚明，在共產黨統治的中國，即使是媒體上一篇小小的評論，都可能引發嚴重的後果。此點確實無誤，惡名昭彰的文化大革命的肇端，就是因為有人評論一齣貌似用寓言手法批評毛主戲的戲劇。這個團體或許真的過於狂熱，但它在許多層面都透徹了解共產黨治理社會的方式。

只是，這一次雜誌不會收回評論了。「出版商打電話給我。」何教授說，「他們問我怎麼一回事。我告訴他們，既然他們是科學出版物，最好不要發出收回聲明，因為他們有義務堅持真理。」於是雜誌編輯也決定堅守立場。

由於雜誌不打算道歉，憤怒的法輪功修煉人們作出了致命的決定：向北京的共產黨高層求助。即便是何教授都無法預測到事態竟會如此發展，原本他只是希望在雜誌發表文章，引起領導人的注意，但卻反而激起法輪功修煉人為他傳遞信息給政府高層。

——

這次抗議事件就像浮現在一九九九年四月二十五日上午的海市蜃樓。法輪功修煉人當時聚集在共產黨位於北京市中心的總部外圍，靜坐六個小時之後，無聲無息地摸黑回家，整場抗議活動也慢慢消退。現場沒有抗議標語，沒有叫喊，沒有騷動，只有大約一萬人參與者靜靜要求政府讓他們的團體獲得合法地位。

中央領導人的所在地叫中南海，是由兩座湖所構成的區域，周圍則是許多庭院以及現代建築。抗議者聚集在中南海北邊、南邊和西邊——東邊毗連紫禁城。這裡是共產黨的權力核心，過去六百年來，這裡也是帝制時期的中國核心。

安靜的氛圍使得局勢更顯詭譎，甚至令人緊張不安。警車已經封鎖通往抗議現場的主要道路，北京市中心變成巨大的步行區。我走過那道人牆，暗忖政府內部的情況為何。他們聽不到任何聲音，但卻心知肚明眼前就有一大群示威人士；公安局沒有預先提出任何警告，此點展現了法輪功獨特的組織能力竟可完成如此有紀律的示威。後來我才聽說，當時有些緊張兮兮的官員想起了何教授，致電給他索取法輪功的資料。何教授以快遞寄給他們一個包裹，裡面有一本陳星橋的著作。

有些抗議人士坐在地上煉功，另外一些則站在一旁，靜靜等待局勢變化。大多數的抗議人士都不信任外人，既不願談話，也不想開口批評政府。

「我們什麼都不想說。」一個老人對我說，「你不能解決我們的問題，政府才能解決我們的問題，我們只跟政府談。」

雖然法輪功日後宣稱這次抗議活動純屬修煉人的自發行為，但這場活動背後顯然有相當程度的規畫。抗議者似乎有非正式的指揮官，這些人確保抗議可以安安靜靜地進行，沒有人發表任何言論。大多數的抗議人士看似來自於北京，但我和其他在場的記者從口音判斷，有些抗議人士應該來自於中國東北地區——法輪功發源地。或許他們曾經去過天津參加對何教授文章的第一次抗議，再來到離天津不遠的北京參加這次抗議。

現場警察不多，這點反映出政府陷入多大的驚嚇。共產黨向來堅稱自己十分穩固地控制中國局勢，外界的觀察者也大多相信這個說法。中國的局勢相當穩定，這一點使它有別於其他動盪不安的前共產黨國家。現在的中國當然已經脫離戰爭狀態，從許多層面來說，它也算得上穩定的國家，但有些事情不太對勁：竟然有一萬個人以某種形式組織了一場示威，政府居然毫不知情。在我的經驗中，只要有兩個以上的中國民主激進人士聚集在一起，就會立刻遭到逮捕。但這個新興宗教的一萬名修煉人究竟如何形成組織，前進到北京？我懷疑中國控制社會的能力是否還如同想像的那般牢固，抑或者是已經日漸變得外強中乾。

當我繼續走在路上，看到一名警察問三個群聚的老婦人在煉什麼。她們說是法輪功，他為難地搖搖頭。

附近一位來自北京郵電大學的年輕人說他之所以前來參加示威抗議，是因為聽說法輪功在某個地方的學生報紙上受到誣蔑。他說的是天津那篇文章，但他卻不瞭解詳情，只是因為有人叫他過來示威抗議，他就照著做了。

我沿著中南海的北側步行一陣子之後，原想左轉沿著中南海的西側往南行進。但是道路已經封鎖，有些法輪功的現場工作人員在維持秩序。

「行人請走右邊，不要站在路上。」一名中年婦人告訴進入街道的人。

我和另一個老人說話，他來自位於北京旁邊的河北省。

「法輪功很棒。」他穿著白襯衫、風衣以及寬鬆的棉褲，「你煉法輪功，就不會生病。如果政府承認法輪功，就可以省下一大筆醫療支出。我們來這裡，就是想讓政府知道這件事。」

「為什麼政府必須知道這件事呢？」我問。

「有些報紙在批評法輪功，我們認為政府要查禁法輪功了。」

「什麼報紙？」

「我不知道，一種青少年看的報紙，這不重要。我們只想成為受到法律認可的氣功，這樣而已。」

「你來多久了？」

「早上七點半就來了，做完早晨的健身操後過來的。」

隨後一位女孩走過來，制止他說話。

「不好意思，」她說，「我們不接受採訪。」

老人安靜下來，而我繼續前進。

許多北京路人停下腳步向法輪功修煉人問話，但同樣得到沉默的答覆。

「你們想要什麼？」一個年輕人在眾人面前停下腳踏車，隨後發問。

沒有人回答。

他聳聳肩。

「我沒看過沒人說話的示威抗議。」語畢，他騎著腳踏車離開。

至於其他北京人就沒有這麼平靜了。

某人對一位老先生說，「你們只是在惹麻煩。」稍後另一個人說，「不要搗亂。」一名婦人對另一群人說：「看看你們造成的騷亂，這只會給你們添麻煩，只給我們大家都添麻煩！別這麼自私！」

這些話讓我回想起某些人談到家人一直在「添麻煩」時所說的話：別談那件事情，別刺激他。世界各地的許多公民都被迫用這種方式面對政府——那是一股你無法預測的力量，最好不要招惹它。

老百姓的直覺是正確的，決定在北京示威抗議是法輪功的一大失算。任何人，只要他不那麼天真或者不被信仰沖昏頭，都會看出鎮壓將是無可避免的後果。

我繼續沿著路走，看到一群人正在宣讀來自於北京公安局和信訪辦的信函。「政府不打算查禁法輪功，」這封信說，「應該透過正常管道申訴。」

後來發生的事情證明這是個虛偽的承諾，但從當時的角度來看，一切合情合理。據說有一群抗議人士得以進入中南海，會見朱鎔基總理，他說了一些安撫人心的話。到了晚上，抗議者就散去了。

但政府很快就讓大家明白它真正的想法。國家主席江澤民對所有的資深領導者發出一封公開信，痛陳法輪功威脅到黨的威信；黨的基層組織也大聲公布這封信的內容，所以人人都知道江先生的立場了。在這封信裡，江先生譴責政府的治安機構竟敢容許抗議發生。

「我們要求『穩定優先』，但穩定卻化為泡影了。」江先生說，「我們的領導者必須覺醒。」

幾年來，腐朽的政府官僚忽視法輪功，不知不覺地鼓勵法輪功，現在它即將要回應法輪功了。但陳星橋不會看到他嚮往的宗教自由公開辯論，也不會有何祚庥渴望的激烈且毫不留情的辯論。

黨唯一採取的行動也是它唯一熟悉的行動。它設立「六一〇辦公室」，名稱來自於設立日期：六月十日。六一〇辦公室的權責在於動員一切效忠於黨的社會組織。在公安局的命令下，教會、寺廟、清真寺、報紙、媒體、法院、警察，所有人都迅速追隨政府的簡單計畫：無所不用其極地鎮壓法輪功。幾天之內，一波波逮捕行動席捲整個中國。一九九九年年末，許多法輪功修煉人在拘留所裡步入死亡。二〇〇〇年二月時，輪到陳子秀了。

——

二〇〇〇年二月，張學玲看到母親陳子秀的屍體準備進行火化，當天便下定決心查明是誰殺害母親，「我覺得事情不對勁，他們在隱藏一些事情，這完全說不通。」

她想到一個展開調查的簡單方法：取得母親的死亡證明書。那是一張證實某人死亡並說明死亡原因的文件，當家屬要求親人的死亡證明書時，警方或醫院必須發給他們。張女士想要取得這張證明書，有了它，就可以針對母親的死因提出控告。沒有這張證明書，也無法要求政府調查這件事——因為法院需要張女士提出母親死於暴力的證據。張女士就此展開證明母親遭到謀殺的任務。

她和弟弟碰面，後者二十八歲，職業是技工，也認為應該採取行動，只是不確定該如何是好。申請死亡證明書似乎是個好主意，但應該怎麼作呢？他建議去問警察。張女士尋求丈夫的意見，他也認為應該採取行動，但卻幫不上忙，只能提醒她們一切小心。後來他告訴我：「這沒什麼用的。但如果她非得這麼做不可，那也成。這是一件有關家庭榮譽的問題。」

我喜歡張女士的率直和頑固。她的確沒什麼政治經驗，也不太明白中國的政治體制如何運作，至少一開始的確如此。這毫不令人意外，因為她就像大多數的中國人，一直都在盡可能地避開政治，那是棘手的事情，只會帶來麻煩。

事實上，張女士曾經藉著共產黨小心翼翼推動的經濟改革與社會鬆綁政策，悠哉地度過了改革時期。她原本是百貨公司的職員，後來利用餘暇進修會計課程，提昇自己的能力。後來她結了婚，有了孩子，改行去當簿記員。由於鄰居誇獎她撮合幾樁婚姻的手段高明，所以轉行為獨立工作的媒人——她不用傳統的方式介紹婚姻，而是直接媒合非常渴望結婚的男女。

她給人的外觀印象非常平淡，穿著也不像來自鄉下的土包子。例如，她不穿舊式帶著襯裡的外套和布鞋，而是穿深色的聚酯纖維便褲以及鮮豔的印花上衣，這些都和她母親不一樣。按照中國國際大都市的標準來說，她的穿著不算時髦，倒像是這個十億人口的國度逐漸現代化、變得繁榮之際的「內地制服」。她的頭髮剪得很短，非常務實的髮型，但有時為了迎合流行，她會燙個頭髮。她的眼睛又黑又清澈，說話時，眼神帶有一點疏離，彷彿正在想著她所說的話。

現在，張女士試著為母親伸張正義。她很難想像「正義」這個抽象觀念究竟代表什麼，但她以就事論事的態度追求這個目標，這就是我經常在中國的下層階級所看到的態度：唯有全力以赴，從不絕望。在中國，習慣苦幹但得不到什麼具體結果的人往往都是抱持這種態度。她只在我面前哭過一次，當時正在向我描述母親被打死前的一天，她如何拒絕支付罰金。除此之外，她多半非常冷靜，擅長分析，不屈不撓，一心只想著如何取得那張死亡證明書。

她先去找醫院，院方表示他們剛剛才開出一份文件命令火葬場火化她母親的遺體。那雖然不是死亡證明書，但也的確證明了她母親已經死亡，並且說明死因。她決定取得這份文件的影本，所以從火葬場返回醫院。接待員叫她去找病歷部門的一位官員，後者遞給她一份文件，上面有醫院抬頭，收文單位是當地街委會，內容如下：

來自你們地區的市民陳子秀心臟病發，經搶救後，已於二〇〇〇年二月二十一日上午九點三十分猝死於此間醫院。屍體滯於停屍間超過三十小時，皮膚已經出現屍斑。由於屍體已經開始腐爛，醫院無法繼續保存，故請通知死者家屬儘快將屍體送至殯儀館。

濰坊市立醫院，二〇〇〇年二月二十二日

文件下面有醫院的印記。張女士把這份文件仔細讀了幾分鐘，因為這分明不是事實。她對那位官員說：「心臟病發作？那些瘀傷呢？斷裂的牙齒呢？血跡呢？我要一份真的死亡證明書。」官員注視她的神情好像看見一個瘋子。她要求再看一次屍體，官員走出辦公室，五分鐘回來後說那是不可能的，屍體已經存封，未經適當授權無法取出，還問張女士是否已經可以安排屍體的火化事宜了？

張女士恍恍惚惚地離開，終於明白這場爭戰會是多麼困難重重。她回到家和弟弟商量，決定一起讀有關中國司法制度的書。新聞一直在報導這方面的事，例如人們如何為這為那告來告去。雖然這不太像熱衷訴訟的美國，但中國已經發展成一個喜歡打官司的社會，共產黨也試圖利用媒體吹噓這種情況，表示社會逐漸成熟，也象徵著國家打造出一套可靠的司法體系。張女士決定控告政府，要求它發出真正的死亡證明書。

但張女士不像馬先生這種農民英雄，或者是那些被奪走家園的北京人，因為他們至少能夠讓外人認為訴訟是為了減稅或保護文物。張女士正在挑戰政府宣布的第一要務：打擊法輪功。因此這絕對不會是簡單的行政訴訟。當她打電話向律師求助時，立刻明白了這是最具政治性的訴訟，沒有律師願意代表她，甚至不願意讓她在法律事務所櫃台徵詢意見。接下來三個星期，她不斷去找律師，最後有一個律師告訴她，政府已經指示不可處理有關法輪功的案件。

三月十七日，張女士收到一封醫院寄來的信，信上說她母親的屍體將在當天火化。她打電話給醫院，告訴他們，她正在著手調查母親的死因，所以請不要將屍體火化。電話那頭的官員叫她發一封正式信函給醫院。她照著做了，但猜想這樣沒什麼用，他們還是火化母親遺體。

接下來，她寫信給國務院——中國最高行政機關——以及地方媒體，要求國家給她一份母親的死亡證明書。他們不理會她，但警察倒是明確地收到了訊息。接下來的六個星期，他們不斷訊問她。她估計自己總共被訊問了一百零七個小時。最後，在四月底，她因為「扭曲事實，擾亂社會秩序」，而被判處坐牢十五天。

拘禁是一個轉捩點。出獄後，張女士告訴我：「我和一般犯人關在一起，終於看到了我母親所遭受的不公平待遇。我決定竭盡所能學習一切，然後以當權者的語言挑戰當權者。」

獲得釋放後，她就不再當媒人了，而是將全部的時間投入到母親的訴訟案中。她買了法律手冊，學習如何提出正式的申請文件，以及如何針對法院拒審再次提出上訴。她的丈夫仍然以消極的態度支持她：他能夠接受家庭收入變少，但從來沒有積極地助她一臂之力。

張女士讓我想起農民的律師馬先生。張女士和馬先生一樣自修法律，逐漸了解有關投訴及其程序的複雜知識。但馬先生組織了對抗政府的政治運動，讓一群農民到處宣揚公平課稅的訊息。其他人（例如建築師方可）則顯示一個人如何能夠靠著智慧動員數千人，讓自己的想法能夠巧妙地越過中央審查和官僚政治的重重障礙。但是，張女士只是一個比較平凡的人物，和大多數中國人一樣沒有盟友，也沒有經驗，獨自投入一場小規模的戰役，必須自己承擔後果。

那些熬過政府攻擊的法輪功修煉人給她許多實際的幫助。舉例來說，李哥交給我一些原始文件，後來還託人將這些文件偷偷帶出中國。他和其他人幫助張女士在北京找到住處，並為她找出信訪辦公室的位置。知道這些機關的所在很重要，因為這往往是一件秘而不宣的事，有點像是某種精神分裂症的症狀，也是一種測試：如果找得到我們，就可以向我們投訴。「只有他們（法輪功修煉人）真正了解我的失望以及每天必須面對的難關。」她在前往北京時對我說。

李哥和其他法輪功修煉人集結起一群特別的志工，設法熬過政府的打壓。這些積極分子相互支持，一旦有人入獄，馬上就有人加入陣營。鎮壓開始之前，法輪功的組織十分謹慎，內部的結構也猶如政府體系。但公安局迅速破壞了這個結構，將數千人關入牢裡。現在只剩下李哥這類人物一路維繫這場運動，助張女士一臂之力。

—

七月初，我和李哥騎腳踏車穿過整座北京。整個夏天，我們已經有了數次體驗：避開盯梢者，在北京東區的體育館見面，騎腳踏車穿過北京，談論生命。

我們幾乎討論了腦海裡的一切，但最後總會回到他的信仰，我想他認為我可能皈依法輪功。福音派基督徒相信每一個人都應該得救，並且真誠地希望和非信徒分享《聖經》。李哥就像這些人，希望我了解法輪功的福音，因為這個信仰系統讓他的生命變得有意義，它訂下一套嚴謹的道德準則，這跟中國日常生活所見的道德匱乏形成強烈的對比。這個信仰系統是個完整的宇宙論，有創世的故事、救贖和天堂的應許，而不相信、不追隨這個信仰的人，將會下地獄。當然，他希望我認識這種恩賜，我接受他的熱情，把它當成友誼和真誠的關懷，事實的確如此。

這不代表我真的了解許多法輪功的教導，舉例來說，我無法理解法輪功的主要著作《轉法輪》。對我而言，它缺乏佛經或其他宗教經典之美。我可以看出為何《轉法輪》吸引許多中國大陸的民眾，因為它語言簡單，訴諸科學，強調個人健康；也或許，我只是缺乏了一點理解法輪功的生命經驗。但在我看來，李大師的著作缺乏一些佛經、道教典籍、《聖經》或《可蘭經》的作者所具有的天賦。但無論如何，我還是非常渴望和李哥談論他對於這些著述的看法，以及他如何詮釋李大師的教義。

在那個霧濛濛的早晨，我們騎著簡單的單速腳踏車出發，前往天安門廣場。政府在一九九九年七月二十二日開始查禁法輪功（陳子秀從電視上聽到了這個驚人的消息），現在離這件事的第一個周年紀念日還有兩個星期。李哥得知北京城外有許多修煉人並沒有因為陳女士之死而灰心喪氣。他也知道不久以後，其他人就會來到北京，請求政府停止鎮壓法輪功。李哥計畫做好準備，迎接他們到來。今日是他的偵察日，日後如果有修煉人打電話探聽天安門可能的警力部署，就可以提供這方面的訊息。

他預期在接下來的幾周時間內，會有許多人找他。在非正式的抗議者組織網裡，許多人都知道他的BB.Call呼叫器號碼。李哥的呼叫器數次響起，全是求助於他的法輪功修煉人，好幾次都打斷我們兩個小時的廣場單車之旅。當我們向西前往廣場時，他告訴我：「每個人都必須知道自己如何發揮最大功用，而這就是我所能做的。」

二〇〇〇年和我們的腳踏車之行一樣，穿插著許多意想不到的事件。在鎮壓法輪功的過程中，政府占盡優勢，彷彿就要一舉壓垮這個團體。但這一年來，李哥之類的小人物反抗政府，成功的在中國首都定期舉行抗議。他們會被逮捕、毆打，有些人甚至捨棄了生命，例如陳女士。但信心讓他們不斷回到這裡。有時看到他們被鎮壓的情形實在令人難過，就像裁判應該在拳擊手受到永久傷害之前，就宣布停止比賽。不過這些事情也持續鼓舞人心。十年前，沒有人可以面對政府鎮壓，還能夠持續抗爭，那簡直不可思議。只不過現在中國媒體對這種抗議已經司空見慣，有時只有一些覺得自己責無旁貸的外國通訊社，還會願意派遣記者報導這些事件。

當我們能夠看見天安門廣場時，李哥的呼叫器響了，那通信息要他在北京撥打投幣式公用電話。李哥將黑色的單速腳踏車轉向路肩，在投幣式電話亭前面停下來。一群騎腳踏車的人疾馳而過，他下車時卻發現所有的電話都有人在使用。

經驗讓他抗拒打開手機的誘惑，因為中國不只監聽人與人之間的交談，電話也非常危險，即使只是打開手機，也都不能掉以輕心。因為情治機構可以查出手機從哪個基地台接收訊號。在北京這樣的城市，高密度的行動電話意味著每隔幾條街就有個基地台，因此，警方可以從一個基地台追蹤李哥到下一個基地台，用三角定位找出他的位置，並在城裡到處跟蹤他。

幾個星期之前，李哥的一位同伴因為使用行動電話安排會面，差一點就被逮捕。在法輪功抗議者裡，那個人算是安全措施的生手。他抵達會面地點時，卻發現那地方擠滿可疑人物。雖然他跳入一輛計程車得以離開，但與他約定碰面的兩名修煉人卻遭到拘留。謹慎行事，最重要。

終於有一個公用電話空出來了，於是李哥打了電話。電話那頭傳來興奮的聲音，那是一位來自東北的法輪功修煉者，人在北京，想找人幫她寄一封電子郵件給外界。她告訴李哥，一位少年法輪功修煉人為了逃避警察追緝，跳下火車，卻不幸喪生。就像許多剛剛來到北京的法輪功修煉人，這名婦女從朋友的朋友那裡聽說李哥這個人。李哥起初不知道她是何許人，但是談了一會，猜想她不是警方的密探，同意那天稍後和她見面。

「通常你可以判斷那人是否真心誠意。」他跳上腳踏車，在悶熱的天氣中，緩緩騎回路上，「他們會提到一些警方不會知道的事，也會流露出熱忱。」

那女人在一座公園外度過前一晚，迫切地想要找到住處。以前，修煉者會住在李哥家中，但現在那座位於北京東區的三房公寓，已經受到治安人員的監視。這名婦人被解雇了，沒什麼錢，只能靠著其他修煉者的慷慨相助活下來，就像多數當年在政府鎮壓活動下堅持煉法輪功的人一樣。

幫助這樣的婦人已經變得比較容易一些，因為政府對於社會的控制愈來愈鬆散。不久之前，國營工廠承擔員工各種社會福利的費用，包括保險、養老金，甚至地方學校的學費——差不多從一九九〇年代中期至末期之前，視中國各地區而定。至於生活當中最重要的住處，無論是工廠或者政府部門的員工，也全都由雇主分發。真正的私人公司很少，即使是私人公司，也必須提供住處。這意味著鄰居必然認識彼此，畢竟他們是同事。他們居住的公寓也會由已從別處退休的人員所看守，所以當然清楚公寓裡是否有外人居住。

但是當改革生根了，利益優於控制，公司單位很快明白，如果自己必須同時管理公寓與提供其他社會服務，一定會在市場經濟中失去競爭力。因此，他們廉價出售公寓，房屋開始易手。居民也不能總是以為鄰居一定會是公司的同事。他們得習慣於陌生人住在隔壁；公寓大樓的看守者也是如此，他們再也無法確定哪間公寓住著哪些人。

李哥與同伴們有效的利用這種改變。某位在紡織廠工作的法輪功修煉人有一間閒置的公寓，李哥會在無人注意的情況下，悄悄讓那個女人住在那裡。他在電話中答應為她提供住處，並且把朋友的呼叫器號碼給她，完成了另一件小任務。

我們騎著腳踏車穿過天安門北側時，沒有引起太多注意。北京到處可見外國人，過去幾年發展下來，外國人和中國人一起騎腳踏車也不是什麼新鮮事。至於李哥，他看起來就像幾千個正在騎腳踏車經過大廣場的人，穿著短袖條紋襯衫、黑色聚酯纖維長褲，看起來整整齊齊。當我們聊天時，他總是笑容滿面，但下一秒鐘那雙長期流露疲倦而恍惚的眼睛卻突然亮了起來。

「你瞧！你瞧！」他說話的同時也迅速地在心裡記下當時的場景，「通往行人地下道的入口都是警察。」這個資訊很有用，稍後他會將這件事傳遞給剛剛抵達北京的修煉人。

隔天，我們再度見面，一邊騎腳踏車穿過北京的工人體育場，一邊聊他的信仰。好幾個星期以來，他一直在煩惱是否應該親自前往天安門廣場抗議。他談起陳女士之死，還說相信自己可以熬過酷刑，而且他認為自己有義務讓政府明白他對鎮壓法輪功的感受為何。但是他也明白如果自己不去坐牢，就可以繼續統籌抗議事宜，幫助更多人。

這是許多法輪功修煉人都相當熱衷於辯論的問題。在美國的李大師最近開始在他的網站上發表新文章。熟悉電腦操作的修煉人將這些文章印出來，到處分發。〈走向圓滿〉這篇文章在二〇〇〇年六月問世，廣泛流傳在修煉人之間。在這篇文章裡，李大師反對迷戀世俗，也使用法輪功那種有時顯得非常誇張的行話鼓勵修煉人勇敢抗議。他鼓勵他們「站出來」，表明自己相信「法」，相信宇宙不變的法則。他說：「當前展開來的，是歷史上許久以前就安排好的。面對壓力時挺身證法的門徒，是勇敢而可敬的。」

他沒有直接命令修煉人抗議，但是那份信息再清楚不過。這就像基督教的某個觀念：「為耶穌挺身而出」。然而，鑑於當前的鎮壓行動，當我想到有人鼓勵（即使是間接鼓勵）

修煉人出來抗議，就會覺得非常驚恐。我將這種想法藏在心裡，默默希望李哥不會去廣場。

他的呼叫器又響了，所以我們停下來打電話。那是一位來自於南方的廣東修煉人，她曾在北京幫助同鄉在這遙遠的首都裡生存下來，因為他們聽不懂這裡的北京話，而北京的安全戒備又十分嚴密。

幾個月前，這個女人曾考慮到天安門抗議，儘管這種行動的下場一定是未經法律程序的逮捕和拘留。這個女人三十二歲，失業前曾是英文教師，一張血色蒼白的臉孔，說話的聲音非常微弱，想在回廣東之前和李哥碰面。就在那次會面中，她決定不去天安門抗議，而是回去廣東，跟那裡的人說說北京的情況。「我們必須告訴其他修煉人還有許多人在抗議，這會給他們勇氣。」

現在，她打電話給李哥報平安，也順道打探一些消息。大多數地區之間的聯繫都是為了交換基本情報——警察在哪裡活動、誰出獄了、如何和他們聯繫等等。為了提振士氣，修煉人也彼此講述警察濫權和抗議等事。李哥告訴她，示威抗議天天持續進行，儘管有些日子，只有少數幾個人能夠逃過警方追緝並且順利抵達天安門。

我們就在投幣式公用電話亭旁邊，由於小販聽得見這裡的交談內容，所以李哥沒有講得很清楚。

「還有許多朋友要來城裡，我們都很活躍。」李哥說的是抗議行動。「讓大家知道我們在北京都很好。」

掛上電話後，我們繼續騎腳踏車，經過首都的酒吧區：一條狹窄的街道，兩旁有一些叫做「都提內利」（Durty Nellie's）和「納許維爾」（Nashville）之類的酒吧。入夜以後，那裡也會有妓女和尋歡客。看在李哥的眼中，這場示威冒險確實值得，因為他堅定的信仰和這裡敗壞的道德形成鮮明的對比。在共產黨打擊人民的信仰數十年後，道德已經淪喪，所以李哥認為這一切都是在幫助人民恢復道德操守。

不久之前，李哥很少思考這種精神層面的事情，只顧著努力追求升遷和到國外出差，而那就是現代中國所定義的成功。他是一間紡織廠的會計，已經結婚生子。一年前，就在鎮壓法輪功之前，他接觸法輪功，也開始煉功——起初是出於好奇，後來則變得愈來愈有熱忱。

大約六個月後，李哥突然被迫思考法輪功的重要性。李哥任職的國營工廠的經理受到政府主管所施加的壓力，為此感到憂心忡忡，所以要求他停止煉功。他非常篤定地辭掉工作，此後的日子，他打零工度日，同時全力協助維繫法輪功運動的存活。

他也仰賴當地福利辦公室的津貼過生活，每月相當於四十美元。這不過一筆小錢，但他喜歡說這一切讓他想起中國一句有名的格言：「大隱隱於市。」這句話在說任何人都可以在偏僻的山洞當隱士，但是唯有在人群當中抗拒物質誘惑才是了不起的事情。李哥因此捨棄了生命中的物質享受，只穿最樸素的衣服，也只保留一樣奢侈品：一副黑色塑膠全罩式太陽眼鏡，但那卻是為了抵擋令人目眩的夏日太陽。呼叫器在這裡很便宜，電話也是，他也購買了手機。但即使他有工作在身，也很少使用手機。李家靠著太太在工廠擔任職員的薪水，還能夠勉強維持生計。

「這不是個好時代，這個世界需要相信行善的好人。」當李哥靜靜吐出一字一句時，似乎有些因為坦承自己的信念而感到害羞，「生命就是考驗你是否能夠成為一個好人。」

呼叫器再度打斷我們的談話。我們慢慢地讓腳踏車慣性滑行，停在路邊的公用電話旁邊。那也是一位來自廣東的法輪功修煉人，需要修煉人到機場接他。李哥迅速打電話給另一位法輪功修煉人，這人開著一輛沒有登記的計程車——最近幾年出現了數千輛這種私人計程車。這位計程車司機願意去載這個同伴，而且不收費。他再次解決了另一個任務。

其實李哥心中一直擔心著遭到逮捕。為了將風險降至最低，他遵守幾個基本法則：只和修煉人見面幾分鐘，電話交談必須簡略和含糊，親自交換敏感資訊。只要他能負擔費用，就盡可能更換呼叫器——光是過去四個月，他就換過三次。由於經常有修煉人遭到逮捕，他們手機上的電話簿會落入警察手裡，有些電話簿上必定有李哥的呼叫器號碼，一旦警察知道號碼，就可以要求呼叫器公司交出曾經傳信息給李哥的名單。這場抗議活動無法承受這樣的災難。

我們繞了一個小時左右，李哥記下一些投幣式公用電話的位置後，便折返回家。溫度超過攝氏三十多度，即使平常十分沉著與冷靜的李哥，也都不免開始滴下汗珠。

李哥仍然苦惱於是否要親自前往天安門廣場抗議。從某些層面而言，法輪功修煉者對抗公安局的主要武器就是見機行事。儘管如此，在周年紀念日前後，抗議行動會更為激烈，抗議者也會在良心的驅使下，天天前往天安門廣場。此刻，李哥的良心敦促自己前往廣場。他說，「我覺得有責任讓政府知道那樣是錯的。但如果不去坐牢，我會更有用處。」

李哥權衡這些選擇時，並沒有特別考慮時機問題，但結果證明他的確挑中了最好的時機。兩天後，他和妻子前往天安門廣場，以法輪功的方式盤腿打坐，結果立即被關入牢裡。李哥入獄的時間是七月上旬，由於他是初犯，法官沒有判處重刑，只輕輕判了十五天。但是外頭有些人在七月二十二日的鎮壓周年紀念日當天被捕入獄，遭到判處重刑。李哥待在監獄裡面的時間剛好讓他避過這一波逮捕入獄行動，卻也見識到監獄人滿為患的情景，更親眼目睹了監獄裡的暴行。他看見了一位犯人被打到不省人事，至於他的妻子眼見十個女人被關在一間擁擠不堪的牢房裡，進而決定絕食抗議。時間很快來到七月底，他們獲得釋放了。

時間回到七月初的此刻，當我們跳下腳踏車休息時，李哥知道這是考驗自己信仰的時刻。傍晚時分，縱然蟬聲淹沒一切，卻無法掩蓋李哥的話語。

「你知道我會怎麼做，」他說，「我出來時，會打個電話給你。」

張學玲的名氣也助了自己一臂之力，這點跟李哥的情形完全不同。舉例來說，當聯合國對中國是否遵守反酷刑條約進行三年一度的查核時，引用了張女士母親的案子，而美國國

務院也試著讓全球關注這個案子。

這種情況或多或少制止了警察騷擾張女士。張女士於四月遭到短暫拘留後，警察就不再去打擾她了。她的朋友說，雖然其他和政府唱反調的人都被判處多年的有期徒刑，但她卻依然自由，好像有一面盾牌保護著她。主要的原因就是國際關注。在某種程度上，我在這件事情的角色就像科學家：只靠著觀察一件事而改變這件事。我不曾告訴她應該怎麼做，也不曾給她任何鼓勵。事實上，有幾個星期的時間，我們不曾交談，她也沒有打電話給我。許多跟她有類似情況的人都已經身陷囹圄，而我相信自己在《華爾街日報》上發表的文章讓她仍然可以保有自由之身。從這個意義上來說，我確實有唆使她追求目標的嫌疑，如果沒有那篇報導，她或許就此消失在監獄當中。

張女士持續努力以取得母親的死亡證明書。在警方和火葬場都拒絕給她死亡證明書之後，她決定採取更為正式的管道，提出申請死亡證明書的正式書面要求。

在四月底獲釋後，張女士整個五月多半忙於穿梭家鄉的各個公安局辦公室。區辦公室的官員告訴她，他們無法發出死亡證明書，她應該向更高層的辦公室申訴，因為他們控制了相關單位。然而，這個高層辦公室卻要她回去找區辦公室，並說低層辦公室必須先提供一份記錄，高層辦公室才能採取行動。等到張女士真的回到區辦公室時，那些官員卻說這是胡說八道，高層辦公室不需要證書，叫她走開。

張女士覺得很失望，所以在六月初決定越過濰坊那些紛紛擾擾的官員，直接向山東省會濟南的官員申訴。她現在的目標是催促省的檢察官辦公室（它的作用就像美國的檢察官辦公室）對地方公安局提出刑事控告，因為他們沒有發死亡證明書。

和公安局密切合作的檢察官辦公室要求張女士提出民事訴訟。然而，當她去找律師時，他們表示司法部已經對全國各地的律師下達指示，命令他們不要受理與法輪功有關的一切案子。她再度遇到攔阻。所以她決定前往北京中央政府的信訪辦公室，那裡正是農民英雄馬先生一年前遭到毆打的地方。

六月，就在我和李哥騎腳踏車穿過天安門廣場的幾個星期之前，張女士帶著六歲大的兒子，在大熱天裡吃力地走向中央政府最高行政機關國務院所屬的信訪辦公室，我在這時趕上了她。每個城市、縣、省級別的政府的許多部門都有自己的信訪辦公室，例如陝西省的農民就曾嘗試向當地區政府的信訪辦公室投訴。現在張女士則是來到所有信訪辦公室裡的最高殿堂，那是所有失敗訴訟的麥加聖地，也最能吸引許多自覺受到冤屈的中國人。

信訪辦公室位於北京南邊，靠近一條骯髒的運河，路旁種著幾株瘦小的樹木，已經因為北京乾燥的空氣而凋萎。我們走在街上，北京的白瓷磚和混凝土，宛如中國文化心臟地帶的貧瘠黃土一樣單調，彷彿讓我再次回到黃土高原上的陝西。

張女士從地鐵一路趕往信訪辦公室，穿過許多人群，這些人都跟她一樣想使用請願的權利。這個傳統存在了好幾個世紀，共產黨保留它，把它當安全閥。我們略停片刻，注視著一個滿身污泥的農民。他蹲在一捆紙上，拿著筆在空中畫著，試著想起「徵用」的寫法。他的家人認為官員非法奪走他們的土地，過去十四年來，他們一直嘗試取回這些土地。

信訪辦公室的入口位於某條巷子裡，受到便衣警察的嚴密監視。我退後，讓張女士走向辦公室。十幾個目光遊移，配備行動電話的維安人員一直注視著她，通往巷道入口的維安人員攔住她，問她是不是法輪功信徒。給予肯定答覆的人會被擋回去，甚至遭到逮捕。但張女士確實可以誠實地回答說她不是，她想投訴的問題是一件警察濫權的簡單案子。她走進去以後，我退離人群，在街上等待。

兩個小時後，她搖著頭出來了。「他們說那是刑事案件，應該交由公安局的信訪辦處理。」她一邊說，一邊沿著布滿垃圾的運河走回去。「那就是我的下一站。」語畢，她便消失在地鐵站裡。

——

張女士猶豫不決，不確定自己是否應該前往公安局的信訪辦。這不是因為她害怕走進公安局辦公室，儘管她一走進去，就會永遠被貼上惹是生非者的標籤。她再三思忖的原因，就是她的兒子。自從警察開始騷擾她家，兒子一見到穿制服的人便嚎啕大哭。她不想再讓他受到驚嚇，況且她懷疑自己是否做得太過分，也許是時候放棄了。但她知道自己必須完成這件事。當天上午稍晚，我們在另一個地鐵站見面，一起前往下一間辦公室。

我們來到整座北京裡我最喜歡的一個區，就是方可這類都市激進分子想要搶救的舊城。公安局位於一間古老的四合院，它曾經屬於一九一一年遭到廢黜的皇室的某位親王。就像大多數王府庭院，它十分低調，位於一道漆成灰色的圍牆後面，唯一能證明它高貴出身的線索，則是石獅在前鎮守的那扇寬大紅門。我回想曾經參觀過的其他王府庭院，試著想像公安局現址如何體現了現代國家權力與古老雅致建築的詭異結合。在傳統的中國庭院，四間廂房位於方形庭院的四圍，庭院中央是一棵擁有數百年歷史且蔭影匝地的法國梧桐，它那茂密的葉子高踞在琉璃瓦與昂起的屋簷之上。這個地方，確實非常適合張女士請願，因為她的腳步追尋著歷史先人，尋求皇帝的協助。先人們也都相信，只要皇上知道事情，問題就會迎刃而解。

她抵達這裡時，已經將近中午時分，上午的受理時間已經結束，這又是另一個挫敗。過去數天以來支持她的腎上腺素開始慢慢消退，兒子蹦蹦跳跳地走開，希望媽媽會跟著他。

張女士深深吸了一口氣，在決定放棄之前，還想再去一個地方。北京有幾個隸屬政府次要部門的小型信訪辦公室，她認為也許其中一個辦公室能夠助她一臂之力。附近就是中華全國婦女聯合會的信訪辦公室，那是政府經營的組織，理當照顧中國六億五千萬名婦女的利益。她抓住兒子的手，邁步前往這個辦公室。

胡同迷宮構成了北京逐漸縮小的舊城區，我們在裡頭迷路，但終究找到了這間沒有標示的辦公室。我沒有在外面等候，而是隨著她走入辦公室。接待處後的女人抬頭看著我們，張女士隨即說明案件緣由。我站在後面，隨手拿著一張地圖，假裝想要問路。那女人仔細聆聽張女士說話，不時還會點頭與嘆息。不久，她推推鼻樑上的眼鏡，謹慎地說：「現在的法律原則仍然屬於初步階段，這個案子很難解決，妳還是必須回去找公安局。」

這個回答非常直率，卻毫不通融，但在張女士接觸過的所有官僚裡，這是第一個非常文明的答覆。她勇氣大增，拉著兒子，一腳走入外面的酷熱天氣之中，誓言下午還要回去找公安局。

下午兩點，她再度走到那扇沒有標示的門。她的兒子睡著了，她將他繫在背上，然後推開那扇紅色的門。

一小時後，她滿面笑容地走出來，手裡小心翼翼地握著一封公安局蓋章的信。她認為這封信命令地方公安局給她死亡證明書。她搖搖頭，不敢置信，「我不知道該說什麼。」她輕輕地將睡醒的兒子放回地上，「也許我終於得到答覆了。」

兩天後，她回到濰坊，直接前往當地的公安局辦公室。那裡的一位官員打開信時，她瞥見上頭有個簡短的命令：「以書面處理此案」——換句話說，就是給書面答覆。張女士欣喜若狂，暗自心想如果警方必須給予書面答覆，那麼她一定可以得到母親的死亡證明書。因為，即使警方拒絕張女士的申請，就必須提出書面解釋，張女士能夠針對書面解釋提出上訴，最後警方還是必須屈服，交出她尋找好幾個月的死亡證明書。

但是好幾天過去了，她依舊沒有得到答覆。她不停地回到當地的公安局詢問相關事宜，直到最後，辦公室有一位人士告訴她，當地警方決定無視北京的命令——畢竟，到底有誰會要求他們提出解釋？

——

悶熱的夏天慢慢過去，張女士也漸漸明白自己拿不到母親的死亡證明書了。然而，這個經驗卻徹底改變了她。她仍然是那位來自濰坊的女人，說普通話時帶著濃濃的口音，有時還會說起方言，穿著還是十分樸素，偶爾會去燙髮，但是她對中國的理解已經比一般人更為深刻。地方百姓（例如陝西省的農民）或許了解地方的不公不義，但張女士就像農民英雄馬先生以及建築師方可，他們三人都被迫以大多數人無法接受的方式檢視自己的生命和國家。她不懂複雜微妙的政治語言，但是比起我在中國所遇見的絕大多數人，跟她談論中國更容易，因為你不必刻意忽略鎮壓一類的話題，不必假裝生命裡有一些事情屬於不可言說的領域。她已經意識到這件事，而我更認同她愛中國的方式——我們都喜歡綠茶、簡單的北方菜、北方平原那種煙塵彌天的美。

這個經驗也讓她開始寫文章。自從她中學畢業後，就再也沒有寫過文章，但現在她必須經常書寫請願書和申訴書，這使她能夠集中思想，並強迫自己以筆紙寫下挫折感。九月，我們在北京見面，一起喝杯咖啡，她遞給我一篇手稿，標題是：〈我願意相信政府，但是政府能夠說服我嗎？〉在這篇文章裡，她描述了自己體會到的勞苦以及學到的教訓。

她寫道，投訴的過程「使我遇見受到不公平待遇的人，並且聆聽發生在他們身上的荒謬之事。除了被公安帶走的法輪功修煉者之外，（在其他）投訴者當中，奢望自己的問題能夠獲得解決的人不到百分之十。大多數的投訴者只有相互訴苦的機會，而且最後都是散盡錢財。在那些受理我投訴的諸多官員中，沒人和我談話時間超過十五分鐘，而且大多顯得非常不耐煩。」

這是針對古老的投訴體系所作的有力評論。投訴體制使得窮苦百姓散盡家財，有時甚至讓他們困在北京，甚至買不起回家的火車票。我回想起在信訪辦公室外見到的農民，我待在中國七年，曾經多次在那裡看見某些人為了請願，已經連續在北京待了好幾年的時間，只是希望那些難以捉摸的國家領導人能夠接見他們。

我繼續讀下去，體認到張女士相信中國需要基本的自由，但這卻是受到金錢和權力腐化的中國精英分子尚未了解的事情。

「我不太了解母親的（抗議）行動。」她寫道，「去年四月二十五日，我反對（法輪功示威抗議者的）集會，但經過這一次長途跋涉到北京之後，終於明白一個人的力量無法解決任何問題。四月二十五日那一大群投訴者才可以引起足夠的注意。那些人為了團體的益處而請願時，非常和平與客氣。當我看到其他投訴者的憤怒和愁苦時，我可以保持冷靜。我很幸運，因為我知道我們無法成功的原因。」

換句話說，人民有權利抗議，但個人的努力（就像她的努力）註定會失敗。正是因為這點，她才明白什麼叫作「我們無法成功」。經過幾個月的挫敗與憤怒之後才明白這一點讓人悲傷。相似的結論曾促使馬先生這類人籌畫發起大規模抗議，也曾促使方可這類人希望藉著思想的力量，慢慢地促成改變。終於，張女士明白了所有想要改變中國的人都會學到的一件事：當前的體制已是窮徒末日，但卻還看不見它的死期。

讀完張女士的文章之後，我嘗試打電話給她，但只能聯絡到她在濰坊的一位鄰居。那位女鄰居說，這個小城的法輪功團體已經被打壓得奄奄一息。我追問當地情況，她說張女士的母親過世之後，幾個月來仍有許多法輪功修煉者喪命。我隱約察覺到政府仍然持續鎮壓，但由於北京的抗議已經趨於緩和，所以我一直沒有留意相關活動。然後她告訴我，光是這個小城，就已經有十幾個人在警方的監禁中喪命。

—

我站在一條陰暗的道路旁，它位於另一條公路和某一座工業園區之間。天氣寒冷而乾燥，繁星燈火無法穿透籠罩北中國的那層煙霧。工業園區一片漆黑，我幾乎看不見地面，身旁那位女人將身上的綠色軍人外套拉鍊往上拉到脖子周圍。

「耐心點，」她說，「他就在某個地方等著。他有看見我們從計程車出來以後一直走在這條路上。如果沒人跟蹤我們，他就會過來接我們。」

「如果他沒來呢？」我說。

「那麼我們一定是被跟蹤了，等等就會遭到逮捕，」語畢，她突然拋開法輪功修煉人慣有的嚴肅，像是女學生般地砰然大笑，「接著我們會一起去勞改所。」

「不，」我配合她的玩笑，「妳去勞改所，我只會被驅逐出境。」

「對。」她一邊說，一邊發出陣陣笑聲，「你被驅逐出境，但還是會寫信到勞改所給我。」

我們突然覺得十分沮喪，所以就不繼續開玩笑了。一年前，我在那場令人心滿意足的第一波抗議政府鎮壓的運動中遇見這個女子。運動進行中的幾個月時間之內，我們成為電子郵件筆友。她有時只談自己的生活和興趣，但那就像和任何宗教的基要主義者交談——友誼確實可能建立，但仍舊難以克服缺乏共同信仰的障礙。我不信法輪功，她不明白為什麼。幾個月後，在我離開中國之前，她寄給我一封手寫的英文信，想要跨越我們之間的隔閡：

在許多方面，你我之間有許多歧見，但我仍要請你務必讀一讀《轉法輪》。我知道你有一本，這本書的重要性多半在於它日後發揮的影響力。你的人生必須有一本這樣的書。我希望從現在起，我們能夠一直保持聯繫。我想知道你過得好不好。寫信給我，好嗎？

等了幾分鐘之後，我抬頭看到一輛車子沿著公路悄悄開過來，速度極慢，幾乎就像靜止不動，隨後轉入我們所在的這條道路。

「我們的朋友或公安？」我問。

「我們的朋友，」她說，「看看車子的型號。」

我終於明白為什麼那輛車開得那麼慢。那是一輛老舊的灰色莫斯科汽車，直接來自一九五〇年代的蘇聯。開車之人顯然不是警察，因為警察不開這種格格作響的老爺車，還被逮個正著。蘇聯將這種產品送給中國作為開發援助。雖然中國的汽車產業自此以後突飛猛進，但他們一直都在製造這種車子，送給軍官，作為便宜的額外津貼。這輛車幾乎是象徵著軍隊很窮的侮辱性標誌。但是警察不同，他們比軍官腐敗，開著充公來的豪華車子，至少也會開著中外合資企業的產品（例如大眾汽車的桑塔納）到處跑。

那輛車子顛簸搖晃，成為城市亮光裡的幽暗輪廓。來自蒙古高原的第一陣冬日寒風吹來時，泥土被吹到我們的靴子上。

我的朋友坐在前座，我坐在後座。司機穿著一套合時宜的保守毛裝，包括一件無領的羊毛外套，扣子直扣到頸部。以前幾乎每個中國人都穿這種外套，但現在這種外套會洩漏穿著者的年齡。此人是貧窮的共產黨幹部，今年六十幾歲，梳著板刷頭，說話方式十分乾淨俐落、實事求是。毛裝很適合他，車子也是，不管他是如何弄到的。

他小心翼翼將變速桿往前推，巧妙地操作離合器，使得排擋時不會發出刺耳的摩擦。他藉由這份操作技巧做出向前、向後、再向前的三點迴轉，再駛回公路。幾分鐘後，幽暗的郊區已經消失，取而代之的是燈光昏暗的街道。前座的女人將手伸到後面，把我的頭壓下去，這樣一來，車外的人就看不見我。我再次回到濰坊，這座城市裡有許多法輪功修煉者遭到殺害。

——

濰坊不像會成為悲劇焦點的城鎮，我甚至一度認為濰坊或許就是最典型的中國城鎮。過去，它曾是著名的商業中心，現在則是中國風箏的故鄉——那種覆蓋絲綢、微微飄垂的風箏。它是中國富有省分裡的小型工業中心，也因為居民的平均所得剛好超過國民平均所得水準而感到自豪。

就像大多數的中國城市，濰坊雖然人口不少，但它給人的感覺更像鄉村，而不是都市。根據官方的統計數據，濰坊的人口總數大約是八百萬人，但這個數字包括人口密度極高的鄉下。市中心的人口大約只有六十二萬人，且街上處處可見農夫們駕駛著拖拉機前往市場。

這將是我最後一次來訪。為此，我比先前幾次到訪時做了更加周詳的準備。我以前簡單藉由公用電話聯繫熟人之後，立刻就坐上飛機來到這裡。現在，政府鎮壓法輪功的情況愈來愈險惡。中國政府做每一件事情都是如此起步緩慢，鎮壓運動一開始只逮捕幾百個人，將其中數十個人長期關在勞改所。但十八個月後，政府的鎮壓運動已經完全動員，全力對付法輪功這個宗教團體。我常常覺得中國政府很像歐洲中世紀的圍城器械，既不精美，也不易操縱，但只要架設得宜，可能就會帶來致命的攻擊。器械現在已經就位，也測量出正確的攻擊距離。中國組織法輪功即將崩解，我已經在濰坊看見瓦礫。

雖然我的朋友李哥沒有入獄，但中國各地已經有許多這類人物都被關在牢裡了。在過去，這些人被關幾周後，政府就將他們放出來。現在，如果他們參與籌畫反對政府的行動，就會被關三年。理論上，政府可以不經控告而隨意監禁某人的最長期限就是三年，但從技術上的角度而言，三年之後還可以再判三年，因此可以恣意地延伸下去。法輪功籌畫抗議的能力遭受嚴重打擊，抗議規模縮小，監獄更是擠滿犯人。根據傳言，監獄還必須釋放其他犯人，才有足夠的空間監禁法輪功的修煉人。勞改所原本不該收容未經控告就遭監禁的犯人，但是這已經成為勞改所現在的用途。

為了反擊政府的鎮壓，法輪功的行動者採取了他們所能想到的、最複雜的地下組織方式。舉例來說，為了前往濰坊，我必須先用電子郵件和一個化名為麥克的人聯繫。此人是清華大學（中國頂尖的理工大學）的畢業生，在二〇〇〇年中期，他和我聯絡，建議未來和法輪功修煉人進行電子郵件聯繫時，都必須將電子郵件進行加密處理。我在回信中表示自己只和住在美國的法輪功修煉人互通電子郵件，所以這種保密措施似乎有些不合理，甚至可能引起政府的注意。他回信告訴我，即使我使用在香港的伺服器，中國政府也可以讀到我寄到美國的電子郵件。此外，他也間接提到，使用加密電子郵件可以接觸更多的法輪功修煉人——他可能是指少數幾位熟悉電腦操作、且沒有入獄的修煉人。

西方人較少使用的加密電子郵件，很快就變成這場運動的外人和濰坊這類落後城市的居民進行聯繫的標準方式。一旦掌握竅門，使用加密措施其實不難。你必須從網路（www.pgp.com）下載免費軟體，建立「密鑰」，然後使用密鑰將你寄給別人的電子郵件「加鎖」或「加密」，也只能使用密鑰將別人寄給你的加密訊息「開鎖」，才能讀取這些訊息。只有密鑰的建立者有密碼，因此只有我可以讀取別人寄給我的加密電子郵件。這就像加上一個鎖，只有電子郵件的收發者能夠解開。

我下載這種軟體後，隨即發給麥可一封電子郵件，表達想去濰坊的念頭，並且希望他給我一些建議。現在，張女士受到嚴密監視，警方必然有她的呼叫器號碼，並且監聽她的電話。我先前接觸過的其他人也是如此——他們都受到警察的嚴密監視。和張女士這樣的人見面十分棘手，因為經常有人跟蹤她。因此，我們決定先讓我與其他人聯繫。在發送幾封加密電子郵件後，我們擬定了細節。幾天之後，我立即動身前往濰坊。

按照人權團體的研究以及我自己的觀察，二〇〇〇年十二月時，至少已經有七十七名法輪功修煉人死於警方拘禁，這意味著陳子秀不是特例。不只如此，在陳女士的家鄉，已經有許多人命在旦夕。濰坊的人口不到全國人口的百分之一，但是全國因為加入法輪功而喪命的人當中，卻有百分之十五來自濰坊，再次證明陳女士不是特例。中國對待犯人的方式有問題，尤其是在濰坊。

當我們驅車穿過無人的街道，我問司機是做什麼工作的。原來他為市政府工作，而且成為虔誠的法輪功修煉人已有五年。法輪功很早就流行於此地以及整個山東省，這是人口相當密集的沿海地區，過去十年來，它的發展十分迅速。我嘗試釐清法輪功在此盛行的原因。法輪功在東北流行是說得通的，因為中國文化對於該地的控制比較薄弱，李大師就是東北人。但是，山東的中國色彩再強烈不過了，這是孔子的誕生地，是中國本土宗教道教的大本營，道教的一座聖山，就位於離濰坊不遠的地方。

一些我訪談過的人認為，法輪功的山東組織者特別能幹，其他人則注意到李大師幾年前曾經成功造訪這個省。我永遠找不到滿意的答案，但政府鎮壓法輪功時，濰坊顯然已經成為山東省修煉人密度最高的地區，按照政府未公布的報告，這裡的修煉人估計有六萬人。

過了一會兒，那女人叫我在車子後座趴下來，並將一條毯子扔在我身上，叫我不要動。我感覺車子慢下來，轉入一座宅院，經過拘留所，那裡有門衛記錄人們的往來。但這麼晚了，沒有人在執勤，所以我們度過了最大威脅。過了一會，車子停下來，我將一個鬆垮的大兜帽拉到我的金髮上，調整圍巾，讓它遮住整張臉，只露出眼睛。我戴上手套，下車，目光盯著路面，跟著那兩人走入一間無人的公寓大樓，爬上兩段布滿灰塵的水泥階梯，終於進入了我們的避難所。這間公寓有五間小房間：一間客廳、兩間臥室、一間廚房、一間洗手間。這裡不止暖氣壞了，如果你要熱水，還得使用煤氣爐燒水，但還是有電可以使用。除了幾張零散的椅子、某個房間裡的一張榻榻米以及幾幅書法之外，公寓幾乎是空蕩蕩的。剛剛粉刷過的牆，讓人覺得彷彿身在一間最酷的藝術家創作室——我是指那種將自己的幾幅作品掛在牆上的極簡主義派藝術家。

但我其實身在一間廢棄的公寓裡，有幾個星期，我的夥伴以它作為安全藏身處。她粉刷過牆壁，還掛了幾幅某位法輪功修煉者為她創作的書法和畫。其中一幅書法寫著法輪功的三個核心信念：真、善、忍。筆觸十分粗厚並且精準，出自一名充滿自信的業餘書法家。另外一幅畫上的主題是在風中彎曲的竹子，那是中國繪畫的傳統主題，象徵著「有德者彎而不折」。選擇這種象徵很有趣，因為法輪功的風格恰恰相反——直挺挺地站著，似乎即將被風吹斷。

司機丟下一捲被褥給我，也遞給我一個裝有麥香魚和熱可可的麥當勞袋子。「我們希望你可以吃到喜歡的東西。」他帶著尷尬的微笑說了這句話。然後，他要去接幾位想要見我的法輪功修煉人。接下來的幾天，我也出去見見幾個透過朋友認識的人（多半是在晚上）。到了第三天，我大致弄清楚為何政府在此行動以及當地的情況。在陳女士失去生命將近一年之後，我終於明白原因了。

—

北京的官員訂出一套行動架構，引起了一九九九年年末的殺戮。他們對於持續從中國各地湧入首都的抗議者感到非常不耐煩，因而決定採取嚴厲手段，祭出屢試不爽的辦法：強制執行中央法令。這是過去幾百年的帝制琢磨出來的方法。

這套系統建立於「保甲」之上——這是一套擁有二千二百年歷史，並且非常有效的控制社會的方法——將遵守中央政府命令的責任下放至各個地區，迫使地區官員必須負責監控該地所有人的行動。在古代，這代表家長或氏族領袖必須親自納稅，供養軍隊以及逮捕罪犯等等。

共產黨沿用了這種統治方法，一九七〇年代後期推動經濟改革後尤甚。在這種時代氛圍中，為了獲取經濟利益，整個體制都已經扭曲了。政府恣意和農民及工廠老闆簽訂「契約」，要他們交出一定數量的穀物或工業產品，但卻不管他們使用什麼方法。到了一九八〇年代後期，各省長官也簽訂類似的契約，要求相關人士負責維持省內的穀物產量，或者降低出生率。這種情形導致眾所皆知的各種濫權行為，例如強迫墮胎和絕育。最重要的不是手段，而是目的。

這一點顯示出政府並沒有建立一套統治中國所需要的現代體制，仍然倚賴於拼湊而成的特定法令、命令和個人關係。這就是當體制面臨壓力時會產生的典型模式：不是根據普遍的原則和法律，而是將之簡化成最基本的人類關係：恩庇。法治本是理想目標，但隨著事態發展，人情關係、陣營歸屬、義務辦事等等原則通通凌駕於法律之上，就像農民英雄或都市激進分子所面臨的情形。

我們現在的問題是法輪功。一位和我交談的濰坊官員說，中央當局告訴他們，如果不能制止抗議者持續前往北京，官員就必須負起個人責任（但他們沒有任何人追尋法輪功）。和過去幾年一樣，沒有人會過問如何達到這個目標，因為最重要的是成功。

濰坊官員心知肚明，對他們而言，這個政策意味著麻煩來了。中國有其他法輪功修煉人的集中地，例如東北，但那些地區離首都很遠，但是濰坊就位於北京東南方僅僅三百英里（約四百八十三公里）的地方，因此抗議者可以輕而易舉地到首都抗議。即使濰坊當地官員已經採取初步預防措施，將維安人員派遣到火車和客運站，希望在抗議者離開之前，就能把他們攔截下來，但當局的憂慮確實有道理，有一位四十八歲的修煉者證實這一點。「後來，警察在火車站等，所以我們開始騎腳踏車或走路到北京。騎腳踏車到北京需要四天，走路則需要十二天。我兩種方式都試過了。」

示威浪潮持續到新年，中央政府已經不再到遠處尋找代罪羔羊，該負責的就是山東省的吳官正，六十二歲的省委書記。吳省委書記是二十一名中共中央政治局委員當中的一名，這個身分也讓他擠身為中國最有權力的人物之林。然而，吳省委書記的地位一直不太穩定，因為大多數的中央政治局委員都是中央政府官員，只有兩位委員是省級官員：吳省委書記和廣東省的省委書記，但廣東省沒有太多法輪功抗議者。這意味著吳省委書記必然成為中央政治局檢討鎮壓事件時的焦點。

一位濰坊的官員說：「中央政府要吳省委書記負起個人責任。如果沒有採取有效的措施，他可能會丟了烏紗帽。每一個人都知道他承受什麼樣的壓力。」

當這位官員向我描述吳先生的故事時，我想起最早讀到的那封來自濰坊的信。一個女孩寫這封信給「吳叔叔」，一開始我有點納悶，不知道這到底是在指誰——也許是某個可以救她的有權有勢的親戚，或者是街道委員會的主任？現在我才知道這是指吳省委書記，山東省恐怖鎮壓背後的首腦。

吳叔叔：您好！

我是您的百姓，原先是個很快樂的孩子，是父母的寶貝孩子，也是人盡所知的法輪功修煉者。我藉著法輪功學會怎麼樣作好人，也變得很健康，讓父母很高興，就像其他學法輪功的朋友一樣。

但是吳叔叔，最近我愈來愈害怕，因為我遇到了一些以前不敢想像的事。

接下來，這封信的作者解釋她如何因為法輪功而遭到大學退學，後來又如何為了法輪功嘗試遞送陳情信給吳省委書記，而遭到拘留。

為什麼我必須因為法輪功，因為遵守真、善、忍的信條而坐牢？為什麼我不能上學？

我得不到答覆。那些監獄看守者總是嘲笑我，拿竹竿打我，割傷我的手，好痛，那些疤痕現在都還在。我一直變瘦，在外面的媽媽也因為我的緣故而生病了。她很想念我，晚上睡不著覺，只能一直哭泣。在短短的時間內，她就變得很老。吳叔叔，如果你的親戚、孩子被這樣毆打，你一定同樣覺得心痛。

我們年輕人是未來的希望，但是我們好害怕這個社會。吳叔叔，我們將希望寄託在你的努力上。請幫助我們！

這封信的日期是二〇〇〇年二月，信末有一位來自濰坊的法輪功修煉者的簽名，而緊接在簽名後面的，是一個附言：

吳叔叔，在我寄出這封信之前，聽到另一個消息……一個煉法輪功的人從（關法輪功修煉人的拘留所）三樓跳下去，被送到醫院。另一個人被迫撞牆自殺。這種人間地獄何時才能結束？

我幾乎可以確定吳省委書記沒有看過這封信，因為他忙著轉移從中央政治局承受的壓力。濰坊市的官員說，吳省委書記首先要求警察和政府官員一起去參加「研習會」，藉此確保濰坊的每一位官員明白當前的危機。在研習會上，他們大聲讀出中央政府的指示。一位官員告訴我，「政府指示我們限制抗議者的人數，否則就要我們負責。」

這種方法迅速導致濫權行為四起。幾位今年年初被當地警察拘禁的法輪功修煉人表示，警察責怪他們的抗議行為影響了警察自己的前途。一位於一九九九年十二月被關的四十三歲的工廠工人說：「一名警察拿警棍打我，說我們必須為他上司的政治問題負責。」

這名被警察拘留的人在北京遭到逮捕與毆打後，便被遣送回濰坊。官員說，抗議人士在北京遭到逮捕的話，會傷害到吳省委書記和山東省的其他官員，因為中央維安人員將那些在北京遭到逮捕者的資料登記成冊，作為指控之用，也會記錄那些人的家鄉位置。政府統計相關數字，抗議人數較多的省——例如山東省，則會受到批評。濰坊監獄毆打抗議者之後，可能會拘留他們，但這樣花費太多時間了，當局想要立即看到成效。

因此，在二〇〇〇年年初，濰坊官員擬定了一個計畫來避開北京的監控。和其他許多城市一樣，濰坊在北京設有永久的代表辦事處，陳子秀在北京遭到逮捕後，立即被帶到這個地方。我曾數次來到這個代表辦事處旁，一棟兩層樓的鍍鉻建築，看起來像妓院或卡拉OK。這個代表辦事處位於北京舊城區後海附近，山東車牌的警車圍繞在旁。一般而言，這個代表處只有二十名員工左右，但是到了二〇〇〇年年初，這裡的員工增加一倍，也多了十幾名警察。

根據一位代表處的員工以及被捕的法輪功修煉人所言，北京警方和濰坊警方達成一項「互惠協定」。北京警方會直接將遭到逮捕的濰坊抗議者交給在首都執勤的濰坊警察。他們將被關在代表處，直至代表處安排車輛送他們回濰坊。北京警方對於這種安排感到非常滿意，因為這樣能夠卸下一些工作重擔；這也對濰坊的形象有利，因為遭到逮捕者不會在北京監獄被登記在案，還讓山東省被中央政府視為打擊法輪功不力的省分。

抗議人士很少在濰坊的北京代表辦事處遭到毆打。警察會直接將他們送回濰坊七個「勞改中心」的其中之一——陳女士最後也被送到這樣的地方。法輪功修煉人就是在這些非正式的監獄遭到殺害。

現在，我即將造訪濰坊的幾個勞改中心。那天早上，我很早就離開公寓，在街上漫步，市政府曾經在這條街道旁修建人行道，後來停工了，鋪路石就隨意散置在寒冷而布滿灰塵的地上。樹木光禿禿的，幾位事業心旺盛的店主正在打開商店的活動遮板。我經過時，他們都盯著我看。

我在一扇門前停下來，門外面有一個垂直的白色招牌，招牌上用黑色的印刷體中文字寫著：「濰坊地區紡織廠倉庫」。入口那扇生鏽的大門緊閉，我向裡面望去，看見幾棟四層樓的黃磚建築物，似乎已經和底下的黃土融為一體，看不到接縫。按照犯人的說法，這就是「勞改中心」。但這裡似乎空無一人，我推推圍欄，它便應聲搖晃。

此時，突然有個人從鐵門內的簡陋小屋跳出來。

「你想做什麼？」他說。我這張外國面孔讓他停下腳步。

「風箏，風箏博物館。」我裝出最蹩腳的中文說這句話。

他揮手叫我走開。「這裡沒有風箏，這是政府的辦公室，你搭計程車去市中心。」他說。我點頭表示感謝，然後走開。

在這些勞改中心的背後，還蘊藏著殺害法輪功修煉者的最後一個因素：政府恐懼遭受重大的財務損失。

吳省委書記的省政府同僚不僅威脅要毀掉地方官員的前途，也開始收取罰金。這種新手法很簡單：哪個縣的法輪功修煉者去北京，省政府就向這個縣的縣長和其他首長要罰金。這些縣長和首長轉過來向他們的政法委主任要罰金，讓那些人負責。這些政法委主任向村長要罰金，村長則向執行懲罰的警察要罰金。罰金視地區而定，如果是在濰坊，一個人去天安門廣場抗議，政法委主任就會被罰二百人民幣，相當於二十五元美元。按照政法委主任的同事所言，他的月薪大約只有二百美元，所以這筆罰金可能讓他蒙受重大的財務損失。

罰金是違法的，因為沒有任何書面法令或條例提到這種處罰機制。官員說，這種政策是在政府會議中以口頭宣布的。一位濰坊的政法委告訴我：「從來沒有罰錢的書面命令，因為政府不希望公開這件事。」

因此，酷刑受害者的證詞普遍有個主要特徵，就是經常有人向他們要錢來彌補罰金。就因為如此，張學玲被告知必須付相當於二百四十一美元的罰金，母親才能獲得釋放。當她猶豫不決時，母親又被關一晚，遭到活活打死。我很幸運，因為有人將我介紹給和我談話的官員。一般而言，你見不到那些官員，先前我也嘗試訪問那些官員，但都不得其門而入。藉由朋友的牽線（這次是一位有親戚住在濰坊的外國朋友），那些官員才願意相信我不會出賣他們。

他們私底下都很擔心鎮壓行動會是一個大錯。「我不知道為什麼要花這麼多時間做這件事。」這位來自黨的組織部門的官員說，「我們所需要的是經濟建設，不是打人。」

這位官員和其他人指出，沒有一位涉及打死人事件的警察受到譴責。「譴責？因為毆打一位法輪功信徒？別胡扯了。你知道那句話：『無所不用其極』吧？」一位官員邊發出挖苦的笑聲，一邊告訴我。他們說，事實上，三位監督審訊陳女士的警察已經獲得升遷，這種做法完全符合中國傳統：地方當局可以自由行動，中央政府不過問任何細節。

我根據採訪過的家屬和官員計算，這種情形發展至今，已經造成至少十一位法輪功修煉者死於濰坊監獄的警察濫權。香港的獨立人權監控團體「中國人權民主資訊中心」則證實，濰坊還多出一位被警方打死的法輪功修煉人。根據這個中心的說法，山東的死亡人數總共是二十四人，其中的十二人來自山東其他地區，十二名來自濰坊。黑龍江省有十四人喪命，是死亡人數第二高的省——一九九四年，陳星橋就是在黑龍江省的冰球場聽李大師演講。

中國人權民主資訊中心估計死亡人數超過一百人。除了死亡人數之外，中國政府的政策似乎也用了某些難以量化的方法分裂中國社會。社會變得兩極對立，許多人反對政府。我的某位朋友喜歡駁斥這種說法，認為鎮壓事件顯示中國人其實不太在乎彼此，或者不太在乎他們親眼目睹的事實和政府說詞之間所存在的矛盾，除非他們的家人或朋友就是遭受到迫害的人，否則沒有人願意跟受迫害者站在一起。這就像你在中國大城市所見到的車禍現場——群眾聚集圍觀，但沒有什麼人停下來幫忙。他說，難怪政府可以輕易持續掌權，因為根本不必分裂或擊敗敵人——他們會自己分裂。

我必須同意他的看法，因為我很少遇到有人因為看到政府如何對待法輪功而感到義憤填膺。雖然有遠見的人認為鎮壓運動既不公不義也十分殘酷，但是大多數人只是聳聳肩，不懂為什麼有人會鍥而不捨地挺身捍衛自己的信仰；他們只關心日常的煩惱，不懂為什麼法輪功修煉人堅持公開煉功。當我問起有關鎮壓法輪功的事，大多數人都回答：「為什麼不在客廳煉功就好了？」

但是，從比較長遠的眼光來看，政府無論對付法輪功還是其他無數真實或假想的對手，這樣的「君臣一日百戰」正在危害社會。我保守估計，在最初兩年的鎮壓期間，大約有三萬人坐過牢，光是這個數字就意味著還有數十萬人在某些方面受到鎮壓運動的影響。

舉例來說，在濰坊郊區和我碰面的女子，其實來自一個好家庭——她的家人是相信法輪功的政府官員。我最後一次聽到他們的消息時，那個家庭已經四分五裂了。女子搬遷於一個又一個的安全住處。這段期間，她的父母已經出獄，立即逃到鄉下和親戚住在一起。如果他們回家，當地的街委會一定會過來察看他們，甚至要求他們譴責李大師，但他們永遠做不到。

令我訝異的是，許多鄰居都知道這家人因為政府的恐怖鎮壓而避走他鄉，整間公寓空空蕩蕩，年輕的女子也正在反抗政府。按照中國政府分配官員宿舍的邏輯來看，這棟公寓大樓的每一個人，應該都是女孩父母的同事，他們的孩子也都上大學，而且曾是這名女子的同學。這幾百個人對於政府會有什麼想法？他們對於共產黨帶領國家的能力有多少信心？這幾百個人的疑惑都只來自一個家庭的苦難。請把這個家庭乘以幾萬名被關在勞改所的法輪功修煉人、打輸官司的農民，以及住宅被拆除的人吧。

最後，我來到濰坊那座令人印象深刻的風箏博物館。我差不多已經準備離開這裡了，計程車在外面等著。我走向一位館內員工，問：

「你有沒有煉法輪功？」

他睜大眼睛，緊張兮兮地笑著說，「沒有，為什麼問我？」

「我來拜訪這裡的朋友，有戶人家告訴我，他們的奶奶在勞改中心被打死，地點就在濰坊城關街委會的勞改中心。我猜煉法輪功很危險吧？」

他正在打開一箱又一箱的風箏，並且用手推車將一大堆輕盈的空箱推入儲藏室。片刻之後，他腳步稍稍慢了下來。在中國，你會愈來愈常遇到人民安靜展現勇氣的這個時刻。「沒有人可以談這些事，」他說這句話的時候，沒有停下腳步，隨即再度生硬地補充說，「但許多人都知道真相。」

最後一次的濰坊之行，我終於和張學玲見面了，但那只是一次短短的會面，因為她家外面幾乎隨時有警察，只能靠著一個方法擺脫他們：假裝去市場。她跳上一輛計程車，來到濰坊的另一端來見我。她說自己原本早就去坐牢了，但伴隨著母親的案子而來的國際輿論壓力，讓她可以繼續享有自由。

只是外界對中國施加的壓力也漸漸趨於緩和。由於國際社會失去了興趣，當局認為監禁張女士不會有什麼損失。因此，就在二〇〇〇年四月，警察將她逮捕，帶她到一位行政聽審官面前。他們不讓她找律師，並且秘密地審訊她，決定判處三年的「行政拘禁」，這是法律所批准的懲罰方式。基本上，法律給予維安部門權利，當他們想讓一個人坐牢，最多可以把這人關上三年，這個期限可以無限延長。這種無需藉由法律許可的懲罰，就是最極端的懲罰形式，也已經讓她母親失去生命。三年後，張女士出獄被送回家，安靜地和家人住在一起。

從幾個層面來說，她的入獄是一件殘酷、粗暴的事。她的奮鬥目標就是弄清楚法律，讓法律捍衛她的權利，卻得知這樣做是違法的。基本上，她已經放棄了，不想再為母親之死申冤。我們最後一次在濰坊見面時，她告訴我：「現在只能等待，中國還沒有準備好要改變。」

以前，她不計代價，只為了促成中國的改變，但現在改變的人卻是她。八月，她寫下文章不久之後便前往北京。在這次的北京之行，她向我談了這件事。我們沿著北京的主要道路長安街散步，這是一條史達林主義式的寬闊大道，在一九九〇年代初期幾乎不見車輛。但現在大道上擠滿了私人汽車、公車和計程車，曾經非常寬闊的腳踏車道，也被擠壓成為路邊狹窄、擁擠的車道。天氣很熱，我們坐在一張長椅上，人行道上擠滿了人，當她說話時，沒有人注意我們。

「今年我被關在監獄時，只有信法輪功的犯人對我好，」她慢吞吞地一邊說，一邊低頭看著腳。警衛非常可怕，賄賂那些不信法輪功的犯人，叫他們讓她不好過。當她在審問後回到牢房時，其他犯人會訓斥她，叫她不要繼續追求公義。有時候，他們會拿走她的食物——她相信那都只是遵照警衛的指示，只要這樣做，犯人就可以得到一些好處，例如比較多的配給品，或者提早獲得釋放。她還沒有讀過那些深深吸引母親的法輪功書籍，就已經開始懷疑人性的良善。

「我曾是物質主義者，相信生命中的一切都可以靠著努力工作而獲得，」她說，「但是，法輪功講得比較有道理，它的基礎就是三個原則：真、善、忍。如果我們遵守這三個原則，難道這不是生命當中更深奧的意義？」

她說自己已經開始參加法輪功修煉者的聚會。他們仍然在秘密集會，修煉人來自社會各階層，有著不同的收入和背景，卻能夠以平等、和善的方式相待。「我從來不知道一群人可以相處得這麼融洽。」她一邊搖頭一邊微笑。

她逐漸將注意力轉移到兒子身上，他讓她想起十分疼愛他的奶奶。她的兒子預定九月開始上學，張女士很擔心他以後必須讀政府給的課本，因為那些課本過度強調愛國情操和民族主義。所以，她決定開始教他法輪功的原則，藉此平衡日常生活中裡四處蔓延的物質主義。

我們注視著街頭上的人群還有那些爭先恐後上公車的人，她開口說：「我教他一件事：如果有人打他，那是打他的人不對。他的奶奶有這種信仰，現在我也有這種信仰，以後，他也會有這種信仰。」

我問她是否對政府和中國失去信心，她將筒狀行李袋從地上提起來，放在我們之間的長椅上，從袋裡取出一份文稿，那是她親筆所寫，已經起了皺折，上頭還標示出修改部分。她翻到最後一頁，將它對折，指出最後一行，大聲讀出來：「中國仍然值得信賴，我們還在等待。」

謝詞

讀者請務必容許我以幾段文字盡情表達對於許多朋友、同事和指導者的感謝。儘管對於大多數的讀者而言，這些人的名字沒有什麼意義。但是我必須對許多人表達謝意，這表現出一件事情，那就是每一本書背後都有許多人提供道德與知識的重要支持，特別是一本以複雜的中國為主題的書。

首先，許多記者都批評中國政府阻撓他們的工作。有時候，這種批評的確言之有理，但我仍想感謝北京外交部幾位比較開明的官員同意我在中國擔任了七年的記者。如果外交部嚴格按照規則和規定行事，中國四百多位外國記者都應該遭到驅逐出境。我感謝外交部官員以比較開明的方式詮釋這些規則，容許我和其他人探索中國欣欣向榮的公民社會，並且以我們的前輩無法想像的方式深入探索這個國家。

我也要感謝以下的人：

Harold Givens 先生和 Jean Battle 博士以及他的太太。過去幾年，他們給予我道德和信心上的大力支持；我在柏林自由大學（Freie Universitat Berlin）的指導教授 Erling von Mende，他對於知識的廣泛興趣讓我得以在一個意氣相投的環境中，擴展我的中國認識；Asian Rare Books 的 Stephen Feldman，過去幾年，他為我提供了許多令人振奮且難得一見的書籍；《巴爾的摩太陽報》先前的外國編輯 Jeff Price，他在一九九四年冒險派遣我到中國；「chinapol listserv」的參與者，這是由加州大學洛杉磯分校的 Rick Baum 所創立的讀書會，曾經提供我許多令人振奮的想法；「道教重建協會」（The Taoist Restoration Society）（www.taorestore.org）的 Brook Silvers，他曾和我談論過中國宗教，次次充滿真知灼見；《華爾街日報》的頭版編輯，感謝他們在原先的法輪功系列報導中所做的工作；《華爾街日報》的外國編輯 John Bussey，在某個令人煎熬的時期，他對法輪功報導的堅定信心非常重要。

先前在《華爾街日報》的辦事處主任 Marcus Brauchli，他教導我寫專題報導，並且協助校訂本書；住在多倫多的自由作家 Lorne Blumer，感謝他校訂本書；《紐約客》雜誌的 Jane Kramer 協助我找出本書的開頭；Sterling Lord Literistic 的 Chris Calhoun，感謝他的支持和建議；Pantheon 的 Dan Frank，感謝他卓越的校訂工作；Calum Macleod、Leslie Chang、Reginald Chua、Charles Hutzler、Mark Leong 和 Dali Yang，過去幾年，他們和我的交談以及提出的建議帶給我極大的幫助。

還有許多中國朋友及同事介紹我認識相關人士，幫助我解決問題，更重要的是那份慷慨的友誼。基於某些顯著的理由，我不能洩漏他們的名字，但我仍然想感謝 Eldridge Lee 和張麗佳，謝謝他們陪我前往黃土高原和中國其他地方。

我要特別感謝的人包括《紐約客》雜誌的何偉（Peter Hessler），他在本書的校訂工作上提供了極大的幫助；我的妻子愛爾克；最後，我要感謝我的父母，本書獻給他們，因為他們從來（應該說很少）不曾因為我長年旅居在外，而批評他們不孝的兒子。

一本以敘事形式寫成的書不適合註腳，因為註腳會打斷故事的連貫性和節奏，但讀者有權知道資訊的來源。為了協調這兩種要求，我在書末加上註釋。這和一般常見的註腳不同，書末註釋不會在文章裡加上編號，所以不會打斷故事的連慣性。但想瞭解更多細節的讀者可以知道我的消息來源。如果您認為我只不過是在註釋裡賣弄學問，您也許是對的，大可以忽略下面幾頁。

這本書的註釋不會用來說明書裡每一個事實。有些事實十分明確，例如中國的人口或濰坊的所在位置，所以不需要說明資料出處。

同理，我也不會以註釋說明每一個引言或引文的來源。這是新聞寫作體裁，所有的引言或引文都出自訪談或法院文件。如果各種陳述之間有所差異，我將盡可能地選擇直接來自於現場的訪談紀錄。無論何種情況，為了證明該說明為真，我亦會盡可能取得各種說法，但有時我無法直接接觸到該事件的參與者。在這種情況，我的準則就是標準的新聞工作原則：採訪兩個沒有事先交換過意見的參與者（或證人），然後採取未經誇示、相對保守的說法。例如，在陳子秀女士的例子中，她所說的話取自於那些曾經親耳聽她說話的朋友。

許多引文最早已經刊登在《華爾街日報》上，我會隨後指出這些引文何在。同時，我將盡可能地使用每一位人物的真實姓名，除非有安全上的考量，我也將會指出在哪一些例子並沒有使用真實姓名。

政府對付法輪功的方式。

213 ｜在這個緊要關頭挺身相助的，就是「氣功」

關於「氣功」二字在一九五〇年代被創造出來的歷史，參閱三浦邦夫（Kunio Miura）的優秀著述：〈氣的復活：當代中國的氣功〉（"The Revival of Qi: Qigong in Contemporary China"），出自 Livia Kohn 所編的 Taoist Meditationand Longevity Techniques (Ann Arbor: University of Michigan Press,1989），pp. 1-40

215 ｜學者們，例如愛荷華大學……

見 "Body, Discourse, and the Cultural Politics of Contemporary Chinese Qigong" , in Journal of Asian Studies, vol, 58, no.4 (1999), pp. 61-99）

221 ｜李洪志在一九九二年創立法輪功

根據法輪功修煉者和相關書籍提供的訊息與歷史，這個團體尚未有完整的歷史記載。本文當中多數使用的相關日期採取中國政府的紀錄。

222 ｜李大師的作品也頌揚排他性

法輪功修煉者經常爭辯這種詮釋觀點，但許多著作裡都有隱含這種訊息。

228 - 234 ｜

此處內容引自伊恩．強森發表於二〇〇〇年四月二日華爾街日報 A1 的報導〈致命的健身運動〉。

236 ｜邪教的確有更廣泛的定義

有關邪教更廣泛的含義，請參瑪格麗特．辛格（Margaret Thaler Singer），《邪教在我們中間》（Cults in Our Midst），（San Francisco: Jussey-Bass,1995）

238 ｜甚至有位西方學者寫下一篇論文

參閱 Patsy Rahn, "The Falun Gong: Beyond the Headlines"，發表於二〇〇〇年四月二十八日的家庭基金會（Family Foundation）年會。

244 - 259 ｜

引自伊恩．強森發表於二〇〇〇年十二月十三日華爾街日報 A1 的文章〈一隻看不見的眼睛〉。

269 - 278 ｜

引自伊恩．強森發表於二〇〇〇年八月二十六日華爾街日報 A1 的文章〈李哥的大愛〉。

095 ｜我發現一張傳真在書桌上靜靜等著
這張傳真來自中國人權民主資訊中心。參考二〇〇〇年八月十六日英國廣播公司的監聽部（BBC Monitoring Service）的報導。

第二部　消逝的北京夢

115 ｜今日，儘管當局做了一些令人刮目相看的重建工作
這裡的數據來自於我查閱地圖、中國指南和訪談後所作的估計，由於北京正在重建許多寺廟，郊區也在興建新的廟宇，所以這個數字可能還會增加。但大致而言，北京的宗教生活確實出現了戲劇性的衰微。

122 ｜在整個一九九〇年代
參閱韓書瑞（Susan Naquin）所著的《北平：寺廟和城市生活，1400-1900》（Peking: Temples and City Life）（Berkeley: University of California Press, 2000）。

126 ｜讓我來說明背景
這是根據二〇〇〇年二千一百七十億四千萬元的國內生產毛額所得出的數字，即使因為通貨膨脹調整北京一九九〇年代的城市生產毛額，這個粗略的比較仍然有效。

167 ｜今日，這些東西在博物館展出
感謝何偉（Peter Hessler）為我指出這一點。

174 ｜到了二十世紀初期，這種修辭仍在
參考 L. C. Arlington 和 William Lewisohn 所著的《尋找舊北平》（In Search of Old Peking）（Hong Kong: Oxford University Press, 1987），或 Derk Bodde 和 M. L. C. Bogan 所著的《北平的年度習俗和節日》（Annual Customs and Festivals in Peking）（Taipei, SMC Publishers, 1994）。

第三部　轉法輪

198 ｜只是李大師教導修煉人不該說謊
我之所以使用「李大師」這個稱呼，因為這是法輪功修煉者對他的稱呼。

203 ｜但是在該年秋末
人權觀察組織曾經發表一篇名為〈危險的打坐〉的文章。該文按照先後次序可靠的報導了中國

032 | 不過，中國的改革確實帶給自己一個意想不到的問題

衡量政府稅收能力的最佳方式就是考察稅收與國內生產毛額的比例。一九七九年時（中國積極展開經濟改革的那一年），這個比例是百分之三十一；一九九五年，下降到百分十點七。大多數已開發國家的比例變動範圍落在百分之三十至五十左右。九五年後，中國的相關指數有緩慢上升的趨勢，但仍然非常低。

033 | 從國外得到的建議也更進一步鞏固了這個觀點

例如世界銀行的《中國 2020 年報告》（可從世界銀行網頁上下載）討論稅制需求，卻沒有討論如何爭取民眾支持。

034 | 突然之間，每樣東西都要收使用費

限制使用費是朱鎔基擔任總理期間的主要政策。參考二〇〇三年三月九日美聯社的威廉・福爾曼（William Foreman）所撰寫的〈農民讚美中國反貧窮的目標〉（"Farmers Praise China's Anti-Poverty Goals"）。

036 | 趙先生和邵先生小心翼翼地走入……

為了保護這兩人，不讓當局得知他們的身分，我改變了他們的名字。

047 | 最近一家國家級報紙刊出了一封信

這篇文章是李昌平所寫的〈一位鎮黨書記的真實感受〉，刊載於《南方周末》。感謝曾任北京美國大使館環境與科技官員的高大偉（David Cowhig）為我指出他所維護的大使館網站上的這篇文章，這個網站的資料十分豐富，他也是這篇文章的譯者。

049 | 在馬先生那個時代，更為典型的產物就是吳漢錦

感謝張麗佳指出毛廟的存在。

066 | 在中國，這是一個重要的政治差異

參閱陸思禮（Stanley Lubman）所著的《籠中鳥：後毛澤東時代中國的法律改革》（Bird in a Cage: Legal Reform in China After Mao）(Stanford, Calif.:Standford University Press, 1999)。

068 | 只不過馬先生很難確定到底有多少農民……

在中國，即使律師已經提出訴訟，人民仍然可以加入原告行列。大多數報告一開始都指出原告總共有五千名，但根據中國人權網估計，最後有二萬名農民提出訴訟。二〇〇一年，當地人則表示共有六萬八千人加入最初那場訴訟案，但這個數字無法獲得證實。

註釋

序言　一日百戰

018 ｜一日百戰

在英文譯本裡，韓非子的這句話經常譯為「上級和下級一日爭戰百回」。這裡的上級是指統治者，而下級則是指他們的臣下或部屬。就像所有的哲學著作，這句話有許多不同的譯法和詮釋。我在本書中採取蕭公權先生在《中國鄉村》裡的譯法，他也指出這句話所蘊含的廣泛詮釋與意義。

第一部　農民英雄

022 ｜人們常常聽說

此處係指無數吹捧中國經濟發展未來的雜誌、報紙文章以及書籍。這些文章和書籍幾乎完全將注意力集中在上海或深圳這類繁榮的沿海大都市。

023 ｜擾亂社會秩序

「擾亂社會秩序」是中國刑法中最受批評的一種罪名，因為它所指的範圍十分廣泛。這種指控一般用來一網打盡各種不受歡迎的人，包括異議分子、勞工激進分子以及阻撓中國的奧運更新計畫者。參考國際特赦組織、中國勞工通訊、人權觀察或中國人權所作的報導。

026 ｜為了應付這一刻，我已經在心裡演練過數次

本文隨後將會描述我如何面對中國旅館的房客登記制度。這些應對之道來自於我個人的經驗以及向許多記者與旅館經理請教的寶貴情報。他們都向我解釋過旅館登記住宿的規定，但中國每個省、地區的規定各有不同，這點也解釋了為何一名記者若在未獲中國官方許可的情況下擅自旅行，將會得到截然不同的經驗。

027 ｜而他們的解決之道就是雇用一名律師

伊恩．強森發表在一九九九年三月二十六日華爾街日報 A1 的報導：〈群眾槓桿〉（Mass Leverage）詳細描述了裴家灣的案件。另外，裴敏欣發表在一九九七年十二月的《中國季刊》（China Quarterly, pp. 832-62）的文章〈公民對官員： 行政訴訟在中國〉（Citizens v. Mandarins AdministrativeLitigation in China）也描述了這個案件。

野草——底層中國的緩慢革命

Wild Grass: Three Portraits of Change in Modern China

作者｜伊恩・強森（Ian Johnson）　譯者｜吳美真
總編輯｜富察　責任編輯｜洪源鴻
企劃｜蔡慧華　封面設計｜虎稿・薛偉成　內頁排版｜萬亞雰

社長｜郭重興　發行人兼出版總監｜曾大福
出版發行｜八旗文化／遠足文化事業股份有限公司
地址｜新北市新店區民權路 108-2 號 9 樓　電話｜ 02-22181417
傳真｜ 02-86671065　客服專線｜ 0800-221029　信箱｜ gusa0601@gmail.com
Facebook ｜ facebook.com/gusapublishing　Blog ｜ gusapublishing.blogspot.com
法律顧問｜華洋法律事務所／蘇文生律師　印刷｜成陽印刷股份有限公司

出版｜ 2016 年 11 月　初版一刷
定價｜ 350 元

國家圖書館出版品預行編目（CIP）資料
野草——底層中國的緩慢革命
伊恩・強森（Ian Johnson）著／吳美真譯
新北市／八旗文化／遠足文化／ 2016.11
譯自：Wild Grass: Three Portraits of Change in Modern China
ISBN　978-986-93562-4-4（平裝）
1. 政治運動　2. 公民權　3. 中國大陸研究
574.1　　105016669